2014年贵州农村扶贫开发报告

主　编　王朝新　宋　明
副主编　黄　勇　陈康海　罗颖旭　吴　杰

知识产权出版社
全国百佳图书出版单位

图书在版编目（CIP）数据

2014年贵州农村扶贫开发报告/王朝新，宋明主编．—北京：知识产权出版社，2015.3

（贵州农村扶贫开发蓝皮书）

ISBN 978-7-5130-3335-0

Ⅰ.①2…　Ⅱ.①王…②宋…　Ⅲ.①农村—扶贫—工作—研究报告—贵州省—2014　Ⅳ.①F323.8

中国版本图书馆CIP数据核字（2015）第016962号

内容提要

本书由五部分组成。（一）总论篇。主要对2013年贵州省农村扶贫开发的状况、问题、原因、经验特点、趋势、思路、对策等进行综合研究。（二）产业扶贫篇。专门撰写贵州现代高效农业扶贫示范园区、生态畜牧产业、中药材产业、核桃产业、茶产业、乡村旅游等专题发展报告，包括2013年扶贫园区及各产业的基本概况、主要成效及特点、存在的主要问题、面临的机遇及加快推进农村扶贫开发的思路、对策建议等，着重突出各专业扶贫开发的特点。（三）专题研究篇。主要针对贵州农村扶贫开发中的重大问题、年度主题进行专题研究，重点对精准扶贫、农村减贫、扶贫模式、移民安置扶贫等进行专题研究，提出改进的对策建议。（四）案例篇。本篇主要针对农村扶贫开发的典型做法、创新型模式进行案例分析。（五）大事记。对2013年贵州扶贫开发的重要事件，进行逐年跟踪记录。

责任编辑：石红华　　**责任校对：**董志英

封面设计：智兴设计室　　**责任出版：**孙婷婷

2014年贵州农村扶贫开发报告

主　编　王朝新　宋　明

副主编　黄　勇　陈康海　罗颖旭　吴　杰

出版发行：知识产权出版社有限责任公司	**网　址：**http://www.ipph.cn
社　址：北京市海淀区马甸南村1号	**邮　编：**100088
责编电话：010-82000860转8130	**责编邮箱：**shihonghua@sina.com
发行电话：010-82000860转8101/8102	**发行传真：**010-82000893/82005070/82000270
印　刷：北京中献拓方科技发展有限公司	**经　销：**各大网上书店、新华书店及相关专业书店
开　本：787mm×1092mm　1/16	**印　张：**15.75
版　次：2015年3月第1版	**印　次：**2015年3月第1次印刷
字　数：283千字	**定　价：**48.00元

ISBN 978-7-5130-3335-0

《贵州农村扶贫开发蓝皮书》编委会

《贵州农村扶贫开发蓝皮书》编辑部

主要编著者简介

宋　明：贵州省社会科学院党委常委、副院长，研究员。贵州省省管专家，贵州省宣传文化系统首批“四个一批”人才。主要研究方向：发展经济学、区域经济学、文化产业。主要著作：《少数民族贫困地区综合扶贫开发》（第一作者）、《提高农产品竞争力研究》（第二作者）、《经营城市的策略——对中国城市经营学的探讨》（第一作者）、《在中国——东盟自由贸易区条件下的贵州与东盟经济合作》（第一作者）、《制度统筹贫困地区城乡发展研究》（第一作者），编撰出版 2007 年度、2009 年度、2010 年度《贵州文化产业发展报告》。主要发表论文：先后在《光明日报》《中国农村经济》《生态经济》《开发研究》《贵州社会科学》《贵州日报》等报刊上发表学术论文、调研报告 200 多篇。主要完成课题：国家社科基金课题《在社会主义市场经济条件下落后地区政府职能定位研究》《制度统筹国家级贫困县的发展战略研究》；贵州省省长资金课题《在中国——东盟自由贸易区条件下的贵州与东盟经济合作研究》《我省中小企业价值评估体系研究》《我省农业发展的历史性跨越研究》；贵州省社科规划办重大招标课题《贵州建立优化投资环境的长效机制研究》；贵州省政府重大招标课题《贵州转变经济发展方式研究》；贵州省“四个一批”人才专项资助项目——《贵州农民发展研究》，贵州省“十一五”、“十二五”规划办前期重点课题《贵州经济区划与发展战略》《贵州发展生态经济研究》《贵州“十二五”重大生产力布局研究》，地方政府委托项目《贵阳融入成渝经济的战略研究》《黔南州文化产业发展规划》《云岩区国民经济和社会发展第十二个五年规划纲要》《都匀市国民经济和社会发展第十二个五年规划纲要》《三都水族自治县国民经济和社会发展第十二个五年规划纲要》《荔波县国民经济和社会发展第十二个五年规划纲要》《凤冈县经济开发区产业发展规划》《独山县现代农业示范园区规划》《2012 年贵州工业运行分析报告》等 100 多项。主要成果获奖：《贵州加快乡镇企业发展的对策研究》获贵州省第四届社科优秀成果四等奖；《贵州经济区划与发展战略》获贵州省第七届社科优秀成果二等奖；《经营城市的策略——对中国城市经营学的探讨》获贵州省第七届社科优秀成果三等奖；《贵州“十二五”重大生产力布局研究》2011年荣获省社科优先成果二等奖；《制度统筹国家级贫困县的发展战略研究》2011年荣获省社科优先成果三等奖等10余项。主要社会兼职：贵州省未来研究会副会长、贵州省经济学会副会长、中共贵州省委政策研究室经济咨询专家、瓮安县委、县政府经济发展顾问，龙里县委、县政府经济发展顾问。

黄　勇：贵州省社会科学院研究员、区域经济研究所所长。贵州省省管专家，省宣传文化系统“四个一批”人才。主要研究方向：区域经济与产业经济、投资经济、发展经济学。先后就读于武汉大学、中国社会科学院研究生院，经济学硕士。分别于2001年、2006年、2009年被评为助理研究员、副研究员、研究员（破格）。历任贵州省社会科学院西部开发研究所副所长、区域经济研究所所长。1997年2月至1998年2月挂职担任贵州省独山县水岩乡政府乡长助理；2007年9月至2008年9月在国家发展和改革委员会宏观经济研究院做“西部之光”访问学者；2010年4月至2012年3月挂职担任贵州省万山特区党委常委、副区长、工业园区管委会副主任。至2013年，先后主持国家社科基金项目1项、省级项目近10项、其他类项目10余项，参与各级各类课题80多项，独立、合作出版专著7部。

陈康海：贵州省社科院副研究员、农村发展研究所所长。主要研究方向：区域经济、产业经济、农村经济、经济社会发展战略等。研究成果：著作《开发畜牧业资源与南贵昆经济区城乡经济协调发展研究》（合作）、《贵州省国民经济运行分析与预测（2009—2010）》（副主编）、《改革创新 科学发展》（毕节试验区20年的理论与实践）（合作）、《贵州：优特产业的演进》（第二作者）、《贵州社会发展报告（2011）》（贵州社会蓝皮书）（合作）；发表论文《略论全面振兴贵州经济》《对振兴和发展贵州机械工业的战略思考》《基于我国零售业态现状的趋势分析》《贵州统筹城乡发展的战略思路与对策》《贵州省产业结构的战略性调整与优化探析》《坚持创新 促进贵州民营经济大发展》《贯彻落实科学发展观 加快贵州新农村建设》《贵州红色旅游的功能与战略对策》《对构建贵州新农村建设财政投入长效机制的思考》《充分发挥农民在新农村建设中的主体作用》等30余篇。主持课题：国家社科基金课题《开发畜牧业资源与统筹南贵昆经济区城乡经济协调发展研究》（副组长）；省社科规划课题《贵州全方位对外开放问题研究》《贵州省机械工业技术改造与产业升级》《贵州建设社会主义新农村的特点、重点及对策研究》等；省长资金项目《加快贵州城乡社会救助体系建设研究》；省软科学课题《贵州新农村建设长效机制研究》；委托课题《贵州省干部教育培训质量评估研究》《贵州省第三产业发展现状及其对经济增长的影响研究》《贵阳市“十一五”西部大开发专项规划》《贵阳市加快推进新型工业化问题研究》《贵州省领导干部政治理论水平考试办法（试行）研究》等。成果获奖：研究报告《贵州全方位对外开放问题研究》，获贵州省第三届哲学社会科学优秀科研成果四等奖；研究报告《完善党内选举工作研究》（参与），获中组部三等奖；论文《对振兴和发展贵州机械工业的战略思考》获贵州省第六届社科评奖三等奖；调研报告《贵州省干部教育培训质量评估研究》（副组长），获贵州省第七届社科评奖二等奖。

目 录

总 论 篇

产业扶贫篇

专题研究篇

案 例 篇

大 事 记

总　论　篇

创新农村扶贫开发工作机制

——2014年贵州农村扶贫开发报告

黄　勇　吴　杰　于开封　管毓和　罗颖旭　叶　青*

摘　要

2013年，贵州农村贫困人口进一步减少，实现了6个重点县、172个贫困乡“减贫摘帽”，贫困人口生产生活条件进一步改善，产业扶贫建设加快，贫困人口能力建设加快，初步建立了精准扶贫等工作机制。但是，贵州农村贫困人口仍然众多，贫困地区生产生活条件仍比较差，贫困农户自我发展能力仍然较弱。因此，要进一步深化改革，创新扶贫开发工作机制，加快创建贵州扶贫开发攻坚示范区，改善贫困地区基本生产生活条件，推进产业扶贫，增强贫困地区的自我发展能力，继续完善财税、土地等各项扶持政策。

关键词

扶贫开发　机制创新　贵州

一、2013年贵州农村扶贫开发成效和经验

（一）农村贫困人口进一步减少

2011年底，国家把贫困线标准提高到了人均年纯收入2300元。按照新的

---

* 黄勇，贵州省社会科学院区域经济研究所研究员，研究方向为区域和产业经济、投资经济、发展经济学；吴杰，贵州省社会科学院区域经济研究所副研究员，研究方向为区域经济、农村经济；于开封，贵州省社会科学院农村发展研究所助理研究员，研究方向为农村经济；管毓和，贵州省社会科学院农村发展研究所副研究员，研究方向为农村经济；罗颖旭，贵州省扶贫开发办公室处长；叶青，贵州财经大学教师。

贫困标准，贵州农村贫困人口数量普遍急剧增加，农村贫困人口总数上升到1149 万人，农村贫困发生率上升到33.4%。2012 年，贵州农村贫困人口下降到923 万，贫困发生率下降到26.8%。2013 年，贵州农村贫困人口又减少166 万人，实现了6 个重点县、172 个贫困乡“减贫摘帽”（见图1）。

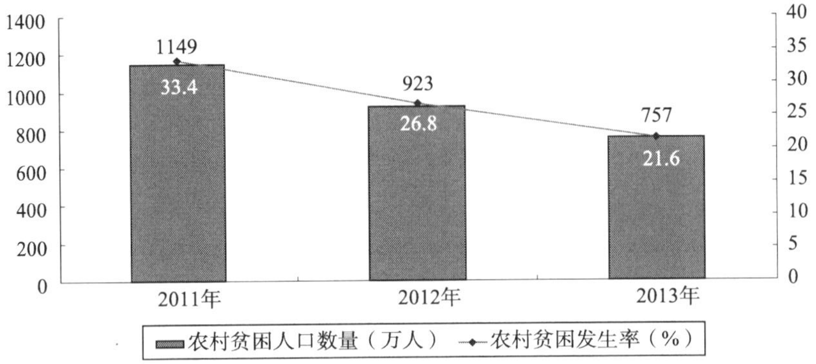

图1　2011—2013 年贵州农村贫困人口变化情况

资料来源：2012 年、2013 年贵州统计年鉴，2014 年贵州省人民政府工作报告。

（二）贫困人口生产生活条件进一步改善

为切实改善贫困地区生产生活条件，贵州省坚持以国家扶贫开发工作重点县为重点，加强贫困地区基础设施建设，改善贫困人口的生产生活条件。2012 年，全省建成通乡（镇）道路18455 公里，通村公路115267 公里，通汽车的村数达到17717 个，占全省行政村的97.9%；自来水受益村达到14443 个，占79.8%；有电话的村数17066 个，占94.3%；通有线广播的村7713 个，占42.6%；完成农村危房改造43.95 万户。2013 年，全省贫困地区路、水、房等基础设施进一步改善，完成国省干线及农村公路建设投资141 亿元，实施普通国省道改造841 公里，实施通村沥青（水泥）路工程1.2 万公里、集中连片特困地区县乡道改造项目1500 公里、国有林场通沥青（水泥）路项目114.4 公里，建成通村沥青（水泥）路1.2 万公里，建制村通畅率达到50%以上[1]；水利工程总供水量102 亿立方米，增加有效灌溉面积75 万亩，新增解决333 万农村人口及学校师生饮水安全问题；改造农

[1] 贵州交通宣传教育中心：《2013 年攻坚突破夯实交通基础设施建设 助推贵州新跨越》，www.qjt.gov.cn，2013 年12 月。

村危房40.1万户，竣工城镇保障房10.1万套、扶贫生态移民房3.6万套❶。

（三）产业扶贫建设加快

2011年，贵州确立了“核桃、草地生态畜牧业、精品水果、蔬菜、油茶、中药材、茶叶、特种养殖、脱毒马铃薯和乡村旅游业”十大扶贫产业和“东油西薯、南药北茶、中部蔬菜、面上牛羊和核桃”产业布局，自那以来，产业扶贫建设的步伐不断加快。2012年，全省核桃产量达到23680吨，比2011年增长36.4%；牛出栏105.99万头，牛肉总产量13.04万吨；羊出栏206.78万头，羊肉总产量3.53万吨，年末存栏数290万只；果园面积达192959公顷，比2011年增长14.2%，水果产量148万吨，比2011年增长15.4%；蔬菜种植面积774315公顷，比2011年增长9.3%，产量1376万吨，增长10%；中药材种植面积74684公顷，比2011年增长68.4%，产值32.77亿元，增长48%；茶园面积达251523公顷，比2011年增长28.1%，茶叶产量7.44万吨，增长27.4%；马铃薯种植面积676270公顷，产量180万吨❷。2013年，全省牛出栏115.22万头，比2012年增长8.7%，牛肉产量14.13万吨，增长8.7%；羊出栏205.39万只，羊肉产量3.51万吨；水果产量167.75万吨，比2012年增长13.6%；蔬菜种植面积84.77万公顷（1271.55万亩），比上年增长9.5%，产量1500.45万吨，增长9.1%；中药材种植面积11.75万公顷，比上年增长57.4%，产量24.8万吨，比2012年增长76.4%；茶叶产量10.47万吨，增长40.8%；马铃薯产量211.4万吨，比2012年增长17.6%❸。同时，全省乡村旅游业蓬勃发展，到2013年底，已经拥有桐梓县、丹寨县、雷山县、兴义市4个全国休闲农业与乡村旅游示范县，贵阳市开阳县十里画廊乡村旅游区、白云蓬来仙界贵州现代农业展示区、凤冈中国西部茶海之心景区、湄潭桃花江田园休闲度假区、黔西南州兴义市万峰林泉汇休闲农业观光园、铜仁市云林仙境桃花谷休闲农业观光园等12个全国休闲农业与乡村旅游示范点。

2013年，贵州实施“5个100工程”，选出了113个创建点，建设100个现代高效农业示范园区，以园区带动全省农业产业化发展，其中由省扶贫办牵头指导的有36个，重点有16个。到2013年10月，16个重点农业园区已有

---

❶ 贵州省人民政府：《2014年政府工作报告》，58.42.249.98/epaper/gzrb/Content/20140124/Articel01004WD.htm，2014年1月24日。

❷ 资料来源：贵州省统计年鉴2013。

❸ 资料来源：贵州省统计公报2013。

100多家龙头企业入驻园区，培育农民合作社118个，园区从业人员33.68万人。已完成投资14.761亿元，占年度计划数的34%，其中已整合各类财政资金3.35亿元，整合部门资金投入3.04亿元，银行贷款投入8470万元，实现总产值12.77亿元，总销售收入9.9亿元，总销售利润3.98亿元。通过园区建设，有效促进了扶贫产业转型升级，发挥了较好的示范带动作用❶。

（四）贫困人口能力建设加快

开展农民培训和农村实用人才培养、提高农民综合素质是脱贫致富、促进农业经济增长的重要途径，而开展农民教育培训，是提高农民综合素质的根本手段。2013年，为提高贫困群众素质，贵州省围绕“三个百万工程”（百万贫困创业就业工程、百万青年创业就业工程、百万妇女创业就业工程）、“双十万培训工程”和“9+3教育工程”，深入推进政府出资购买、企业“招工+培训+就业”三位一体10万人培训，围绕扶贫主导产业开展10万人农业产业化技能培训，继续实施“雨露计划”“阳光工程”，提高就业创业能力，举办各种实用技术培训，实现“门口办班、就地培训、出门就业”。实施“雨露计划·圆梦行动”和“雨露计划·助学工程”，资助农村贫困户子女接受高、中等学历教育等。全年全省通过“阳光工程”培训农村劳动力15.702万人；开展各类雨露计划培训22.75万人，实现转移就业（创业）20万人。其中：“圆梦行动”资助0.5万人、“助学工程”和国家雨露计划实施方式改革试点资助3.35万人、围绕十大扶贫主导产业开展农业产业化技能培训10.4万人、“企业招工+培训+就业”培训8万人、返乡农民工创业就业和民族民间技术艺术培训0.5万人。

（五）工作机制体制改革创新

1. 以立法规范扶贫开发

2013年1月18日，贵州省第十一届人大常委会第三十三次会议审议通过了《贵州省扶贫开发条例》（以下简称《条例》），并明确从2013年3月1日开始实施。《条例》包括总则、政府职责、项目管理、资金管理、行业扶贫和社会扶贫、保障措施、法律责任、附则，共八章六十六条。《条例》的出台，以法律形式明确了全省扶贫开发方针、原则、范围、权责以及程序等，涉及到扶贫开发多项制度建设，确保全省在开展具体扶贫工作时做到有法可依。

---

❶ 《全省扶贫产业园区完成投资14亿元》，www.gzfp.gov.cn/Web85/News/20131127/9828.htm，2013年10月7日。

2. 以园区为载体带动产业扶贫

2013 年，贵州实施“5 个 100 工程”，选出了 113 个创建点，建设 100 个现代高效农业示范园区，以园区带动全省农业产业化发展，到 2017 年，100 个现代高效农业示范园区实现规划设计科学、产业特色鲜明、基础设施配套、生产要素集聚、科技含量较高、经营机制完善、产品商品率高、综合效益显著，成为做大产业规模、提升产业水平、促进农民增收、推动经济发展的“推进器”和“发动机”❶。到 2013 年底，全省现代高效农业示范园区有序推进，组织机构健全，人员配备到位，规划编制工作不断提升和完善，土地流转、投融资、科技、信息、人才等平台不断完善，产品实力不断加强，基础设施建设不断加强，园区环境发展不断优化，招商引资工作取得新进展，园区发展动力不断加强。例如，德江生态畜牧业示范园按照“依法、自愿、有偿”的原则，园区内流转土地 4000 多亩，建成标准圈舍 18820 平方米、饲料加工房 2860 平方米，发展草场 6320 亩，修建主干道、机耕道、生产便道等共 160 余公里，引进企业 6 家，组建专业合作社 8 个❷。榕江高效农业示范园区 2013 年建成机耕道路 20 公里，耕作便道完成 25 公里，排供水渠道（含喷灌管网）建设完成 3350 公里，新建了农机服务中心，完成园区的供电线路增容改造工程。智能优质蔬菜种苗繁育中心、香猪种猪繁育场圈舍主体工程已全部完成；入园企业和农民专业合作社获有机食品认证 1 个，地标保护产品 1 个，注册了“萨玛”牌蔬菜、“五榕”牌葛根、“黔农”牌小香鸡、“锡利”牌贡米等商标。园区总产值达到 2.18 亿元，实现利润 0.6665 亿元。实现园区农民人均纯收入 5800 元，同比增加 1000 元，增长 20.83%，带动了 1013 户贫困户 3760 人脱贫❸。

3. 精准扶贫工作机制初步建立

自从 2010 年贵州率先开展农村低保制度和扶贫开发政策“两项制度”有效衔接以来，全省已成立了领导小组，建立了贫困人口识别机制、定期会商机制、动态监测机制、贫困人口帮扶落实机制。建立了瞄准机制和经费保障机制。2013 年，贵州在“两项制度”有效衔接的基础上，进一步提出并开始建

---

❶ 贵州省人民政府办公厅：《关于印发贵州省 100 个现代高效农业示范园区建设 2013 年工作方案的通知》（黔府办发［2013］17 号），www. gzgov. gov. cn，2013 年 3 月 21 日。

❷ “德江投入 2.9 亿元建生态畜牧业示范园”，《贵州日报》，58. 42. 249. 98/epaper/gzrb/Content/20131220/Articel05005WD. htm，2013 年 12 月 20 日。

❸ 榕江县园区办：《科学谋划 真抓实干 榕江农业园区建设成效显著》，www. gzfp. gov. cn/Web86/News/20140208/10692. htm，2014 年 2 月 8 日。

立以“六个到村到户”为抓手的精准扶贫工作机制，通过“结对帮扶到村到户”强化扶贫责任，通过“产业扶持到村到户”增强贫困地区的自我发展能力，通过“教育培训到村到户”提高贫困群众的基本素质，通过“农村危房改造到村到户”改善贫困群众的居住条件，通过“扶贫生态移民到村到户”解决异地扶贫的问题，通过“基础设施到村到户”改善贫困地区生产生活条件，全省精准扶贫工作机制初步建立。例如，2013 年，贵州省委选派了 3 万名干部成队建制集中帮促 6000 个重点村，取得了显著成效，各驻村工作组调研座谈 10.25 万次，培训党员干部 200.07 万人次，帮助谋思路想点子 23.33 万条，解决困难和问题 17.5 万个，帮助协调项目 2.68 万个，协调解决资金 27.15 亿元❶。

二、当前农村扶贫开发面临的主要问题与挑战

（一）农村贫困人口仍然众多

2011 年，按照 2300 元的扶贫标准，贵州农村贫困人口总数 1149 万人，农村贫困发生率为 33.4%，占全国农村贫困人口 12238 万人的 9.39%，贫困人口数量仍为全国最多。2012 年，全省农村贫困人口总数下降到 923 万人，农村贫困发生率为 26.8%，占全国农村贫困人口比例也下降到 9.32%。2013 年，全省农村贫困人口总数进一步下降到 757 万人，占全国农村贫困人口比例也下降到 9.18%，但贫困人口仍是全国最多的省份，扶贫任务十分艰巨（见图 2）。

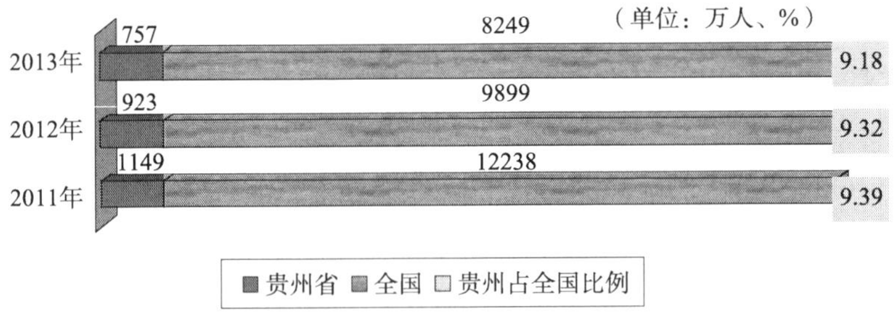

图 2 贵州省与全国人口比较情况

资料来源：2011 年、2012 年、2013 年中华人民共和国统计公报，2012 年、2013 年贵州统计年鉴，2014 年贵州省人民政府工作报告。

❶ 《贵州省召开全省同步小康驻村工作 2013 年总结暨 2014 年动员部署电视电话会议》，人民网－贵州频道，2014 年 3 月 1 日。

（二）生产生活条件仍比较差

1. 农村基础设施薄弱

贵州全省农村基础设施薄弱，仍需进一步完善，主要表现有三点：一是农村道路硬化率低。2012 年，尽管全省通汽车的村数已占建制村村总数的 97.9%[1]，但只有 43%[2]的建制村通沥青（水泥）路，而同期全国通硬化路面的建制村占全国建制村总数的 86.46%，集中连片特困地区贫困县通沥青（水泥）路的建制村占 67.1%[3]。2014 年，预计贵州将建成通村沥青（水泥）路 14000 公里，建制村通沥青（水泥）路率达到 62% 以上[4]，即使这样也仍未达到全国集中连片特困地区贫困县 2012 年的平均水平；二是农业水利设施不完善。2012 年，尽管全省农村人均有效灌溉面积达到 0.52 亩，但在西部 12 省（市、区）中，仍处于中游水平，仅比广西、重庆、四川、陕西等地区高；三是通信设施比较差。2012 年，尽管全省通电话的村数已占建制村村总数的 94.3%，但通有线广播的村数所占比例仍只有 42.6%[5]。并且在西部 12 省（市、区）中，已通邮的行政村所占比例只有 89%，位列倒数第二；开通互联网宽带业务的行政村所占比例只有 63.6%，位列倒数第四（见表 1）。

表 1　2012 年西部 12 省（市、区）农村基础设施情况比较

地区	人均有效灌溉面积（亩）	已通邮行政村（%）	开通互联网宽带业务的行政村（%）
内蒙古自治区	1.88	94	59
广西壮族自治区	0.49	99.5	91
重庆市	0.36	97.5	100
四川省	0.49	99.6	68
贵州省	0.52	89	63.6

[1] 资料来源于贵州省统计局、国家统计局贵州调查总队：《贵州统计年鉴（2013）》，中国统计出版社。

[2] 陈志刚：《在 2013 年全省交通运输工作暨水运发展动员电视电话会议上的报告》，贵州省道路运输公众信息服务网，2013 年 1 月 18 日。

[3] 交通运输部综合规划司：《2012 年公路水路交通运输行业发展统计公报》，www.mot.gov.cn，2013 年 4 月 25 日。

[4] 贵州省公路局宣传教育处：《谱写公路新篇章 再创事业新辉煌》，www.gzhighway.gov.cn，2014 年 1 月 26 日。

[5] 资料来源于贵州省统计局、国家统计局贵州调查总队：《贵州统计年鉴（2013）》，中国统计出版社。

续表

地区	人均有效灌溉面积（亩）	已通邮行政村（%）	开通互联网宽带业务的行政村（%）
云南省	0.54	100	67.9
西藏自治区	1.22	95	23.1
陕西省	0.51	100	75
甘肃省	0.75	100	45.2
青海省	0.66	73.7	80.9
宁夏回族自治区	1.14	98.8	100
新疆维吾尔自治区	2.71	99.9	71.8

数据来源：国家统计局分省年度数据，data. stats. gov. cn.

2. 农户生产生活条件差

贵州农村贫困人口大多居住在深山区、石山区、边远山区、高寒山区、革命老区、地方病多发区和少数民族聚居区，贫困问题与石漠化问题交织，生产生活条件比较差。根据国家统计局 2012 年分省年度数据，在西部 12 个省（市、县）中，贵州农村家庭拥有生产性固定资产原值每户 11957 元，排倒数第二，仅高于广西；拥有农业生产性固定资产原值 7957 元/户，排倒数第二，仅高于陕西；小型和手扶拖拉机拥有量 1.43 辆/百户，排倒数第二，仅高于重庆；摩托车拥有量 39 辆/百户，排倒数第二，仅高于重庆；计算机拥有量 4.9 台/百户，排倒数第二，仅高于西藏；每百户农村家庭的汽车拥有量、洗衣机拥有量、电冰箱拥有量也仅处于西部中游水平（见表 2、表 3）。

表 2　2012 年西部 12 省（市、区）农村家庭生产生活情况比较（一）

地区	拥有生产性固定资产原值（元/户）	拥有农业生产性固定资产原值（元/户）	汽车拥有量（辆/百户）	小型和手扶拖拉机拥有量（辆/百户）
内蒙古自治区	29389.59	25875.66	5.05	49.98
广西壮族自治区	11851.56	8992.57	1.9	20.17
重庆市	12295.74	9653.81	3.33	0.94
四川省	13759.17	10218.22	3	2.8
贵州省	11957.34	7956.99	3.84	1.43
云南省	19020.92	14409.00	4.38	14.5
西藏自治区	52935.07	43715.73	12.5	57.8
陕西省	12273.06	5888.58	4.37	10.83

续表

地区	拥有生产性固定资产原值（元/户）	拥有农业生产性固定资产原值（元/户）	汽车拥有量（辆/百户）	小型和手扶拖拉机拥有量（辆/百户）
甘肃省	19486.44	13124.41	3.61	31.5
青海省	21919.34	15663.33	6.94	52.96
宁夏回族自治区	24266.19	16077.68	5.75	36.88
新疆维吾尔自治区	35070.37	29085.38	4.61	36.65

表3　2012年西部12省（市、区）农村家庭生产生活情况比较（二）

地区	摩托车拥有量（辆/百户）	洗衣机拥有量（台/百户）	电冰箱拥有量（台/百户）	计算机拥有量（台/百户）
内蒙古自治区	75.4	79.8	84.3	11.2
广西壮族自治区	89.4	36	61.1	11.7
重庆市	38.4	63.2	78.3	14.5
四川省	45.2	73.3	71.4	10
贵州省	39	69.8	45.2	4.9
云南省	64.7	58	34.9	6.2
西藏自治区	79.9	27.8	32.7	0.5
陕西省	57.1	88.6	54.4	17.9
甘肃省	71.9	79.7	32.9	11.4
青海省	80.8	88.1	78.6	8.8
宁夏回族自治区	85.3	91.6	61.1	14.9
新疆维吾尔自治区	79.9	77.4	68.8	12.5

数据来源：国家统计局分省年度数据，data.stats.gov.cn.

（三）贫困农户作为扶贫开发主体自身能力比较弱

1. 农户家庭投入能力差

贵州农户家庭长期处于低水平维持的生计系统，导致农户家庭可用于投资的积累少，投入能力差。来自贵州省统计局对2240户农户的抽样调查显示，从2010年到2012年，农户平均每人年总收入为4560.52元、5659.58元、6443.9元，农户平均每人年总支出为4350.25元、5722.46元、6370.25元，平均每人的总收入与总支出差为210.27元、-62.88元、73.65元（见表4）。

表4　贵州省2010—2012年农户家庭总收入与支出情况　　单位：元

指　　标	2010年	2011年	2012年
平均每人年总收入	4560.52	5659.58	6443.90
平均每人总支出	4350.25	5722.46	6370.25
收支差	210.27	-62.88	73.65

数据来源：2013年贵州统计年鉴。

2. 较低的文化水平与疾病困扰

贵州农村劳动力受教育程度普遍较低，贵州省统计局对2240户农户的抽样调查显示，从2010年到2012年，农村劳动力平均受教育年限分别为7.14年、7.07年、7.11年，而且每百个劳动力中，文盲或半文盲、小学、初中教育程度的劳动力合计占90.58%、92.15%、91.43%。同时，很多贫困家庭都有长期生病的人。来自省扶贫办的一项调研发现，平均每个贫困农户存在0.5~1人长期生病，因病致贫、因病返贫成为一个阻碍农民脱贫的重要问题（见表5）。

表5　贵州农村劳动力受教育情况　　单位:%，年

指　　标	2010年	2011年	2012年
文盲或半文盲	12.32	10.29	10.35
小学程度	35.70	38.63	38.16
初中程度	42.56	43.23	42.92
高中程度	6.59	3.78	4.12
中专程度	1.91	1.69	1.93
大专以上	0.92	1.31	1.42
劳动力平均受教育年限	7.14	7.07	7.11

数据来源：2013年贵州统计年鉴。

3. 农户实施项目的能力较弱

随着工业化、城镇化步伐的加快，大量的农村人口向城镇转移或到外务工。长驻农村人口逐渐减少，农村老龄化、空心化的情况开始出现。在家留守的基本都是妇女儿童和老弱病残者，实施项目和自我发展的能力都比较弱。同时，随着国家农村社会保障制度的不断完善，也导致部分农民“等、靠、要”的依赖思想越来越严重。一些农户还认为扶贫项目物资都是无偿发放，因此对扶贫项目疏于管理，导致项目实施质量不高，“滚动发展模式”难以持续发展。

4. 到户项目实施后管理不善

在对扶贫到户和建立健全扶贫对象利益联结机制的调查中发现，部分地方项目的实施现状令人担忧。如栽种了两年的核桃、苹果树，地块里杂草丛生、从未中耕；病虫肆虐、从未打药；苗架瘦弱、任其死活。同时，田间地头未见到群众养殖的鸡、鹅，乡村干部解释说大部分群众未到出售时间就拿去卖了或杀了吃了，卖得的钱群众又不愿拿出来买鸡苗、鹅苗，不愿滚动发展，仍然等靠国家发送。一些地方发展的水果产业，本来成活率高，长势良好，但因后续管理措施跟不上，不能解决农户的后顾之忧，当年又见不到效益，生活困难的农户就将果苗拔掉种粮食，这种情况不仅使资金受损失，扶贫的目的也未达到。

（四）扶贫工作机制不健全

1. 瞄准机制不健全

当前扶贫开发方针虽然要求的是“工作到村、扶贫到户”，可由于受多方面因素的影响，在落实上存在着各种困难，到重点村的资金主要用在基础设施建设上，没有具体到户。一些地方还因为无论是生产发展还是基础设施建设需要贫困户自己配套一部分，这些农户无力配套，到户政策就变成了“空文”。例如，扶贫贷款贴息，真正的贫困户在银行是贷不到款的。在现行的整村推进项目选择操作过程中，很多真正的贫困人口就因参与项目的门槛过高而被排斥在外，受益率相当低，而中等户与富裕户在很大程度上优先占用了扶贫资源。部分地方平均分配吃“大锅饭”现象严重。有些乡镇多数项目物资基本上没有按照贫困差异、贫困户优先、多扶的原则扶持到户，通常是按人口和土地面积核算物资补助到户，甚至有的经济状况好、劳动力、土地面积多的农户扶贫项目物资补足就分配得越多，家境差、较贫困的农户，因担心其项目失败，物资分配就越少。一些地方的小额贷款、助学贷款、低保对象的受益者不是贫困户，甚至将扶贫资金作为救济下普雨，扶贫资金的投入贫困人口仅占39.7%，贫困户资金入户率仅为24.5%。

2. 农户与企业的利益联结机制不完善

一是由于龙头企业整体规模小，水平低，抵御风险的能力差，带动辐射能力弱，在运行中往往忽视农户的利益，其联结也是松散的。而绝大多数企业只是从事农产品初级加工，与农户还没有形成稳定的利益联结机制；二是农民组织化程度底，生产能力弱，市场观念普遍淡薄。农户大多处在弱势地位，对与企业的利益联结不重视，缺乏与企业同风雨共命运的意识；三是利益联结关系不够紧密，产业组织形式有待完善。订单遇到市场波动违约现象时有发生，缺乏有效约束。联结企业与农户的运作管理不规范，服务功能还不强；四是利益联结关系较紧密的机制大多处在探索阶段。进展较慢的原因一方面是企业的观念陈旧，以我为大的思想意识根深蒂固，不愿与农户建立股份合作关系；另一方面是农民思想守旧，没意识到与企业深度联结的优越性，同时也有对企业经营能力的担忧。

3. 贫困户识别不完善

一些地方，由于扶贫项目物资补助贫困户与一般户没有差别，是不是贫困户就显得不那么重要，而当上低保户有直接的现金补助很实惠，因此，推荐认定低保户就比评议贫困户要认真得多，所谓的贫困户识别和认定也只是顺路搭车，走走过场，搞个形式而已。一些地方还因为贫困人口均由乡扶贫工作站统一管理，村、组干部并不十分清楚。每年贫困人口的变动，乡镇扶贫工作站亦没有建立信息台账，谁得到扶持，发生了什么变化，谁是新增贫困人口，谁脱了贫等相关档案资料不全。同时，一些县贫困户信息缺乏统一的法定共享扶贫机制，如县扶贫办建档立卡贫困人口信息没有在民政、教育、卫生等有关扶贫职能的行业中得到有效运用。

三、农村扶贫开发的机遇与趋势

（一）面临的机遇

1. 外部机遇

2013年，中央对贵州的支持力度进一步加大。全年共争取中央各项补助1973亿元，新增276亿元；同意安排贵州省2013—2015年扶贫生态移民补助资金40亿元；新增4个发达城市和9个中央单位帮扶贵州，实现了对口帮扶和定点扶贫全覆盖；把贵州纳入长江经济带，列为全国美丽乡村建设重点推进试点省；国发2号文件确定的重点项目、专项规划和试点示范全面实施[1]。2013年12月，中共中央办公厅、国务院办公厅印发了《〈关于创新机制扎实推进农村扶贫开发工作的意见〉的通知》（中办发［2013］25号），提出了6项工作机制创新、10项重点工作任务。2014年3月7日，习近平总书记在参

---

[1] 《贵州省人民政府2014年政府工作报告》，58.42.249.98/epaper/gzrb/Content/20140124/Articel01004WD.htm，2014年1月24日。

加贵州代表团审议时，提出贵州“要扎实推进扶贫开发工作，把扶贫开发工作抓紧抓紧再抓紧、做实做实再做实，真正使贫困地区群众不断得到真实惠”。同时，财政部2014年3月5日向全国人大提交的《关于2013年中央和地方预算执行情况与2014年中央和地方预算草案的报告》，提出了“进一步优化转移支付结构，重点增加对革命老区、民族地区、边疆地区、贫困地区的转移支付。创新扶贫开发方式，推进精准扶贫，大力支持集中连片特殊困难地区区域发展和扶贫攻坚。”“中央对地方税收返还和转移支付51874亿元，增长8%。其中，一般性转移支付27217.87亿元，增长10.9%；专项转移支付19569.22亿元，增长6.1%。在一般性转移支付中，均衡性转移支付10807.81亿元，增长10.1%；革命老区、民族和边境地区转移支付695.22亿元，增长11.8%。均衡性转移支付中，县级基本财力保障机制奖补资金1678亿元，增长10%；重点生态功能区转移支付480亿元，增长13.5%”。[1] 由此可见，作为最贫困省份和重要生态功能区的贵州，2014年农村扶贫开发将获得更大的政策资金支持。

2. 内部机遇

从贵州自身来看，通过2013年《贵州省扶贫开发条例》《关于贯彻落实〈中共中央关于全面深化改革若干重大问题的决定〉的实施意见》《关于实施贵州省“四在农家·美丽乡村”基础设施建设六项行动计划的意见》《关于支持“5个100工程”建设政策措施的意见》等一系列文件颁发与实施，全省对农村扶贫开发工作的思路愈来愈来清晰。

同时，2013年，贵州经济社会发展成效显著，也将有力地推动农村扶贫开发工作。初步核算贵州省地区生产总值8006.79亿元，比上年增长12.5%，人均地区生产总值为22922元。其中，第一产业增加值1029.05亿元，比上年增长5.8%；第二产业增加值3243.70亿元，比上年增长14.1%；第三产业增加值3734.04亿元，比上年增长12.6%。固定资产投资7102.78亿元，比上年增长29.0%。社会消费品零售总额2366.24亿元，比上年增长14.0%。财政总收入1919.18亿元，比上年增长16.7%。公共财政预算收入1205.72亿元，比上年增长18.9%。城镇新增就业55.49万人，比上年增长31.4%。农村居民人均纯收入5434.00元，比上年增长14.3%；城镇居民人均

---

[1] 财政部：《关于2013年中央和地方预算执行情况与2014年中央和地方预算草案的报告》，中国共产党新闻网，2014年3月16日。

可支配收入 20667.07 元，比上年增长 10.5%[1]。

（二）趋势预测

1. 贫困人口总体分布上越来越分散

贵州贫困比较普遍，贫困人口分散。全省 9 个市州除贵阳外，其他各市州贫困人口比较多。2012 年，贫困人口最多的是毕节市，占全省贫困人口总数的 22.43%；其次是黔东南州，占 16.01%；遵义市位列第三，占 12.53%。900 多万贫困人口分散在全省 80 多个县，贫困人口总数 20 万以上的县（市、区）仅有 9 个，10 万 ~20 万以上的县（市、区、特区）29 个，10 万以下的县（市、区）50 个。同时，大量刚脱贫的人群将可能隐藏在脱贫县、脱贫乡镇、脱贫村中，成为相对贫困的低收入人群（见表 6）。

表 6　2012 年贵州省贫困人口分布情况

市州	贫困人口数（万人）	占全省（%）	贫困人口 20 万以上的县（个）	贫困人口 10 万 ~ 20 万的县（个）	贫困人口 10 万以下的县（个）
贵阳市	5.49	0.59	0	0	10
六盘水市	76.23	8.26	2	1	1
遵义市	115.61	12.53	0	4	10
安顺市	63.08	6.83	0	4	2
毕节市	207.04	22.43	6	2	0
铜仁市	115.10	12.47	1	5	4
黔西南州	86.35	9.36	0	4	4
黔东南州	147.74	16.01	0	5	11
黔南州	106.36	11.52	0	4	8
全省合计	923	100	9	29	50

数据来源：2013 年贵州统计年鉴。

2. 贫困人口相对向特困地区集中趋势加强

2014 年，贵州贫困人口更加相对集中在 50 个扶贫开发重点县，集中在三大连片特困地区的 70 个县（市、区、特区）。2012 年，50 个国家扶贫重点开发县农村贫困人口数为 718.35 万人，比 2011 年减少 148.05 万人；农村贫困人口数占全省的 77.82%，所占比例比 2011 年增加 2.4%；农村贫困发生率

[1] 贵州省统计局、国家统计局贵州调查总队：《2013 年贵州省国民经济和社会发展统计公报》，info.gzgov.gov.cn/sjgz，2013。

33.8%，比2011年下降6.84%。武陵山片区16个县（区）农村贫困人口数为167.42万人，比2011年减少42.2万人；农村贫困人口数占全省的18.1%，所占比例比2011年减少0.1%；农村贫困发生率26%，比2011年下降7.8%。乌蒙山片区10个县（市、区）农村贫困人口数为226.64万人，比2011年减少149.78万人；农村贫困人口数占全省的24.6%，所占比例比2011年减少0.1%；农村贫困发生率27.1%，比2011年下降17.7%。滇桂黔石漠化片区44县（市、区）农村贫困人口数为442.85万人，比2011年减少86.15万人；占全省农村贫困人口数的48%，所占比例比2011年增加1.9%；农村贫困发生率32.9%，比2011年下降6.2%。武陵山、乌蒙山、滇桂黔石漠化3个片区70个县所占全省贫困人口的比例上升到90.7%（见表7）。

表7 2012年贵州省各类型区域贫困人口及发生率变化情况

名称	2011年			2012年		
	贫困人口（万人）	占全省（%）	贫困发生率（%）	贫困人口（万人）	占全省（%）	贫困发生率（%）
50个国家扶贫开发重点县	866.40	75.4	40.6	718.35	77.8	33.8
武陵山片区	209.62	18.2	33.8	167.42	18.1	26.0
乌蒙山片区	376.42	24.7	44.8	226.64	24.6	27.1
滇桂黔石漠化片区	529.74	46.1	39.1	442.85	48.0	32.9

数据来源：2012年、2013年贵州统计年鉴。

3. 农村扶贫开发将越来越依赖于区域的经济社会发展和专项扶贫的“精准消除”

受全省农村贫困人口总体分散分布趋势和相对贫困人群数量扩大趋势的影响，贵州的扶贫将越来越依赖于区域（县域）经济社会的发展，通过整体全面的区域或县域经济社会发展带动绝对贫困人群脱贫，带动相对贫困人口收入增加而不致于返贫。同时，总体分散和相对集中的两种趋势得依赖于专项扶贫提高精确度来解决，建立精准识别、管理、帮扶机制，提高扶贫开发的效率与效益。

四、加快推进农村扶贫开发的思路与对策

（一）总体思路

农村扶贫开发任重而道远，改革是最大的动力。2014年，作为贵州全面

深化改革的开局之年，扶贫开发要以党的十八届三中全会精神为指导，深刻领会习近平总书记关于贵州扶贫的重要指示，全面贯彻中共中央办公厅、国务院办公厅印发的《〈关于创新机制扎实推进农村扶贫开发工作的意见〉的通知》（中办发［2013］25号）和省委十一届四次全会的精神，以改革创新扶贫开发工作机制体制为动力，以加快创建贵州扶贫开发攻坚示范区、深入开展连片特困地区扶贫攻坚会战、实施扶贫攻坚重大事项推进行动、强化贵州省大扶贫工作格局为主要内容，以加快贫困群众脱贫致富、贫困地区全面建成小康社会为目标，努力走出一条具有贵州特点的全面、协调、可持续、惠民生、促和谐的扶贫攻坚后发赶超之路，确保贵州省与全国同步实现全面建设小康社会的宏伟目标。

（二）重点任务

1. 深化改革，创新扶贫开发工作机制

（1）创新扶贫攻坚重大事项推进机制。针对“三片六山”[1]极贫地区，全面实施扶贫攻坚重大事项推进行动。突出重点、打造亮点、区域发展、板块推进。每年安排一定比例的财政专项扶贫资金集中投入，示范带动。注重扶贫项目的选择和落地，重点抓好产业、基础设施和民生项目。

（2）改进贫困县“减贫摘帽”考核激励机制。政绩考评由主要考核GDP向主要考核扶贫开发工作成效转变，引导贫困地区党政领导班子和领导干部把工作重点放在扶贫开发上。同时，研究建立重点县退出机制，建立扶贫开发效果评估体系。实行“摘帽”绩效与政绩考评挂钩，分别考核奖惩。对减贫成效明显的县和乡镇，每年按照上年财政扶贫资金的一定比例给予奖励。建立健全扶贫对象动态管理和扶贫开发统计监测机制，对扶贫项目实施进度、建设质量、建设成效等重要内容进行跟踪监测和综合评价考核。

（3）建立精准扶贫工作机制。建设全省扶贫信息网络系统，实行贫困识别，以县为单位、规模控制、分级负责、精准识别、动态管理，为每个贫困村、贫困户建档立卡，不断建立健全贫困人口台账，把扶贫脱贫人口任务落到实处。深入分析致贫原因，逐村逐户制定帮扶措施，集中力量予以扶持。始终针对不同情况，实行差别化分类施策，通过产业发展、劳动力培训转移、自主创业就业、生态移民搬迁、社会救助等方式推进扶贫开发。始终瞄准“三片

---

[1] “三片六山”主要指武陵山片区、乌蒙山片区、滇桂黔石漠化片区和麻山、瑶山、雷公山、月亮山、大娄山、乌蒙山。

六山”地区，全面落实和推进三大片区区域发展省、县级扶贫攻坚实施规划，加强跨区域合作。

（4）健全帮扶工作机制。建立驻村工作队（组）制度，确保每个贫困村都有驻村工作队（组），每个贫困户都有帮扶责任人。驻村工作队（组）要协助基层组织宣传贯彻落实党和政府各项强农惠农富农政策，积极参与扶贫开发各项工作。创新以集团帮扶为龙头的“大扶贫”推进机制。推进专项扶贫、行业扶贫与社会扶贫等的有机结合，深化集团帮扶。加强国际扶贫合作交流。深入开展“百企帮百村”活动，组织动员民营企业、社会资本到贫困地区投资兴业，促进贫困地区民营经济加快发展。注重对口帮扶的效率和效果。切实用好帮扶资金，与帮扶城市共建产业园区，建立健全帮扶工作机制，确保帮扶工作取得实效。

（5）改革财政专项扶贫资金管理机制。逐步增加财政专项扶贫资金投入，加大资金管理改革力度。把资金分配与工作考核、资金使用绩效评价结果相结合，积极探索财政专项扶贫资金有偿使用、滚动发展的新方式，探索以奖代补、贷款贴息等竞争性分配方式发展产业扶贫项目，对扶贫龙头企业和农村贫困人口在贫困地区发展的经营性项目，优先给予贷款贴息。对贫困地区农村小型基础设施建设项目实行先建后补或奖励扶持。简化资金拨付流程，项目审批权限原则上下放到县。以扶贫攻坚规划和重大扶贫项目为平台，整合扶贫和相关涉农资金，集中解决突出贫困问题。积极探索政府购买公共服务等有效做法。注重扶贫资金的管理和使用，按照“渠道不乱、用途不变、统筹安排、各负其责、各记其功”的原则，从扶贫资金项目申报、评估、立项、审批、实施、检查验收、管护等全过程进行规范。

（6）完善金融服务机制。充分发挥政策性金融的导向作用，支持贫困地区基础设施建设和主导产业发展。引导和鼓励商业性金融机构创新金融产品和服务，增加贫困地区信贷投放。在风险控制的前提下，加快推动农村合作金融发展，增强农村信用社支农服务功能，规范发展村镇银行、小额贷款公司和贫困村资金互助组织。进一步推广小额信用贷款，推进农村青年创业和妇女小额担保贷款工作。加快信用户、信用村、信用乡（镇）建设，发展农业担保机构，扩大农业保险覆盖面。加快组建省级现代农业（扶贫）信用再担保公司，企业的公益性捐赠支出，不超过年度利润额12%的部分，准予在计算应纳税所得额时扣除等。

2. 加快创建贵州扶贫开发攻坚示范区

贵州加快创建扶贫开发攻坚示范区对于确保与全国同步建成全面小康社会、破解贵州发展难题、实现后发赶超、促进贵州社会和谐、民族团结稳定具有深远的历史意义。要坚持统筹兼顾、城乡协调，把推进“三化同步”作为创建示范区的治本之策，坚持“三化”兴“三农”，以区域发展带动扶贫开发、扶贫开发促进区域发展。以“三片六山”为主战场，大力攻克交通基础设施薄弱、工程性缺水严重和生态环境脆弱等制约瓶颈。以区域推进、连片开发、扶贫到户为主要方式，实行扶贫开发和农村低保“两轮驱动”。要通过稳步提升喀斯特山区水利建设、生态建设、石漠化治理“三位一体”的综合治理成效，稳固形成专项扶贫、行业扶贫、社会扶贫“三位一体”的大扶贫格局，稳定强化党政主导、整县推进、集团（党建）帮扶“三位一体”的攻坚组织架构，加快把贵州建设成全国多民族聚居、欠发达省份扶贫攻坚后发赶超的示范区，建设成经济持续增长、政治文明进步、文化繁荣发展、民族团结和睦、社会和谐稳定、生态环境良好的示范区。

3. 结合“四在农家·美丽乡村”基础设施建设六项行动计划，改善贫困地区基本生产生活条件

（1）交通扶贫。结合城镇化建设、村镇行政区划调整、易地扶贫搬迁、特色产业发展、乡村旅游扶贫、扶贫工业园、农村物流等工作，加大对贫困地区农村公路建设支持力度。提高贫困地区县城通二级及以上高等级公路比例，建制村通沥青（水泥）路，稳步提高贫困地区农村客运班车通达率，加强安全防护设施建设和中小危桥改造，提高农村公路服务水平和防灾抗灾能力。加快建设片区内交通主道，完善区域内路网结构，实现区域交通一体化。

（2）饮水安全。优先安排贫困地区农村饮水安全工程建设，使农村饮水安全保障程度和自来水普及率进一步提高，确保解决贫困地区剩余的农村居民和学校师生饮水安全问题，对病险水库进行除险加固。

（3）电力保障。加大农村电网升级改造工作力度，重点对扶贫产业园区和产业基地、农田灌溉和农副产品加工等供电设施进行改造，提高网改率。农村电网升级改造与易地扶贫搬迁规划相衔接，对少数特别边远、居住分散、线路成本过高的贫困村、贫困户，要采取发展沼气工程、易地搬迁等办法解决。因地制宜采取大电网延伸以及光伏、风电光电互补、小水电等可再生能源分散供电方式。

（4）信息化建设。面向重点县、贫困乡镇、贫困村发展建设电话、宽

带、广播电视直播卫星地面接收站等项目，推进贫困地区建制村接通符合国家标准的互联网，努力消除“数字鸿沟”带来的差距。整合开放各类信息资源，为农民提供信息服务。加大培训力度，着力提高其信息获取和服务能力。

（5）危房改造。制定贫困地区危房改造计划，加大对贫困地区和贫困人口的倾斜力度。明确建设标准，确保改造户住房达到最低建设要求。完善现有危房改造信息系统，有步骤地向社会公开。

4. 推进产业扶贫，转变经济发展方式

指导全面实施有县域特色的产业扶贫专项规划，构建县域特色支柱产业体系。大力培育核桃、中药材、蔬菜、烤烟、茶叶、草地生态畜牧业、油茶、乡村旅游、农产品加工等贵州省扶贫特色优势产业，因地制宜地逐步形成“一乡一品、一县一业”特色突出的产业发展格局。加强规划项目进村到户机制建设，切实提高贫困户的参与度、受益度。积极培育贫困地区农民合作组织，提高贫困户在产业发展中的组织程度。以建设现代农业示范园区、扶贫产业园区、产业基地为载体，推进扶贫产业转型升级。切实将特色扶贫产业落实到产业园区、产业基地、龙头企业、专业合作社、市场、农户，带动更多贫困的群众增收脱贫。探索企业与贫困农户建立利益联结机制，促进贫困农户稳步增收。深入推进科技特派员农村科技创业行动，加快现代农业科技在贫困地区的推广应用。提高贫困地区防灾避灾能力和农业现代化水平。畅通农产品流通渠道，完善流通网络。

5. 发展乡村旅游扶贫，增强贫困地区自我发展能力

贵州美丽的自然风貌与村落中独特的民族文化融合，珠联璧合、相得益彰，是开展乡村扶贫旅游的最大优势。旅游扶贫在“开发一方景区，繁荣一方经济，致富一方百姓、丰富百姓生活”方面具有其独特的优势和不可替代的作用。

加强贫困地区旅游资源调查，围绕美丽乡村建设，依托贫困地区优势旅游资源，发挥精品景区的辐射作用，带动农户脱贫致富。统筹考虑贫困地区旅游资源情况，在研究编制重点旅游区生态旅游发展规划时，对贫困乡村旅游发展给予重点支持。结合交通基础设施建设、农村危房改造、农村环境综合整治、生态搬迁、游牧民定居、特色景观旅游村镇、历史文化名村名镇和传统村落及民居保护等项目建设，加大政策、资金扶持力度，促进休闲农业和乡村旅游业发展。

同时，要进一步发挥政府在乡村旅游扶贫中的主导作用，包括制定战略、政策、规章和协调等。制定适度的招商引资政策，加大对旅游扶贫的优惠政策和审批政策方面的便利，提高建设用地审批效率，全面启动旅游信息化工程，发展和应用现代信息技术，实现旅游产业信息化。积极鼓励当地社区居民参与乡村旅游的工作，提高从业人员的综合素质。

6. 优先发展教育事业，全面实施教育扶贫工程

实施“9+3”义务教育及三年中等职业免费教育计划。科学布局农村义务教育学校，保障学生就近上学。在三大片区安排贫困家庭学生免费接受中等职业教育。办好一批中、高等职业学校，支持一批特色优势专业，培育当地产业发展需要的技术技能人才。制定奖补政策支持贫困地区初中毕业生到省内外经济较发达地区的中等职业学校接受教育。广泛开展职业技能培训，使未继续升学的初高中毕业生等新成长劳动力都能接受适应就业需求的职业培训。推进面向贫困地区定向招生专项计划和支援贫困地区招生，不断增加贫困地区学生接受优质高等教育的机会。大力发展农村远程教育。

7. 推进贫困地区社会事业发展，筑牢民生安全网

进一步健全贫困地区基层卫生计生服务体系，构建基本健全的贫困地区县、乡、村三级卫生计生服务网。加强妇幼保健机构能力建设，加大重大疾病和地方病防控力度，采取有效措施逐步解决因病致贫、因病返贫问题。巩固发展农村新型合作医疗成果，不断提高参合率。全面开展新型农村社会养老保险工作。进一步完善农村最低生活保障制度、五保供养制度、临时救助制度。加强就业培训，加强就业服务，让更多的贫困人口就业。对居住在深山区、石山区、生态环境脆弱地区的群众实施扶贫生态移民搬迁，把扶贫生态移民作为减少贫困人口和推进城镇化的重要手段。

8. 改进贫困地区金融服务，助力产业扶贫

通过金融机构解决地方政府在推进农业产业化开发扶贫工作中的资金瓶颈问题，放大财政资金效果，实现产业扶贫跨越发展，减轻农民的融资成本。金融机构应运用开发性金融方法，通过制度建设、市场建设和体制创新，整合扶贫政策资源，弥补制度缺损和市场失灵，打通融资瓶颈，对贫困地区特色产业、中小企业、农村安全饮水工程、农村公路、农村危旧房改造、农村教育等薄弱环节加大融资支持力度，紧紧瞄准扶贫对象，做到金融服务下沉。探索扶贫贴息贷款、贫困村互助资金试点、扶贫小额信贷等支持扶贫产业发展的金融扶贫模式。

（三）政策支撑及组织保障

1. 财税政策

不断争取中央财政加大对贵州省“三片六山”地区的专项资金支付力度。省财政每年安排的财政专项扶贫资金规模应达到中央补助贵州省财政专项扶贫资金规模的要求比例。地方各级财政每年预算安排一定规模的财政专项扶贫资金，并逐年加大投入规模。对设在贵州省的鼓励类产业企业，以较低的税率征收企业所得税。在“三片六山”地区可按有关规定申请减免城镇土地使用税。企业从事国家重点扶持的公共基础设施项目投资经营所得以及符合条件的环境保护、节能节水项目所得，依法享受企业所得税“三免三减半”优惠。对由省统一规划在“三片六山”地区实施的资源性开发项目，可通过建立合理的税收分配制度，调节资源供给地与资源加工地之间的利益关系。对各地按照园区组团方式发展资源性产业产生的税收，其属地分享的部分由市（州）政府制定合理的分配办法。对内资鼓励类产业、外商投资鼓励类产业及优势产业的项目在投资总额内进口的自用设备，在政策规定范围内免征关税。落实促进残疾人就业税收优惠政策。大力发展民营经济，全面落实“3 个 15 万元”和省有关民营企业、个体工商户收费优惠政策。

2. 投融资政策

积极争取国家产业结构调整专项投资，争取国际金融组织和外国政府优惠贷款加大对贵州省的支持力度。取消连片特困地区项目配套资金的政策。探索研究扶贫投融资机制，引导和鼓励各类金融机构到县（市、区）设立分支机构。鼓励金融机构创新金融产品，加大在资本市场和证券、期货、信托等领域的融资力度，为扶贫开发提供多方面的融资支持。积极开展互助资金融资试点，探索“互助资金存入金融机构、金融机构放大贷款比例、农户联户连保承贷承还、扶贫资金贷款贴息”的融资机制。探索产业化扶贫的利益联结机制。探索开展农村土地承包经营权和宅基地使用权等抵押贷款试点。鼓励保险机构发展特色农业保险。

3. 土地政策

积极争取国家在安排土地利用年度计划时向贵州省倾斜。用足用活用好国家确定贵州省为全国开发未利用低丘缓坡实施工业和城镇建设试点地区政策。优先安排国家和省重点扶贫项目建设用地。适当降低产业园区建设用地的基准地价。扎实开展农村土地整治、城乡建设用地增减挂钩等试点，对“三片六山”地区建设用地计划指标逐步实行“直供”；对其投资强度、投资规模达到要求的建设项目，用地逐步实行“点供”。

4. 组织保障

（1）发挥党政主导作用。各级党委、政府要把扶贫开发工作作为第一民生来抓，摆上重要议事日程，纳入经济社会发展总体规划，统一部署、统一协调、统一检查。通过建立“定目标、定任务、定时限、定奖惩”的倒逼问责方式，强力推进三大片区区域发展与扶贫攻坚规划实施，推动扶贫政策、资金、项目向贫困地区聚集。完善管理体制。

（2）进一步完善层级管理体制。建立扶贫开发目标责任制，组织制定贫困县、村脱贫规划和产业发展规划，整合省内资源予以支持。各县（市、区、旗）党委和政府要采取措施，帮扶到村到户到人，把扶贫开发任务和政策逐项落到实处。

（3）强化扶贫队伍建设。要加大贫困地区干部培训力度，提高精准扶贫的执行能力，重视扶贫开发队伍建设，提供必需的工作条件和经费保障。扶贫开发相关部门要加强思想、作风、廉政和效能建设，切实改进作风，认真履职尽责，完成各自承担的扶贫工作任务。基层扶贫开发工作队伍、设施要适应精准扶贫工作的需要。充分发挥驻村工作队（组）作用，帮助解决生产发展和贫困群众最关心、最迫切、最直接、最现实的问题。

（4）加强基层组织。加强服务型党组织建设，健全党员干部联系和服务群众制度，切实发挥基层党组织推动发展、服务群众、凝聚人心、促进和谐的作用。选好配强村级领导班子，突出抓好村党组织带头人队伍建设。发挥贫困群众的主体作用。把贫困群众作为扶贫开发的建设主体、受益主体和监督主体，采用一事一议、民办公助、以奖代补等方式，以群众为主体实施扶贫开发项目。

产业扶贫篇

2014年贵州现代高效农业扶贫示范园区发展报告

王 前*

摘 要

为了又好又快地发展贵州经济，省委省政府作出重大部署，着力打造"5个100工程"重点发展平台，这是今后一段时期贵州后发赶超、同步小康的战略支撑点和发展增长点。据省政府办公厅的调研显示，"5个100工程"推进情况较好的依次是产业园区、示范小城镇、旅游景区、城市综合体，最薄弱的是现代高效农业示范园区。贵州省扶贫办通过几十年扶贫开发工作总结，大胆创新扶贫开发体制机制，在乌蒙山、武陵山、滇桂黔石漠化三大连片贫困地区，依据贵州农业发展的特点，主抓特色种养殖业的发展，优化产业结构，强力推进由贵州省扶贫办牵头指导的69个现代高效农业示范园区规模化、产业化发展，走出了一条具有贵州特点的山地农业扶贫开发新路。

关键词

农业园区　扶贫发展

一、现代高效农业扶贫示范园区发展现状及特点

（一）园区不断发展壮大

1. 扶贫示范园区情况

至2013年底，贵州省现代高效农业示范园区有113个，由省扶贫办牵头

---

* 王前，贵州省社科院区域经济所助理研究员，研究方向：区域经济。

指导的有34个。2014年贵州省现代高效农业示范园区增至213个，由省扶贫办牵头指导的有69个（具体情况见表1）。

表1 省扶贫办牵头指导省级现代高效农业示范园区名单（2013—2014年）

序号	市州	园区名称	主导产业	年份	指导处室
1	贵阳市 0+3=3	贵州开阳十里画廊农旅一体扶贫示范园区	休闲	2014	法规处
2		修文县小箐蔬菜现代高效休闲观光农业扶贫示范园区	蔬菜	2014	信贷处
3		息烽县蔬菜现代生态高效农业扶贫示范园区	蔬菜	2014	信贷处
4	遵义市 4+5=9	赤水市金钗石斛扶贫示范园区	中药材	2013	法规处
5		绥阳县小关金银花山区特色农业扶贫示范园区	生猪、金银花	2013	法规处
6		务川县草地生态畜牧业高效扶贫示范园区	肉羊	2013	产业处
7		习水县生猪产业化循环农业扶贫示范园区	生猪、酒用高粱	2013	产业处
8		习水县黔北麻羊生态养殖扶贫示范园区	畜牧	2014	产业处
9		习水县同民现代农业扶贫示范园区	蔬菜	2014	老区处
10		赤水市乌骨鸡扶贫示范园区	畜牧	2014	产业处
11		道真自治县特色中药材产业科技扶贫示范园区	中药材	2014	法规处
12		务川自治县栗园现代农业扶贫示范园区	坚果	2014	项目处
13	六盘水市 3+3=6	六枝特区郎岱现代农业综合扶贫示范园区	休闲、水果、蔬菜	2013	信贷处
14		六枝特区工矿区优质蔬菜扶贫示范园区	蔬菜（樱桃）	2013	人力处
15		盘县“哒啦仙谷”休闲农业观光扶贫示范园区	休闲观光	2013	党办
16		盘县老黑山核桃扶贫示范园区	核桃	2014	项目处
17		水城县南开现代高效农业（蔬菜）扶贫示范园区	蔬菜	2014	信贷处
18		六枝特区北部库区生态农业扶贫示范园区	中药材	2014	法规处
19	安顺市 2+2=4	普定县循环农业扶贫示范园区	生猪、蔬菜、水果	2013	信贷处
20		紫云县低热河谷早熟蔬菜扶贫示范园区	蔬菜、水果	2013	人力处
21		镇宁自治县现代高效农业生态牧养扶贫示范园区	畜牧	2014	产业处
22		关岭自治县顶云现代高效休闲观光农业扶贫生态园区	休闲	2014	人力处

续表

序号	市州	园区名称	主导产业	年份	指导处室
23	毕节市 4+7=11	七星关区阿普屯现代中药材扶贫示范园区	中药材	2013	法规处
24		大方县辣椒产业扶贫示范园区	蔬菜（蛋鸡）	2013	法规处
25		赫章县核桃产业扶贫示范园区	核桃（林下养鸡）	2013	项目处
26		织金县红托竹荪立体化栽培产业扶贫示范园区	竹荪	2013	人力处
27	毕节市 4+7=11	纳雍县特色蔬菜产业扶贫示范园区	蔬菜	2014	信贷处
28		大方县蓝雁现代农牧业扶贫示范园区	畜牧	2014	社会处
29		赫章县生态畜牧业扶贫示范园区	畜牧	2014	产业处
30		赫章县平山休闲观光扶贫示范园区	休闲	2014	人力处
31		金沙县中药材产业扶贫示范园区	中药材	2014	法规处
32		威宁蔬菜产业扶贫示范园区	蔬菜	2014	信贷处
33		威宁华曦循环农业扶贫示范园区	畜牧	2014	社会处
34	铜仁市 6+4=10	江口县闵孝设施农业扶贫示范园区	蔬菜（生猪）	2013	党办
35		松桃县盘石生态畜牧业扶贫示范园区	肉猪、肉羊	2013	产业处
36		沿河县山羊扶贫示范园区	山羊	2013	产业处
37		印江县木黄食用菌高效农业扶贫示范园区	食用菌	2013	人力处
38		德江县草地高效生态畜牧扶贫示范园区	羊	2013	产业处
39		松桃县长兴百合产业扶贫示范园区	百合（生猪）	2013	法规处
40		思南县塘头现代高效农业扶贫示范园区	蔬菜、水果	2014	人力处
41		沿河县谯家现代高效农业扶贫示范园区	核桃	2014	项目处
42		德江县高家湾现代高效农业扶贫示范园区	休闲	2014	法规处
43		石阡县本庄蛋鸡养殖产业扶贫示范园区	畜牧	2014	产业处
44	黔东南州 8+4=12	从江县香猪产业扶贫示范园区	香猪、蔬菜、水果	2013	老区处
45		黄平县旧州现代生态农业扶贫示范园区	蔬菜	2013	产业处
46		剑河县钩藤产业扶贫示范园区	中药材	2013	法规处
47		黎平县薄壳山核桃生态农业扶贫示范园区	薄壳山核桃	2013	项目处
48		榕江县车江现代蔬菜农业观光扶贫示范园区	蔬菜、香鸡、香猪	2013	老区处
49		三穗县三穗鸭产业扶贫示范园区	三穗鸭、蔬菜	2013	产业处

续表

序号	市州	园区名称	主导产业	年份	指导处室
50	黔东南州 8+4=12	施秉县牛大场中药材现代高效扶贫示范园区	中药材	2013	法规处
51		台江县台拱镇生态农业扶贫示范园区	魔芋	2013	老区处
52		雷山县休闲农业与乡村旅游扶贫示范园区	茶叶、水果、休闲	2014	人力处
53	黔东南州 8+4=12	三穗（台烈）现代生态农业扶贫示范园区	蔬菜	2014	信贷处
54		黎平县天香谷芳疗植物现代农业扶贫园区	中药材	2014	法规处
55		天柱县朗江蔬菜扶贫示范园区	蔬菜	2014	信贷处
56	黔南州 2+4=6	独山县现代农业扶贫示范园区	中药材、蔬菜、畜牧	2013	法规处
57		罗甸县现代高效农业扶贫示范园区	蔬菜、火龙果	2013	人力处
58		长顺县绿壳蛋鸡产业扶贫示范园区	畜牧	2014	社会处
59		三都周覃供港粤特色蔬菜扶贫园区	蔬菜	2014	信贷处
60		平塘县白龙现代高效农业扶贫示范园区	蔬菜	2014	信贷处
61		独山县上司农业扶贫示范园区	畜牧	2014	产业处
62	黔西南州 5+3=8	安龙县金州出口蔬菜农业扶贫示范园区	蔬菜（生猪）	2013	人力处
63		南北盘江甘蔗扶贫园区	蔬菜（甘蔗）	2013	外资中心
64		晴隆县沙子草地畜牧现代农业扶贫示范园区	肉羊（休闲观光）	2013	产业处
65		望谟县菜果扶贫示范园区	蔬菜（火龙果）	2013	人力处
66		贞丰县循环农业扶贫示范园区	鸡、牛、中药材	2013	法规处
67		册亨县绿色蔬菜产业扶贫园区	蔬菜	2014	信贷处
68		义龙新区龙广珍稀食用菌现代高效农业扶贫示范园区	食用菌	2014	人力处
69		普安县大湾畜牧生态现代高效农业扶贫示范园区	畜牧	2014	产业处

注：各处室牵头园区数量：法规处15个，产业处15个，信贷处12个，人力处12个，项目处5个，老区处4个，社会处3个，党办2个，外资中心1个，合计69个。

2. 扶贫示范园区市场主体培育初具规模

截至2014年5月底，扶贫办牵头指导的20个重点扶贫示范园区入园企业253个，其中省级及以上龙头企业61个。组建农民专业合作社315个，社员26553人，从业农民31.93万人。

（二）发展目标明确、组织管理机构基本健全

1. 发展目标明确

按照“一年打基础，两年有形象，三年初建成”和“在全省农业园区建设中走前列”的总体要求，在2013年工作及成效的基础上，扶贫办制定了牵头指导现代高效农业示范园区建设2014年的总体目标：进一步理清思路、加大力度、加快推进，找准关键环节，明确主攻方向，以改革为动力，以创新破瓶颈，实现20个重点扶持的省级园区基本成型，部分园区位于全省前列，其余省级园区建设进展加快，新增牵头指导建设一批省级园区，强化增比进位，实现新的突破和进步。下一步力争全省扶贫示范园区实现销售收入100亿元以上、销售利润10亿元以上。园区各类产业覆盖农户30万户以上，从业农民50万人以上。完成总投资100亿元以上，其中自筹及融资50亿元以上。入园企业和农民合作社分别达到600家以上，其中，注册资本500万元以上企业200家以上，省级以上重点龙头企业100家以上。以园带区建成十大扶贫产业高标准示范基地150万亩以上、畜禽标准化规模养殖区和水产健康养殖示范区10个以上。

2. 组织管理机构基本健全

各个扶贫产业园区均成立了以县党政主要领导为组长的园区建设领导小组，组建了领导小组办公室，负责扶贫产业园区建设的日常工作。六枝、独山等县还成立了独立的副县级园区建设管委会。

（三）园区建设取得积极进展

截至2014年5月底，省扶贫示范园区共完成投资106.19亿元，其中，基础设施投资63.04亿元，生产性投资39.8亿元，其他性投资3.35亿元。实现总产值87.32亿元，销售收入61.77亿元。发展种植业基地69.78万亩，现存栏71.9478万头、113.985万羽、224.4万尾。自2013年以来，省扶贫办牵头指导的园区在招商引资、经营主体、产业规模、完成投资等方面一直保持占全省园区30%左右的比例。

（四）资源要素得到有效整合

截至2014年5月底，省扶贫示范园区投入各级财政资金13.13亿元，部

门资金19.6亿元，银行贷款10.03亿元。其中，2013年省扶贫办安排了2.54亿元园区专项资金，产业化扶贫资金倾斜扶持园区主导产业基地。每个省级重点园区所在县财政均安排了500万元以上的园区建设专项资金。

（五）招商引资成效显著

截至2014年5月底，招商引资取得积极效果，签约项目239个，其中，500万~2000万元项目73个，2000万元以上项目149个，签约资金192.84亿元，实际到位资金76.5亿元。其中，较为显著的是：施秉县牛大场中药材现代高效示范园区分别赴香港、台湾招商，签约资金12.5亿元，到位资金2.61亿元；普定县循环农业示范园区招商引资到位资金超过5亿元；非省级重点园区织金竹荪蔬菜园区引进企业7家，已完成投资3亿多元，建设大棚温室10万余平方米，全部建成投产，从山东寿光引进的九丰公司开发的高端蔬菜供不应求，日销售收入10余万元，亩销售收入达2万~6万元，带动及培训全县15个乡镇发展蔬菜产业化基地10万亩，依托园区开发乡村旅游点两个，取得了良好的经济和社会效益。

松桃县盘石生态畜牧业示范园区立足当地资源优势，已引进全国500强企业四川华西希望集团德康牧业，投资11亿元建成国际标准生猪产业链；引进全国100强牧业成都大哥大牧业，投资1.25亿元建设10万只优质肉羊产业体系；引进省级重点龙头企业贵州梵净山牧业科技有限公司，投资1.2亿元建起了万头现代化的肉牛肉羊产业体系；赫章县核桃产业示范园区已引进9家企业，3013年9月分别与贵州利民食品有限责任公司、山东省莱阳韩记有限公司、贵州金果缘核桃产业发展有限公司、贵阳花溪和顺家具商会等4家企业进行签约，签约金额近8亿元，到位资金约3亿元。

（六）科技服务体系初步形成

省扶贫办与贵州大学、省农科院、省林科院等科研院校签订了科技合作协议，各园区也分别与科研单位签订了技术服务协议，形成了科研单位、政府部门、企业多主体的技术支撑服务体系。七星关区财政安排300万元专门用于阿普屯现代中药材扶贫示范园区产业贷款贴息和技术推广。在贵阳中医学院的支持下，全面开展中药产业化、GAP基地建设、药品开发等，目前已培训中药材种植技术员2000余人，打牢了园区发展的人才基础。晴隆沙子园区的草地畜牧公司、六枝郎岱园区的一枝魔芋公司等一批企业，积极与国内外科研院校和权威专家签订技术合作协议，开展新产品研发等。

二、存在问题

（一）园区建设发展不平衡

2013年，全省113个现代高效农业示范园区建设考评显示：较好的有48个，占42.4%；一般的有42个，占37.2%；较差的有23个，占20.4%。省扶贫办园区有36个，其中较好的有11个，一般的有15个，较差的有10个。其中：在全省园区中较好的占9.7%；一般的占13.3%；较差的占8.8%。在省扶贫办园区中较好的占30.6%，一般的占41.6%，较差的占27.8%。在全省较好的48个中，省扶贫办11个，占22.9%；一般的42个中，省扶贫办15个，占35.7%；较差的23个中，省扶贫办10个，占43.4%。据省政府办公厅的调研，“5个100工程”中，推进情况较好的依次是产业园区、示范小城镇、旅游景区、城市综合体，最薄弱的是现代高效农业示范园区。甚至有的高效农业示范园区就是原来的一个茶场、养猪场。农业园区建设仍存在认识不清、心中没数、管理不顺、方法不多、工作不力，特别是等待观望和上下步调不一致等现象，与省委、省政府“5个100工程”的部署要求不符。

（二）发展要素不足

由于现代高效农业扶贫示范园区大多地处边远贫困山区及少数民族地区，经济较为落后，在建设与发展现代高效农业扶贫示范园区上，诸多发展要素不足，导致园区建设与发展缓慢。主要表现在交通、农田水利基础设施落后，融资贷款和招商引资不力，发展现代高效农业示范园区所需的技能人才与劳动力欠缺，加上许多示范园区管理体制与机制不完善，地方政府认识与重视不足，对农业示范园区认识还不到位，思路还不完善，甚至少数地方还认为农业示范园区就是种几块蔬菜、几亩茶叶，或者建几个养猪场，等等，造成了有的园区还处在规划阶段；有的园区，主要靠政府推动和财政资金投入；有的园区，市场主体实力弱小，企业投资能力不足；有的园区产业链条不完整，商品化、市场化、产业化程度不高。

三、对策建议

（一）大力抓好规划编制

现代高效农业示范园区规划编制要高起点、高标准，既要有操作性，也要有前瞻性。规划编制要注重以下几个方面：一是突出主导产业。按照国发2号文件对贵州省山地特色农业的发展定位，立足当地农业结构调整方向，选准主导产业，合理安排配套产业，实现产业互促、互动；二是突出规模生产。园区建设要相对集中连片，并达到规定的建设规模，通过规模化带动专业化、标准化和产业化；三是突出功能配套。农业园区是农产品生产和销售的复合体，要根据实际需要，合理规划从生产到加工、销售等环节的建设内容，使园区的功能满足商品化生产的需要；四是突出产品销售。要改变过去仅停留在基地规模上的思维，更加注重按照市场经济和商品生产的规律来进行规划设计，一定要有企业、合作社在园区进行农产品品牌开发和营销，通过市场带动基地发展。

（二）加大政策扶持力度

政府在支持园区建设中，应充分发挥政府主导作用，加大保护扶持力度。一是做到“政企分开”，政府对农业支持不包办，主要体现在政策保护与扶持上，体现在对农业区域生产设施的规划布局上，体现在执法和综合服务上，而生产、流通、加工等环节依靠农业经济合作组织承担，即充分发挥市场主体作用和农业经济组织的桥梁作用；二是进一步研究出台惠农政策。加大对农业园区、科技开发、标准化产业化经营、农产品质量安全、创品牌、农会组织、休闲观光农业、土地流转、灾害防御体系、农业风险保险等方面的政策研究与支持。保障财政对农业的投入增长幅度高于财政经常性收入增长幅度。

（三）加大投入力度，提升融资水平

在财政园区专项资金和扶贫项目资金支持下，配套政策措施，整合部门资金投入，大力引导企业等社会资金投入。加强与国开行、省分行、农村信用社衔接，重点指导各园区县建立“四台一会”机制，争取更多金融贷款投入园区建设。

（四）加大招商力度，提升主体水平

充分发挥中直单位和8个城市对口帮扶贵州省等优势，大力帮助扶贫产业园区开展招商引资，吸引更多的省外大型和专业企业入驻，加大培育扶持力度，进一步增强园区经营主体实力。利用各种农展会、媒体宣传、现场会等手段大力推行产业招商、园区招商、以商招商，有条件的地方还可以积极探索园区与农村金融组织建设共同推进的路子，提高招商引资的命中率，签约项目的履约率、开工率和资金到位率。

（五）加强农业科技创新

积极加强与省外知名农业大学、林业大学、贵州大学、省农科院、省林科院等省内外科研技术机构的科技合作，为园区提供科技支撑和创新服务。

主要参考文献

[1] 贵州省扶贫办园区办 2013 年工作总结［R］.
[2] 陈敏尔省长、刘远坤副省长在全省 100 个现代高效农业示范园区建设现场观摩总结交流大会上的讲话［R］.

2014年贵州生态畜牧产业扶贫发展报告

罗以洪* 陈 涛**

摘 要

产业扶贫是脱贫致富的重要途径，探索生态脆弱与深度贫困问题交织的贵州省扶贫问题，对实现贵州经济社会的跨越式发展，与全国同步建成小康社会意义重大。本文结合贵州省生态畜牧产业扶贫发展的路径探索，总结了生态畜牧产业取得的成功经验及生态畜牧产业发展中存在的主要问题，提出在新的时代背景下贵州省生态畜牧产业发展的对策思路，为贵州省经济赶超、跨越、转型发展，减少贫困地区人口数量，切实增加农民收入，让农民脱贫致富奔小康，实现贵州省“建设生态畜牧业大省”目标提供决策参考。

关键词

生态畜牧业 贫困地区 扶贫模式 畜牧产业扶贫 新农村建设

贵州是全国唯一没有平原的山区省，山地和丘陵分步占全省土地面积的92.5%，其中喀斯特出露面积高达61.92%，是中国石漠化问题最严重的地区，也是中国农村贫困地区的典型，是生态脆弱与深度贫困问题交织的地方。阻止贫困与创新石漠化治理模式，实现经济社会的跨越式发展，在2020年与全国同步建成小康社会是新的时代背景下贵州省扶贫攻坚的一项重要任务，而在石漠化严重的大山上发展以草地生态为基础的畜牧业，是破解贫困和治理石漠化的一剂“良方妙药”。结合贵州省生态畜牧业扶贫发展的路径探索，总结生态畜牧业取得的成功经验，认识生态畜牧业发展中存在的主要问题，提出贵

---

* 罗以洪，贵州省社科院副研究员、博士，研究方向：技术创新管理、产业集群、区域经济及生态文明。

** 陈涛，贵州师范大学经济与管理学院副教授、博士，研究方向：电子商务、产业经济、创新管理。

州省生态畜牧产业发展的对策思路。按照“突出重点、点面结合”的发展推进方式，大力实施以草地生态畜牧产业化为主的扶贫项目，促进农业产业结构的优化调整，不断推进农业产业化经营，提高综合经济效益、社会效益和生态效益，切实增加农民收入，减少贫困人口数量，努力实现贵州省“建设生态畜牧业大省”和“力争五年内全省羊养殖规模达到1000万只”的总体目标。

一、生态畜牧业扶贫发展路径探索

（一）生态畜牧业扶贫的初步探索——晴隆模式

晴隆县位于贵州省黔西南布依族苗族自治州东北角，是地处云贵高原中段的山区农业县，县域内山高坡陡、沟壑纵横、喀斯特岩溶地貌强烈发育，75%耕地为条状形小块坡地，人民生产生活条件恶劣，多项综合指标在全国592个贫困县中倒数第一。晴隆县在实施国家“八七”扶贫攻坚计划以来，虽然基础设施建设有了较大改变，但由于传统农业思想的束缚，老百姓始终无法摆脱传统农业产业发展模式下越垦越穷、越穷越垦的怪圈，阻碍了扶贫攻坚任务的顺利完成。

2001年，贵州省向国务院申报将晴隆县作为种草养羊科技扶贫试点县，得到了国务院扶贫办的批准。十多年来，国务院扶贫办把晴隆作为扶贫联系点予以大力支持。贵州省扶贫办坚持以科技扶贫为支撑、项目支持为载体、扶贫开发为目的、农业产业化发展为方向，以公司基地带农户致富为手段的扶贫攻坚做法，把石漠化地区恶劣的生态环境治理与种草养羊的科技扶贫开发模式有机地结合起来，对晴隆县累计投入财政扶贫资金14697万元，整合部门资金4996多万元，成立了晴隆县草地生态畜牧业领导小组，组建了晴隆县草地畜牧业开发中心，充分利用县域内的丰富草地资源和自然环境，发展多元化畜牧业，在25度坡耕地和石漠化严重地区的乡村种草养羊，促进了以种草养羊为主的畜牧产业化扶贫的迅速发展。

经过十多年艰辛的摸索与实践，畜牧产业扶贫的体制机制不断完善，畜牧产业的规模不断扩大，晴隆县成功总结了畜牧产业“晴隆模式”发展的“五个模式”和“四个机制”。针对晴隆县的实际情况因地制宜，把石漠化治理产业化，将石漠化地区水土流失严重的陡坡耕地退耕还草，治理石漠化的同时发展草地生态畜牧业，让农户在石漠化治理中获得较高的经济效益。“晴隆模式”较好地破解了生态脆弱地区农村贫困与生态退化恶性循环的状况，将生态修复与扶贫开发、农民增收等有机结合起来，为群众脱贫致富带来实惠，其成功经验和取得的成效得到了国务院扶贫办、国家有关部委和省、州党委政府的充分肯定。

“晴隆模式”以服务“三农”建“五农”，实现了畜牧产业发展的“四结合”工作方式：一是将石漠化治理与发展草地生态畜牧业相结合；二是大幅度提高农户经济收入与草地生态畜牧业发展相结合；三是多层次技术培训、网络式技术服务与草地生态畜牧业发展相结合；四是和谐共生、美丽生态的新农村建设和草地生态畜牧业发展相结合。

“晴隆模式”构筑了“基地带动、滚动发展、集体转产、小额信贷发展、自我发展”的生态扶贫五种发展模式，形成了“中心与农户利益联动机制、扶贫资金效益扩大机制、龙头企业为农民服务激励机制、瞄准贫困群体重点发展机制”四大机制。

在扶贫开发的探索中，以“建设生态文明县”为总目标，一手抓生态文明建设，一手抓农民增收，把草地畜牧业发展作为农村产业结构调整和解决“三农问题”的重要抓手。提出“1238”发展目标，即至2014年实现全县肉羊饲养量100万只，发展基本养羊户2万户，每户发放基础母羊30只，农民年收入8000元以上。改变农民群众思想观念，以“高标准、严要求、集约化”发展生态畜牧业，让养羊户提高养羊水平，像养猪牛一样管理羊只，像种粮一样精心栽培牧草。建立扶贫工作新机制，制定切实可行的扶贫开发实施方案，层层落实目标和责任，签订工作目标责任状，组织得力、经营灵活、考核过硬，为“晴隆模式”的发展注入新的活力。

1. 创新发展方式，提升扶贫效益

在野外放牧的基础上开展舍饲圈养试点等三种畜牧产业帮扶方式让农户自由选择，实现“100万只”的养殖目标。一是提供农户羊舍和运动场补助。由县草地中心向农民提供基础良种公羊、母羊、草种、草地补助及相关技术服务和培训等，以现代管理理念，提升农户对羊只的管理水平；二是加大农村金融支持。为农户提供贴息贷款，贷款中20%用于羊舍建设，其余则用于购买基础母羊；三是加大基础设施建设帮扶力度，为农户提供贷款4000元用于羊舍建设。

2. 创新运作模式，实现利益共享

增强农民产业发展动力和积极性，以基地带动、集体转产、滚动发展等措施实现农户利益共享。

一是基地带动，有两种形式：一种形式是对农民土地评定等级，然后以土地形式入股，作为股民身份参与县草地中心的生产及经营活动，按股份分成；另一种形式是对农民土地等级评定，按面积一次性补偿，农民在草地中心工作实现就地就业，由草地中心统一经营，不按股份分成。

二是集体转产。对边远贫困、石漠化严重、适宜种草养羊但荒山草坡面积较大的地区，全部退耕还草。原来农民的承包土地统一使用，草地畜牧中心和农户联合共同发展畜牧产业，实行种草养殖的统一规划、分户饲养、分片管理、分户核算、利益共享。

三是滚动发展。以“草地中心＋养羊协会＋农户”的形式，草地中心向农民无偿提供草种，以养殖代替现金的方式发放种公羊和基础母羊，中心负责配送养殖的技术服务和商品羊的销售。

3. 加强科技支撑，加大培训力度

大力引进、开发、推广种草养殖先进技术，以先进实用技术为重点，与贵州大学、中国农业大学等高校签订草地种植与改良、养殖新技术应用等专业技术合作协议。与新西兰、澳大利亚等国家开展胚胎移植方面的技术合作。强化技术培训，加强示范引领带动，聘请专家对中心技术员予以业务技能培训，提升技术水平；开展传帮带活动，专家培训技术人员，技术人员培训农民，提升农民畜牧养殖的技术水平。充分发挥政府职能，政府积极引导。构建技术服务网络，加强对养殖户跟踪指导和技术服务，提升市场竞争力。技术服务网络由县畜牧局、县草地中心、各乡镇畜牧兽医站、养羊协会等组成。

4. 延长产业链，优化产业结构

突破传统产品经营的竞争思路，改变目前畜牧养殖产业低效益的格局，推进畜牧产品的精深加工，延长产业链，带动产业结构调整，促进农民增收。挖掘现有畜牧业发展潜力，不断延长产业链，增加畜牧业附加值，积极引进美国、荷兰、马来西亚等肉羊屠宰加工技术和生产设备，以优质肉羊资源加工为基础，肉类加工企业发展为龙头，在晴隆县沙子镇建立了海权羊肉加工厂，年屠宰120万只羊，生产线总投资2.03亿元，预计年产值7.8亿元，年税收在1000万元以上，解决就业600人，拉动20万户农民从事种草养羊，使18万人通过种草养羊脱贫致富。

（二）生态畜牧业扶贫全省遍地开花

生态畜牧业在全省全面铺开，各地积极探索生态畜牧业扶贫的新模式和新方法，整合资源发展方式，为建成畜牧业大省奠定坚实的基础。

1. 德江县高效生态畜牧园区发展

德江县通过交通、水利、农业、林业等部门途径，整合资金1000万元，加强水、电、路等基础设施建设，将畜牧产业发展与新农村建设结合，统一安排、统一部署，不断改进和完善项目区农户的生产生活环境，实现生态环境、经济发展和社会效益三赢。通过建立高效生态畜牧园区大力发展生态畜牧业，以“公司+基地+农户”的发展模式有力地促进了全县畜牧业的快速发展。2013年，德江县在3个乡镇总投资达3.24亿元，建设了高效生态畜牧园区核心区。2013年，该县有养殖小区36个、畜牧养殖企业23个、养殖大户1939户，新增规模养猪、牛、羊、禽、渔业专业户共计1131户，畜牧渔业总产值达11.2亿元，畜牧渔业产值占农业总产值40%以上。德江县为切实抓好畜牧经济发展，大力发展畜牧专业合作社，鼓励更多农户参与畜牧产业发展，有效地推进生态畜牧业的现代化、科技化和产业化发展。

2. 施秉县“五抓五突破”养殖模式加大畜牧产业扶贫

施秉县建立了“五抓五突破”养殖模式，实现畜牧产业扶贫的跨越式发展。一是抓良种体系建设，突破种羊引进瓶颈；二是抓基础预防措施，突破种羊疫病瓶颈；三是抓良草开发利用，突破饲草配套瓶颈；四是抓管理模式探索，突破运行机制瓶颈；五是抓合作组织建设，突破发展模式瓶颈。施秉县大力发展生态畜牧产业化，充分利用县域内丰富的生态资源环境，找准生态畜牧业发展目标突破口，以“公司+基地+农户”“专业合作社+农户”等多种经营模式，全力抓好施秉至白垛至马溪绿壳蛋鸡养殖示范带建设，重点抓好示范点建设，做活养殖场，充分利用和整合资源优势，有效推进生态畜牧业的快速发展。计划到2015年全县建设10个2000亩以上规模的连片规划化养殖小区，发展肉山羊养殖户2000户，年计划出栏优质肉山羊达30万只以上。

3. 遵义市发展草地生态畜牧业，实现农民脱贫致富奔小康

遵义市通过发展草地生态畜牧业，有力地促进了农民脱贫致富奔小康的步伐。遵义市从2007年在全省选择部分贫困地区大规模实施草地生态畜牧产业化科技扶贫项目以来，先后在务川自治县、道真自治县、习水县、遵义县、正安县、绥阳县、仁怀市和桐梓县8个县（市）大力发展草地生态畜牧养羊产业。在广大扶贫干部和基层群众的共同努力下，全市草地生态畜牧养羊产业发展取得显著成效。其主要做法为：（1）加强领导，健全机构，为产业项目顺利实施提供保障。市委、市政府领导多次深入调研，提出把种草养羊项目作为农业结构调整和生态环境改善的重要项目来抓。将种草养羊项目作为贫困地区

农民增收的重要手段组织实施。专门组建“县级草地生态畜牧业发展中心”，实现此项工作有专门机构、专职人员负责管理。各县项目镇（乡）也组建专门机构，专抓项目工作，确保该项目的顺利实施。(2) 完善机制，狠抓工作职责，确保项目实施到位。市委、市政府把草地生态畜牧产业化科技扶贫养羊项目作为全市产业化扶贫的重点工作，制定了相关工作制度，明确职责，并将该项工作纳入全市农业工作年终综合考评。各项目县分别出台了相关草地生态畜牧产业化科技扶贫养羊项目考核方案，层层签订种草养羊工作责任状，把项目目标任务分解到部门，落实到村组、人头。有效调动养羊农户的积极性，确保项目实施和各项工作措施有效地落实到各项目农户。(3) 加大投入，强化技术服务，提高养殖管理水平。各项目县（市）在财政扶贫补助资金不足的情况下，动员广大农户自筹资金物资投入的同时，采取多种办法和措施，整合各类资金4.798亿元，加大对项目的投入，强化基础设施建设和技术服务。各项目县（市）每年专门安排县（市）级财政资金用于该项目的实施。据2013年不完全统计，各项目县（市）投入县级财政资金676万元。在技术服务工作上，通过各项目县与西南大学、贵州大学等技术依托和支撑，大大提高了项目区养羊农户和技术干部科学养殖技术水平。(4) 积极探索，创新管理模式，提高产业实施效益。各项目县根据自身实际，积极探索，创新管理模式，有效提高了项目实施效益。探索项目申报工作模式，探索集中建圈、联户饲养管理方式，探索粮草套作模式，提高空闲田土和秸秆的利用率，探索各方利益联结机制等。(5) 通过招商引资，强化良种繁育，做大做强扶贫养羊产业。习水县、遵义县和务川自治县从2009年开始引进扶贫龙头企业参与草地生态科技扶贫项目体系建设。一是采取企业或个人出资投入基础设施的形式建设良种繁育场，政府在建设用地、良种投入和服务等方面给予支持；二是采取政府投入资金的形式进行基础设施建设，采取承包经营等方式，有效解决良种繁育资金不足和良种繁育场经营责任制等问题。截至目前，已注入民间资金1500多万元，修建羊繁育场8间，2014年可年供应基础母羊5000只以上。

4. 黔南州人工草地发展散养绿壳蛋鸡养殖业

黔南州转变思路，以人工草地散养绿壳蛋鸡为主导大力发展养殖业。绿壳蛋鸡以其稀少畅销、绿色营养著称，市场潜力巨大。依托本地优势大力发展生态畜牧业，推广果园人工草地散养绿壳蛋鸡。绿壳蛋鸡从2009年仅近23万羽规模发展推广到2013年的11个县市41个乡镇，达750多万羽，43496万枚，每只鸡年新增纯收入100元左右，探索出了农民增收的新途径，成了农民增收、农民工返乡创业以及农业结构调整的又一亮点。(1)强化技术支撑。第一，建立科技合作机制，加强州、县与科研部门、大专院校以及省级专家合作。第二，加强技术培训、办点示范。近五年来，共开展技术培训63271人(次)，办点示范34个。第三，完善种养技术体系。不断总结经验，加强技术创新，形成了较完善的畜牧养殖业技术体系。第四，不断完善技术及市场，绿壳蛋鸡种养综合配套技术逐渐成熟并在全省予以逐步推广。(2)创新经营模式。不断创新经营模式，形成"合作社+农户""公司+合作社+农户""基地+合作社+农户"的经营模式。由公司或合作社负责鸡苗供应，并提供技术服务支持，农户按照技术服务要求负责生产，公司或合作社负责产品统一销售，并协助对农户进行管理。(3)加大项目投入。2009年以来，全州整合各种项目累计投入资金8555.91万元，完成圈舍建设12.7万平方米，人工草地建植12.2万亩，绿壳蛋鸡基地13个。(4)加强品牌创建。一是龙里的"千家卡"小草原商标，"打草河"商标，品牌知名度逐步加大；二是长顺县绿壳鸡蛋通过贵州省农业厅无公害农产品产地认证（2008年），通过了国家有机产品认证（2009年），率先在全省建立了绿壳蛋鸡防伪查询平台（通过二维码技术），建立了产品质量安全溯源追踪系统。

除此之外，贵州全省各地纷纷探索适合自身发展的畜牧养殖业发展道路，不断深化事业单位改革，允许县级畜牧事业单位以国有资产入股或控股方式，实行企业经营、农户参股的股份合作企业。各地加强畜牧产业发展政策研究，大力扶持龙头企业，形成多元化的生态畜牧业发展格局。

（三）建设生态畜牧业大省

未来特别是"十二五""十三五"期间是我国畜牧业发展的重要战略机遇期和关键转型期，将对我国畜牧业发展产生深刻的影响。而山清水秀、生态环境优越是建设生态畜牧大省最好的资本和潜力。省委书记赵克志说要坚定不移以生态文明理念引领经济社会发展，走转型发展、集聚发展、和谐发展的绿色增长之路。因此在绿色发展生态文明理念的指引下，将贵州省建设成为生态畜牧业大省具有坚实的基础。

2011年，贵州省被列为《全国节粮型畜牧业发展规划（2011—2020年）》和《全国畜牧业发展第十二个五年规划（2011—2015年）》中四大肉羊和四大肉牛产业优势区重点省份之一，贵州首次被列入国家决策层面的草食畜牧产业发展优势区规划。

贵州省委省政府明确指出，要用5年时间，实现全省肉羊存出栏1000万只，肉牛存栏 700 万头，出栏 300 万头，牛存栏上升至前 5 位，羊存栏上升至全国前 10 位；畜牧业产值占农业总产值比重达到 40%，将贵州建成中国南方山地畜牧业大省和重要的牛羊出口省份。

国发 2 号文件将贵州扶贫开发战略上升为国家重大战略，国发 2 号明确指出要大力推进农业结构调整，建设草食畜牧业生产基地，稳定生猪生产。站在新的历史起点，面对难得的政策、市场和产业战略转移发展机遇，贵州省生态畜牧业发展正蓄势待发。

贵州省开始了谋求新一轮的跨越，走出去、请进来，高起点、拦腰上，取长补短，扩大开发，引进龙头，创新机制，转变方式，加快发展。全省各地正奋力发展具有贵州特色的山地肉牛羊，以绿色、有机、环保、安全的高档牛羊肉制品为龙头，打入国内外肉类高端市场，依托良好的自然生态环境，实现在中国最贫困最偏僻的山区养最好最贵的牛羊，将贵州建设成为一个全国草地生态畜牧业大省，很好地解决扶贫产业开发与生态治理之间的矛盾，使贫困地区群众从“环境脆弱—生活贫困—掠夺资源—环境恶化—贫困加剧”的恶行循环陷阱中走出来，探索一条新的生态文明视野下的产业扶贫之路。

二、生态畜牧产业扶贫取得的主要成效及经验

（一）项目投入力度加大，成效显著

近年来，贵州省推广生态畜牧产业化扶贫项目，取得了经济、生态的双重效益。2011—2013 年，全省共累计投入涉贫扶贫项目 3503 个，总项目资金 53. 91 亿元，总到位资金 52. 54 亿元，其中生态畜牧业相关投入财政扶贫资金合计 14 亿多元，覆盖 575 个乡镇、1722 个村、88291 户；累计实施人工种草 255 万亩，改良草场 107 万亩，累计发放羊 183. 9 万只、牛 27837 头，出栏羊 155. 6 万只，出栏牛 47916 头，实现销售收入 10 亿余元，项目农户户均收入过万元。累计种草 200 多万亩，配套改良草地、草灌结合、秸秆利用，草畜基本保持平衡，缓解了水土流失和石漠化趋势。晴隆、松桃、赫章、思南、水城等县建设了大规模的连片示范草场。各种养殖场应运而生，高山上草场绿如地毯，生态畜牧业正在崛起于贵州高原，贫困地区的广大贫困群众依靠畜牧养殖业，养殖牛和山羊等走上了致富道路。

近 3 年扶贫涉农项目及畜牧养殖产业资金投入情况如表 1 所示，畜牧养殖产业到位资金分布如图 1 所示。

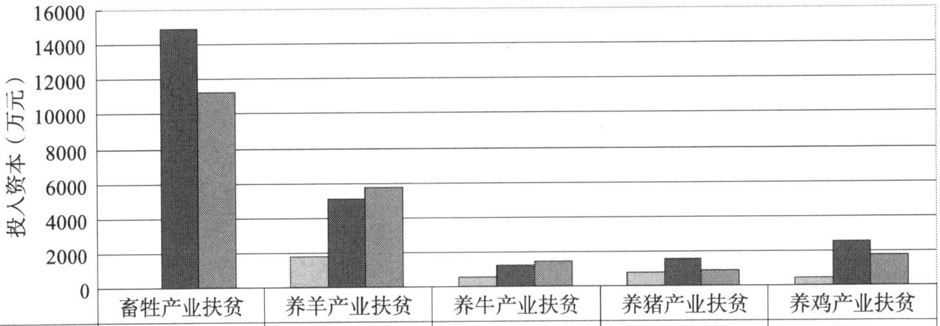

	畜牲产业扶贫	养羊产业扶贫	养牛产业扶贫	养猪产业扶贫	养鸡产业扶贫
2011年	2	1808.57	588.65	757.36	400.8
2012年	14940.68	5083	1200.95	1492.57	2508.81
2013年	11202.9	5758.067	1428.028	833	1785

图1　2011—2013年畜牧养殖产业到位资金分布

表1　2011—2013年贵州省扶贫涉农项目及畜牧养殖产业资金投入情况

年份	项目名称	项目数（个）	总下达资金（万元）	总到位资金（万元）	资金到位率（%）
2011	扶贫涉农项目	554	44842. 91	42163. 11	94. 02%
2012	扶贫涉农项目	1886	302214. 1	295304. 6	97. 71%
2013	扶贫涉农项目	1063	192050. 4	187977. 3	97. 88%
小计		3503	539107. 41	525445. 01	97. 47%
2011	畜牧产业扶贫	1	400	2	0. 50%
2012	畜牧产业扶贫	37	15138. 42	14940. 68	98. 69%
2013	畜牧产业扶贫	66	11429. 5	11202. 9	98. 02%
小计		104	26967. 92	26145. 58	96. 95%
2011	养羊产业扶贫	72	2308. 17	1808. 57	78. 36%
2012	养羊产业扶贫	15	5123	5083	99. 22%
2013	养羊产业扶贫	105	6120. 014	5758. 067	94. 09%
小计		192	13551. 184	12649. 637	93. 35%
2011	养牛产业扶贫	12	678. 6	588. 65	86. 74%
2012	养牛产业扶贫	33	1281. 45	1200. 95	93. 72%
2013	养牛产业扶贫	22	1428. 027	1428. 028	100. 00%
小计		67	3388. 077	3217. 628	94. 97%
2011	养猪产业扶贫	40	762. 86	757. 36	99. 28%
2012	养猪产业扶贫	25	1500. 97	1492. 57	99. 44%

续表

年份	项目名称	项目数（个）	总下达资金（万元）	总到位资金（万元）	资金到位率（%）
2013	养猪产业扶贫	10	833	833	100.00%
小计		75	3096.83	3082.93	99.55%
2011	养鸡产业扶贫	36	497.75	440.8	88.56%
2012	养鸡产业扶贫	20	2525.15	2508.81	99.35%
2013	养鸡产业扶贫	4	1785	1785	100.00%
小计		60	4807.9	4734.61	98.48%

数据来源：贵州省扶贫涉农资金公示网关键词搜索整理所得。

2013年贵州省扶贫办安排专项资金3.9亿元，加上各地整合资金投入超过10亿元，各地抓紧项目实施，强化技术培训，各项工作顺利开展，总体增长10%以上。省扶贫办结合贵州省地方实际和优势，积极引进和培育重点龙头企业，重点抓好8个生态畜牧产业园区建设，突出重点支持综合基础条件好的县与省、市（州）共建一批示范园区（如晴隆和松桃）。如果不具备建设园区的条件，则重点扶持一批生态畜牧产业示范基地县，强力推动生态畜牧产业的转型升级。

（二）取得的主要经验

在不断总结和完善过去生态畜牧产业发展经验的基础上，推进生态畜牧产业化扶贫的转型升级、提质增效。

1. 开展“十破十立”解放思想大讨论

从2013年1月开始，按照省委部署，贵州省扶贫办开展了以“十破十立”为主要内容的解放思想大讨论活动，进一步解放思想、更新观念、开拓进取、真抓实干，为全力打好新时期扶贫脱贫攻坚战，为加快贵州扶贫脱贫攻坚步伐提供强大精神动力，为实现贵州科学发展、后发赶超，确保与全国同步全面建成小康社会提供了坚强的思想保证。

2. 推动生态畜牧产业的科学化发展

大力推动畜牧品种的良种化、圈舍建设的标准化、牧草种植的高产化、生产经营规模化等，不断创新扶贫资金的合理使用，加强扶贫项目管理，强化园区的示范引领作用、龙头企业的带动作用、养殖生产基地辐射作用，以科学技术和现代管理为支撑，提高生态畜牧业的产业化经营水平。

3. 不断改进和完善项目实施水平

着力于5个方面的改进，提高生态畜牧产业扶贫项目的实施水平：一是改变过去只盲目追求项目数量、项目规模和简单完成项目建设任务的方式，更加讲求项目质量和效益，追求项目实施的成功率；二是改变了过去按养殖传统和存栏基础状况来规划区域布局的方式，更加注重项目的发展能力、发展潜力和对项目推动的积极性；三是改变了过去主要靠一家一户发展小农经济的落后方式，更加注重对扶贫项目的适度规模发展，提高项目的组织化程度；四是改变了过去扶贫项目资金主要为无偿补助的方式，更加注重对项目的差别补助、以奖代补、贷款贴息、以奖代贴等多方法多途径的补偿；五是改变过去对扶贫项目重争取项目轻建设管理的方式，更加注重对扶贫项目的分级管理，突出项目的建设重点，注重项目建设和实施的实际效果。

4. 积极推动畜牧养殖产业发展转型

在产业发展上积极推动养殖的主体、品种、模式、技术和规模等5个方面的科学转型，大力扶持并推广“公司＋合作社（基地）＋农户”的一体化养殖模式，积极扶持发展一批优良品种纯繁、扩繁场，在畜牧养殖产业上重点示范推广半舍饲养和全舍饲养模式，催生了一批规模化养羊的良繁企业和商品专业企业、专业合作社、专业示范户。

三、生态畜牧产业扶贫存在的主要问题

（一）资金投入不足制约产业发展

贵州省近年来为推广生态畜牧业产业化扶贫项目发展做了较大的投入，畜牧产业扶贫3年累计投入资金2.7亿元，实际到位资金2.6亿元，养羊产业扶贫投入资金1.35亿元，实际到位资金1.27亿元，养牛产业扶贫投入资金3388万元，实际到位资金3218万元，养猪产业扶贫投入资金3096万元，实际到位资金3082万元，养鸡产业扶贫投入资金4807万元，实际到位资金4734万元，扶贫资金通过项目的实施让项目实施地区的农户得到了显著的经济效益，起到了较好的示范引领作用，项目实施区农户养殖积极性高，要求实施项目的村、组和农户就会更多。尽管如此，生态畜牧养殖产业相关项目资金还是偏少，不能满足农户积极要求加入人工种草养殖等产业发展的需要。2011—2013年，包含养殖羊、牛、猪、鸡在内的畜牧养殖产业总投入扶贫资金5.18亿元，但

投入的资金只占所有扶贫资金的9.61%，实际到位资金也仅占总到位资金的9.48%。由于生态畜牧业发展所在地区多数是贫困区县，地方财政穷，扶贫资金投入少，虽然农民对实施草地生态畜牧业项目的积极性极高，但因资金缺少无法纳入项目的农户却较多，生态畜牧产业扶贫的发展还需要项目资金缺口较大，这对不断发展草地生态畜牧业，促进生产发展，增加农民收入，切实帮助更多的贫困农户及早脱贫致富，解决广大农村最基本的民生问题带来影响。

（二）产业链较短，科技含量低，产业提升艰难

贵州省畜产品深加工企业相对弱小，专业化程度较低，农户养殖追求小而全，牛、羊、猪禽样样养，每样都做不好，小农经济、小作坊加工的原始模式体现明显，即使有一定规模的养殖户，其专业化程度、生产规模、市场抗风险能力均较低。生态畜牧产业没有形成完整的市场体系，农民与企业间是单纯的生产者和消费者的买卖关系，没有形成利益共享、风险共担的利益共同体。缺少综合实力强的龙头企业引导，畜产品加工增值转化率较低，产业链较短，生产、加工、销售、服务脱节。产品主要依靠外调或鲜活产品销售带动本地市场发展，本地企业的竞争能力较差，农户养殖收益不稳定，经营风险较大，导致农户对产业发展的积极性不高。

（三）生态畜牧产业结构不尽合理

一是经营主要是以传统行业为主，现代化程度较低；二是养殖产品结构不合理，生猪饲养多，牛羊比例少，其他养殖相对更加稀少；三是养殖品种繁多，没有规模，品种杂乱，随意性较强；四是专业的畜产品市场有限，市场发育滞后，配套设施跟不上，生态畜牧产业结构不尽合理。

（四）市场流通体系不健全

尽管很多地区形成了“公司＋合作社＋农户”“合作社＋农户”和“基地＋合作社＋农户”的畜牧产业经营模式，但相对发达地区而言，贵州省畜牧产业发展中农民经济合作组织、行业协会较少，跨区域之间的协作较少，养殖农户自我发展及服务的能力较弱。市场营销渠道不畅通，流通贩运户较多且分散没有规模，缺乏集团经营或销售中介，市场不规范，管理相对困难，跨区域之间协作较少，地方保护主义严重，市场化程度比较低，农业生产资源配置还需优化。

四、生态畜牧产业发展对策建议

（一）加强对生态畜牧产业发展的引导

一是提高生态畜牧产业发展对扶贫攻坚的认识。引导农户提高对发展生态畜牧产业的认识，各级政府和各有关部门也需充分认识到产业发展在全省发展和农民脱贫致富奔小康中的作用，形成组织管理科学、政策扶持到位、机制体制理顺、政府引导合理的新型生态畜牧产业发展新格局。

二是加强各级各部门间的协作。加强省、市（州）、县（区）、乡镇之间的协作，形成上下配合，齐抓共管的新局面。农业（畜牧）部门抓综合协调，从专业上做好发展规划，搞好生态畜牧业发展的配套服务，制定考核标准。发改部门将生态畜牧产业列入经济社会发展总体规划，抓好生态畜牧产业发展的项目工作。财政部门积极协调发展资金的筹集，确保项目资金能够及时拨付，使相关工作能够顺利开展。扶贫办要充分利用好国家扶贫政策及资金优惠的渠道，创新扶贫开发模式，通过生态畜牧产业扶贫模式，让生态畜牧产业做大做强，让农民成为最大的受益者。国土、工商、税务等相关部门进一步增强服务意识，也为生态畜牧产业发展提供坚强的后盾。金融机构应该加大金融扶持力度，宣传部门搞好宣传工作，营造有利于生态畜牧产业发展的良好舆论氛围，推动全省生态畜牧产业的跨越式发展。

（二）转变生态畜牧产业扶贫模式，实施精准扶贫

省委书记赵克志指出，要认真按照中办发［2013］25 号文件的精神要求，改进贫困县的考核办法，建立健全精准扶贫机制，加强对全省贫困人口精细化管理，实现对各种扶贫资源的精确化配置，加大对贫困农户的精确化扶持，实现结队帮扶、产业扶贫、教育培训等六个到村到户政策，确保 2020 年与全国同步建成小康社会。

一是强力推进生态畜牧产业扶贫的项目化。采取“长短结合”的方式，将相关的扶贫资金直接用于扶持农户上，在发展短、平、快项目的同时，也要结合农户实际和各地资源优势，统一规划、科学实施，大力发展效益好、风险小、持续性强、较稳定的生态畜牧业发展项目，确保农户脱贫后能持续增收致富，能够从产业发展扶持中受益；二是大力抓好贫困乡村的基础设施建设。整合并利用好财政资金，结合全省“四在农家·美丽乡村”新农村建设契机，

加大“水、电、路、讯、房、寨”基础设施建设的“六项行动计划”实施，建设和改善贫困村的基础设施，为贫困村生态畜牧产业的发展创造条件；三是大力实施社会化扶贫。引导企业提高社会责任，鼓励个体、企业特别是龙头企业参与扶贫开发，支持各地的农业科技协会、农业专业合作组织等吸纳贫困户参与，实现企业、农户、社会自愿者的共同发展。

（三）转变生态畜牧业生产方式和增长方式

切实转变生态畜牧业的生产方式和增长方式，提升生态畜牧业规模化养殖程度和产业化经营水平，加快畜禽良种体系建设，提高农民素质，加强草料建设，抓好人工种草。

一是提升生态畜牧业产业化经营水平和规模化养殖程度。按做好规模化经营、实现集约化生产原则，提高规模化程度和安全生产水平，增强市场抗风险能力，提升生态畜牧业科技水平，形成以规模化养殖为主、分散化饲养为辅的生态畜牧养殖产业发展的新局面。

二是加快畜禽良种体系建设。大力实施畜禽的良种工程建设，强化技术指导，加强科技、扶贫等扶持资金管理，加大“扩繁群场”和良种猪场等的基础设施建设，提高种源质量，降低种源成本，提高良种繁育水平和供种能力。优化猪、牛、羊、鸡、兔等种源供应体系，规范种畜生产的依法经营，加大种畜管理力度，严厉打击各种生产、销售假冒伪劣种畜的违法行为，做到有法可依，规范市场秩序。

三是加大科技培训力度，提高农民素质。各地依据本地实际，着力抓好对专业技术人员、相关工作人员及农户的培训。围绕产业发展需求，依托高校、科研院所、主管部门的技术力量，开展多层次、多形式、多渠道的实用技术培训，提高农民的养殖专业技术能力。

四是抓好人工种草，加强草料建设。抓好草源系统建设，构建适度规模的饲草饲料生产体系。将人工种草作为草食畜发展的基础设施建设工作来抓，推广草地改良、草田轮作和人工种草方式，推行粮食作物、饲料作物、经济作物间的立体化种植结构，促进生态环境良性发展，实现生态畜牧产业的可持续发展。

（四）依法治牧，为生态畜牧产业健康发展提供司法保障

一是加强卫生防疫体系的法制化建设。建立建全卫生防疫体系，进一步落实养殖动物的各项防治技术措施，健全防疫机构，加强省、市州、县、乡、村五级防疫体系建设。切实解决村级防疫员的待遇问题和技术职称等问题，稳定发展科技队伍。确保全省生态畜牧养殖产业中有疫不流行，有病不成灾，加强生态畜牧产业防疫体系的法制化建设，为生态畜牧产业发展保驾护航。

二是加强全程化畜产品质量安全监测管理体系建设。加强对畜产品、饲料、兽药等的质量标准监管监督体系建设，确保畜产品安全，确保产品质量可靠，不断提高畜产品的品牌知名度，提高畜产品的市场竞争力。

三是建立稳定的动物疫病防治投入机制。确保动物疫病防治工作的工作经费保障，将重大动物疫病中的应急物资、预防用生物制品储备和防疫物资等列入财政预算。

（五）加强科技人才队伍建设，提升技术服务能力

一是加强省、市州、县、乡、村各级机构的畜牧科技队伍制度建设。建立健全各项管理制度及规章制度，强化工作职责，规范工作程序，转变干部及科技人员的工作作风，提升科技人员的综合素质。

二是提高省、市州、县、乡、村畜牧兽医专业技术队伍的思想素质和业务能力。营造良好环境，造就一支政治性强、业务精湛、作风正派、努力上进的专业队伍，为畜牧产业快速发展提供技术保障。

三是建立健全业务培训机制，切实做好农民养殖技能培训工作。把与生态畜牧产业相关的养殖户作为技术培训的重点对象，培育大批乡土人才，加强实用技术培训，提升人才的科技应用能力，为生态畜牧产业发展提供强大的技术支撑。依靠科技创新的路子，依托贵州省生态文明建设的优势，推动传统畜牧业向现代生态畜牧业转型。

四是加强人才引进及产学研企合作。生态畜牧业发展问题的关键是人才、资金和项目，针对目前生态畜牧业标准化生产水平不高、科技含量低、畜禽产品卫生质量控制技术差等现象，加强人才引进、提高科技竞争力迫在眉睫。加强科技人才的引进工作，必须首先加强生产基地、高校、科研机构、企业的合作，特别是需要加强对懂管理、懂技术、懂市场的综合高端人才的引进工作，充分发挥人才的关键性作用，重点解决好草地的科学开发利用和畜禽的品种改良、家畜饲养管理、畜产品的加工生产等。通过建立一套科学合理的科技人才应用体制，提升贵州省畜产品在经济全球化的环境下的市场竞争能力。

2014年贵州中药材产业扶贫发展报告

王　彬*

摘　要

贵州中药材产业实现了较快的发展，扶贫效益逐步显现。但在标准化生产水平、规模化程度等方面仍存在一些问题。进一步加快贵州中药材扶贫产业发展，要切实加强组织领导，大力推进市场体系建设，实施品牌战略，加大资金和政策扶持，加强人才队伍建设。

关键词

中药材产业　扶贫　贵州

全省中药材产业实现了较快的发展，种植规模稳步增长，扶贫效益逐步显现，在促进农业结构调整、贫困地区经济发展和农民增收致富方面发挥了重要作用。

一、中药材产业发展现状

（一）种植面积不断增长，规模不断扩大

中药材种植是促进农业产业结构调整、增加农民收入、发展地区经济的重要举措，近几年，全省中药材种植面积不断扩大。截至2013年，全省中药材种植面积176.31万亩。

（二）种植品种不断增加，种植模式多样

截至2013年，全省栽培的中药材品种发展到110多个。同时，针对中药

* 王彬，贵州省社会科学院区域经济研究所助理研究员，研究方向：产业经济。

材种植的特殊性，各地选择了适合本地气候条件、农民易于接受的中药材品种，探索了林药结合、粮药间作、以短养长等多种实用的种植模式。目前，全省中药材种植结构呈现多样化发展趋势，中药材生产方式已逐步由采集野生资源为主向保护抚育、集约化种植和规范化种植转变。

（三）组织化水平不断提高，脱贫致富步伐加快

贵州中药材生产依托中药制药骨干企业和中药材专业合作经济组织，积极探索“公司＋基地＋农户”“公司＋专业合作社＋农户”等形式，发动农户种植，形成“种植—加工—提取—销售”一条龙的产业链，辐射带动广大农户发展中药材种植，带动项目区农户收入显著增长，并涌现出一批年收入过万甚至过十万、百万的种植大户。

（四）规范化水平不断提高，品牌影响力增强

多家制药企业、中药材生产企业陆续建立了自己的药材生产基地，开展中药材规范化种植。截至2013年，全省完成何首乌、太子参、淫羊藿、头花蓼、天麻、杜仲、吴茱萸等20个中药材品种的标准化、规范化种植技术研究，建立了40个以上中药材品种的规范化、标准化种植基地。何首乌、太子参、头花蓼、淫羊藿分别通过国家GAP认证并公告；赤水金钗石斛、德江天麻、大方天麻等6个品种已获得国家地理标志产品保护；“黔太子参1号”已获贵州省农作物品种委员会认定。“黔药”、“苗药”在全国的影响力不断增强，竞争力不断提高。

二、存在的问题

贵州在发展中药材扶贫产业上取得了一定成效，但仍存在一些问题。

（一）粗放种植多、标准化生产水平较低

种植药材多以广种薄收的粗放生产为主，科技利用率低，基础设施落后。当前药材生产仍是粗放型的，尚未实现从量的扩张向质的提升的转变，规范化种植不够。老百姓多以户为单位，自发地在房前屋后种植药材，虽然具有基本的种植技术，但是形式松散、品种杂乱，家种药材均未形成规模效应；采摘加工技术不到位，导致产量、质量、价格上不去。种植、销售和加工仍然是传统模式，不够集中，规模化、专业化、产业化水平低下，距离现代中药产业差距很大。中药材基地建设的档次较低，缺少高标准的GAP生产基地。另外由于

中药材种植比较分散、集中连片少，集约化程度较低，加之药农对基地的投入捉襟见肘，使得标准化种植基地始终难以成熟。

（二）产后加工层次低，规模化程度小

中药材深加工模式还没有真正建立起来，大部分的中药材产品还是以原料的形式外销，没有充分发挥中药材加工的效益。种植水平低，产品质量跟不上，没有批量定单收购或企业批量加工，仍然满足不了大药商、大企业的需求。在销售上处于销售原始产品、产品附加值低，产业链的延长也受到制约，中药材加工销售体系尚未健全。

（二）政策扶持不够集中，不利于调动企业和农户生产积极性

中药材种植是中药产业的“第一车间”。但在贵州，中药材生产却是整个中药产业的薄弱环节。支持中药材产业发展的财政资金虽有所增加，但与整个产业发展需要相比，还有很大差距，更为突出的是支持环节分散，不能充分发挥其引导作用。在中药材种子种苗基地、生产示范基地建设、种植技术研究、产品研发、市场培育等方面迫切需要加大支持力度。贵州虽然制定过一些扶持特色产业发展的政策措施，但就发展中药材产业而言，还缺乏针对性强、措施有力的配套政策。金融资本、社会资本等对中药材产业也缺乏有效的支持。

三、发展壮大中药材产业的建议

为了切实解决中药材扶贫产业发展问题，进一步加快贵州中药材扶贫产业发展，结合实际，提出如下对策建议：

（一）切实加强组织领导

各级政府要高度重视中药材生产，制定出台扶持中药材产业发展的优惠政策，认真做好中药材生产信息发布、市场调剂、质量监管等工作，切实发挥中药材生产对农业增效、农民增收的重要作用。建立由农业、发展改革、财政、科技、中医药管理、林业、畜牧等部门参加的产业发展协调推进机制，统筹推进产业发展规划的组织实施。农业部门要发挥主管部门职能，负责牵头协调，切实加强对中药材产业发展的指导和总体管理。发展改革部门和财政部门要加大基建资金和财政资金对中药材产业发展的支持力度，做好项目实施和资金监管工作。科技部门要努力改善中药材产业科技创新条件，加快推进科技项目成果转化。其他相关部门要根据各自的职能范围，加强对中药材产业发展的支持力度。要建立健全中药材产业发展指标考核体系，并将考核结果纳入各主产区政府现代农业发展考核体系。省政府有关部门要制定全省中药材产业发展绩效考评办法，并将绩效考评结果作为省级选择扶持项目的重要依据。充分利用各种现代媒体，加大宣传与普及力度，形成发展中药材产业、支撑中医药事业、传承中医药优秀传统文化的共识，努力营造全社会关心支持中药材产业发展的良好氛围。

（二）大力推进市场体系建设

各地要把加强中药材产业市场营销与开拓作为拉动整个产业发展的突破口，要大力培育具有多渠道、多层次、多形式的市场体系与信息服务体系。优势中药材产业带、商品中药材集散地要尽快建立健全一批不同层次的中药材专业批发市场，中药材加工、销售的龙头骨干企业要积极开展集中配送、连锁经营等新型营销业务。进一步全方位完善服务功能，依法规范交易秩序，带动广大产业化主体积极发展中药材产业。同时要切实加强无形市场建设，进一步加强有关中药材产业市场信息服务，大力发展中药材产业电子商务，重点建立起中药材供求信息网络，扩大网上交易规模。进一步开通药材“绿色通道”，改善药材流通环境，增强药材流通传输能力。

（三）实施品牌战略

发展壮大一批在全国乃至国际上具有较强竞争力的品牌，提高市场占有率。切实加大商标注册力度，加大标准化认证和地理标志认证，加强著名商标、驰名商标申报与药材之乡命名，把质量通过认证、命名等形式固化下来，打造“黔药”“苗药”品牌，形成拳头特色产品，增强品牌竞争力。由政府主导、企业参与，采取“政府搭台、企业唱戏”的形式，积极组织企业参加各种中药博览会、药品展销会、中医药产业发展大会、主要产品文化节、中医药研讨会等涉药活动，积极申请承办全国性和区域性的涉药活动，定期组织药材种植、生产、流通企业等到重要药材销售区举办大型推介活动，全方位向外推介地产药材和主产品种，提高“黔药”“苗药”的知名度和美誉度。

（四）加大资金和政策扶持

建立以政府性资金为引导，企业投入为主体，社会资金广泛参与的投入机制，重点支持良种基地、示范园区基础设施建设、山丘区中药材扶贫开发等，为中药材产业发展提供资金保障。整合农业、林业、科技、卫生、商务等行业部门资金，在产业发展、科技研发方面集中投入，充分发挥资金的规模效应。

采用直接投资或以奖代补方式，对种质资源圃、野生抚育区、良种选育及引进、质量监控技术体系、中药材育苗基地、生产基地、科技示范园、加工企业等进行扶持。制定扶持产业发展优惠政策，实行生产资料补贴、农机具补贴等补贴制度。将中药材品种纳入省种业发展规划扶持范围，给予资金扶持。探索中药材品纳入政策性农业保险。完善信贷担保抵押模式和担保机制，出台对药材种植基地、加工企业及有关科研单位的信贷扶持政策。

（五）加强人才队伍建设

加强中药高级技工、研究人员及中药材种植科技人员的培养，整合农业、林业、科技等部门的技术力量，建立中药材发展科技服务体系，强化中药材种植、管理、病虫害综合防控等技术的推广运用和新品种的引进、研发、示范、推广等工作。加强对中药材品种选育、良种繁育、栽培技术、采收加工、质量控制等研究，强化种植、管理技术培训，大力提升中药材生产技术和管理水平。支持企业进行精深加工、自主创新等关键技术的研发和推广运用。支持鼓励种药企业建立中药材种植试验基地和良种繁育基地，依托高校、科研机构和大型企业集团的技术优势联合开发一批科技含量高、适宜本地大规模种植、市场潜力大的新药品种。围绕中药材产业发展需要，坚持“走出去学、引进来用”相结合的人才培养、引进、储备和使用机制，建设一支高素质的中药材种植人才队伍。

2014年贵州核桃产业扶贫发展报告

陈绍宥*

摘 要

贵州核桃产业发展具有规模不断扩大、布局趋向合理、产业链不断延长、强化技术支撑等特点，扶贫功能不断增强。其进一步发展具有资源、环境、政策、产业融合等优势，同时也存在管理粗放、产业功能不强等制约，应从规范引导、注重整合、强化科技运用等方面加以改进。

关键词

贵州　核桃产业　扶贫

大力发展核桃产业是推动贵州省农业产业结构调整，加快经济转型，促进贫困地区和贫困群众增收致富的现实选择；是大力实施“三位一体”综合规划，加强石漠化治理，提高森林覆盖率，建设生态文明的有效措施。2013年，全省上下按照“发展产业、农民增收、减贫摘帽”的工作思路，大力推进《贵州省核桃产业化扶贫建设规划（2011—2015年）》的贯彻落实，核桃产业化扶贫成效显著，生态和富民的双重功能日益显现。

一、贵州核桃产业发展现状

2013年，贵州省核桃产业扶贫工作向纵深推进，群众栽种核桃的积极性空前高涨，再次掀起了核桃发展的新高潮，核桃产业呈现出了重点项目建设加快推进、规模不断扩大、产业链不断延长等特点，生态效益和富民作用得到了充分发挥。全省核桃产业呈现出良好的发展态势。

---

* 陈绍宥，贵州省社会科学院区域经济研究所助理研究员。研究方向：区域经济、产业经济。

（一）核桃产业化扶贫规模不断扩大，布局趋向合理

近年来，贵州省把发展核桃产业作为产业化扶贫的重点项目来抓，核桃产业扶贫工作纵深推进。一方面，种植面积逐年增加，产业规模不断扩大。2012年，全省新增标准化核桃种植面积160万亩，2013年新增种植面积238万亩。截至2013年底，全省核桃产业化扶贫项目种植面积达到610万亩以上；另一方面，发展布局趋向合理。目前，全省30公里以上连片的区域有5个，5000亩集中连片以上的有10多个。全省十大核桃产业示范带公路里程约700公里，涉及全省9个市（州）、16个县（市）、64个乡（镇），示范面积80万亩以上。通过示范带建设，达到了9个市、州都有示范样板，主要干道都有榜样可学，各个种植区域都有核心基地的目的。[1]

（二）投入逐年加大，重点项目建设加快推进

为加快推进核桃产业扶贫工作，贵州省对核桃产业的投入不断加大，对重点项目建设加快推进。2009年至2010年，投入财政扶贫资金1.9亿多元，扶持核桃产业55万多亩。2011年至2013年，省扶贫办安排资金9.26亿元支持核桃种植计划。2013年，按照贵州省委“打造100个现代农业扶贫示范区”的部署，全省扶贫系统斥资1.76亿元，在清镇、织金、务川、正安、镇宁、纳雍、大方、德江、沿河、印江、六枝、水城、罗甸、平塘、黎平、锦屏等16个县66个乡镇着力打造“10大核桃产业示范带”，每个示范带的核桃连片规模至少在3万亩以上，10大示范带总规划面积超过50万亩。同时，安排资金1.97亿元，在务川、石阡、正安、钟山、三穗、印江、关岭、三都、贞丰、织金等“10个扶贫攻坚示范县”发展核桃种植56.9万亩[2]。此外，赫章县核桃产业示范园区列入省“5个100工程”，《赫章县省级重点现代高效核桃扶贫产业园区规划》已编制完成，建设有序推进。

（三）产业链不断延长，实现价值增值

产业链的长度与产业创造的效益密切相关。近年来，贵州核桃产业在不断扩大种植面积的同时，也不断强化了产业链的延长。初步形成了核桃特色食品、工艺及旅游产品、精细木制品、精细化工产品、包装材料等核桃系列高端产品，确保核桃果实、果壳、树干、枝叶、根系等得到充分运用，实现物尽其

---

[1] 《贵州：强力推动核桃产业发展 探索连片特困地区扶贫》，2013年2月20日，资料来源：中国经济网。

[2] 《贵州着力打造十大核桃产业示范带》，2013年2月20日。资料来源：贵州日报。

用。围绕核桃产业链，全省引进和培育了一批相关企业，实现了行业价值增值。比如，赫章县有核桃产业精、深加工企业10余家，主要生产核桃乳、核桃工艺品、核桃糖等系列产品，年创产值近2亿元。

（四）强化技术支撑，提高种植水平

近年来，贵州省核桃产业的发展更加注重对现代种植技术的运用，强化技术支撑。一方面，加大对核桃种植农户的培训力度。据不完全统计，全省共开办核桃种植农户技术培训620多期，受训农户达5万余人，编印发放宣传资料40多万份，通过各种形式的宣传和培训，广大种植农户对产业政策、产业技术有了很好的掌握，促进了产业的发展；另一方面，注重"借智"发展。在核桃产业化扶贫推进中，注重科技支撑，推行辅导员制度，在集中连片区域每1000亩配备1名辅导员，向群众推广种植技术，随时为农户提供种植、管护、防治病虫害等技术服务。截至2012年底，全省已安排近600万元资金聘请833名核桃辅导员培训上岗。2013年，聘请1000名核桃辅导员为核桃种植、管护、防治病虫害提供技术服务，每个辅导员除可享受6000元工资补助外，还可领办30亩以上核桃种植示范基地。

二、贵州发展核桃产业的优势

贵州省是我国核桃的主产区之一，发展核桃产业实现助民增收脱贫主要具有以下优势。

（一）具有得天独厚的资源优势

贵州省不同地区分别属于优质核桃生产的生态最适宜区或适宜区，适生地域广，全省有陡坡耕地973万亩，有石漠化耕地1777万亩，为优质核桃产业化开发提供了充裕的空间和载体。同时，由于历史上长期采用实生繁殖的结果，形成了庞大的变异群体，其中有一些性状各异的优良农家品种。

（二）具有明显的环境优势

贵州山区自然生态优越，天然隔离条件好，果树病虫害较少且易于防治；有以农家肥为主的施肥传统，农业生产污染少；工业化、城市化发展起步晚，工业"三废"排放较低，土壤、空气和灌溉污染少，具有大范围、大规模生产优质、无公害果品的优势。

（三）产业发展与生态建设相结合的优势

核桃具有适应区域较大、生命周期较长、生命力强、种植技术容易掌握、资金投入不大、劳动力需求不多、受益周期很长的特点，易为自我发展能力较弱的贫困群众接受，同时，核桃树具有很好的保水、固土、防风作用，在石漠化严重等生态恶劣地区均可广泛生长，既能有效增加收入，又能保护生态。在"八山一水一分田"的贵州，核桃产业是实现"希望在山、潜力在山、致富在山"的山地农业支柱产业，在赫章等地的作用已充分显现。

（四）政策优势

贵州核桃产业发展具有多种政策优势。《中国农村扶贫开发纲要（2011—2020年)》（中发［2011］10号）提出要把连片特困地区作为新时期扶贫开发的主战场。贵州省大部分贫困地区属于武陵山区、乌蒙山区、滇桂黔石漠化片区等连片特困地区，将享受到新时期国家支持特困地区发展的优惠政策。同时，贵州省核桃产业还享受到国家《关于进一步促进贵州经济社会又好又快发展的若干意见》的优惠政策以及国家深入实施西部大开发的政策。

三、贵州发展核桃产业的制约因素

贵州核桃产业发展基础好，发展前景广阔，但也存在一些制约因素。

（一）产业发展作用没有真正发挥

贵州核桃作为贵州省山区农村经济的重要支柱产业之一，由于缺乏统筹规划和安排，各地自行其是，带有一定的盲目性、随意性，产业发展方向不明确，产业带动作用没有真正发挥出来，群众现有的核桃树大多是老树，零星分散，管理粗放，没有形成产业规模。

（二）品种优势不明显

贵州的核桃原来基本沿用种子实生繁殖，近年来各地才开始采用优良无性系嫁接苗建园或进行高接换种，但由于对品种特性了解不够，识别能力差，没有建立正规的良种苗木繁育体系及相应的组织管理办法，不能保证苗木纯度与质量。同时，各地招标育苗工作不规范，监控把关不严，约定供苗单位在成活率、挂果率等方面的承诺和责任得不到很好兑现，致使种苗供应不足问题一直制约贵州省核桃产业的发展。

（三）管理方式粗放

贵州省核桃大多分布在比较偏远的深山区，一般土、肥、水条件都较差，有的山地坡度较陡，有的土层较薄，土质太差。栽植前未进行土地整治和土壤改良；栽植时不规范，标准低；栽植后放任生长，管理粗放，处于半野生状态，导致成活率、保存率低，园区不整齐，植株生长不良，产量不高，产品质量差，病虫危害严重及树势早衰等，抵御自然灾害的能力不强。产供销服务体系和农村合作组织没有形成，长期分散经营，各行其是，导致质量良莠不齐，缺乏市场竞争力。

四、对策建议

针对制约贵州省核桃产业发展的因素，提出如下对策建议：

（一）强化规范，引导到位

各级各部门要紧紧围绕省委、省政府关于核桃产业发展的有关要求，解放思想，创新思路，不断加大对核桃产业的扶持投入力度；切实对本行政区域的核桃产业化扶贫工作负起总责，积极解决协调产业发展中的各种问题和矛盾；切实把核桃产业作为本地区群众增收、经济发展、社会进步的重要手段，纳入经济和社会发展战略及中长期发展规划；切实从实际出发，因地制宜，发挥资源优势、区位优势和环境优势，发展自己的优势品种，不断提高产品质量，打造优势品牌，提高产品的竞争力。

（二）进一步整合部门资金和力量

要充分发挥市场机制的作用，核桃产业发展所需资金主要通过市场的方式解决。支持各地整合本部门的涉农项目资金，按照“渠道不乱、用途不变、项目捆绑、各记其功”的原则，集中人力、财力、物力，形成合力，共同攻坚。财政扶贫资金主要用于产业发展和后续管护补助，项目区所需的水、电、路等基础设施，主要依靠整合资金来解决。

（三）进一步提高科技水平

要鼓励和支持省内外相关科研院所与企业联合组建核桃工程研发中心，建设科技示范基地。加强新产品研发和加工技术，提供技术支撑，突出重点，推广优良品种，改进嫁接育苗技术，应用先进的果园管理技术。要通过举办培训班、专题讲座、发放技术资料和现场操作指导等形式，加大对种植户的技术培训力度。在相对集中的核桃主产区，要坚持引进大企业与壮大现有企业并举，以龙头企业为核心延长核桃产业链。各加工企业要树立综合开发、循环经济、高效利用的意识，推进核桃产品由单一向多功能延伸，提高核桃综合利用水平和附加值。

（四）长短结合增加农民收入

核桃生产周期长，见效慢，根据贵州山地农业发展的特点和规律，按照“长短结合、以短养长、种养结合”的山地农业发展要求，发展林下经济，在核桃还不能见效益的前几年套种间作一些见效快、周期短的经济作物，确保农民收入不受影响。

2014年贵州茶产业扶贫开发报告

魏　霞　雷睿勇　徐嘉民*

摘　要

贵州以规模化引领茶产业迈向茶业强省，现已发展成为全国茶叶种植面积最大的省份，茶产业走出了一条后发赶超、增比进位、跨越发展的成功路子，使茶农增收近30亿元，300万农民因茶脱贫致富，成为贵州特色优势产业发展中一张亮丽的名片。

关键词

茶产业　扶贫开发

茶叶是贵州的农业主导产业，全省宜茶面积700多万亩，遍布81个县、市。贵州茶产业整合了经济、文化、生态、旅游、休闲等功能，关联度大、产业链条长，具有变资源优势为产业优势和经济优势的重要基础，对调整优化农业结构、繁荣农村经济、促进农民增收、实现富民兴黔具有重大的意义，是贵州倾力打造的特色优势产业和惠农工程及民生工程，产生了巨大的社会效益和经济效应。贵州省委、省政府高度重视茶产业发展，为全面提升茶产业发展水平，振兴茶叶经济，促进农业农村经济结构调整、增加农民收入，制定了加快茶产业发展系列政策措施，特别是认真贯彻落实了习近平总书记参加全国“两会”贵州代表团审议时关于贵州茶产业发展的重要指示精神，出台了《贵州省茶产业提升三年行动计划（2014—2016年）》，推动了茶产业进一步转型升级、提升了品牌竞争力。自2008年全省茶产业发展大会以来，经过几年的发展，贵州以规模化引领茶产业迈向茶业强省，现已发展成为全国茶叶种植面

* 魏霞，贵州省社会科学院区域经济研究所副研究员。研究方向：区域经济；雷睿勇，贵州省茶产业发展联席会议办公室品牌推广组组长，茶叶经济研究专家，经济学硕士；徐嘉民，贵州省绿茶品牌发展促进会秘书长。

积最大的省份，茶产业走出了一条后发赶超、增比进位、跨越发展的成功路子，现已成为贵州最具比较优势、最有增长潜力、最能促进农民脱贫致富的绿色产业，为推动特色优势产业发展、调整农业农村经济结构、推动农村经济提速转型积累了宝贵经验，成为贵州特色优势产业发展中一张亮丽的名片。

一、贵州茶产业发展现状

（一）发展现状

2007 年，省委、省政府下发了《关于加快茶产业发展的意见》（黔党发［2007］6 号），提出了茶产业发展的指导思想、目标任务、政策措施，明确把茶产业作为贵州重点发展的优势产业来抓并提出建设 500 万亩茶园的目标。之后，贵州茶园面积快速增长，截至 2012 年，茶园面积突破 500 万亩，茶叶产量 10.2 万吨，综合产值 86.1 亿元，实现茶园面积全国第一[1]，由一个中等的产茶区快速跃升为中国重量级产茶大省。截至 2013 年底，贵州茶园面积 611 万亩（其中投产茶园 270 万亩），占全国茶园面积 3869 万亩的 15.8%，连续两年稳居全国茶园面积第一位；茶叶加工企业 1337 家，茶叶产量 13.6 万吨，总产值 105 亿元、综合产值 152 亿元，产量、产值分别占全国的 6.8%、9.1%，分别居全国第六位和第四位。在 6 年多的时间里，贵州从茶园面积 100 万亩起步，以年均新建茶园 70 万亩、占全国新增面积半数的速度前行。为夯实基础，加快发展步伐，贵州积极制定出台了 2014—2016 年茶产业提升三年行动计划，举全省之力，打造黔茶品牌，培育龙头茶企，计划到 2016 年，拟建成茶园面积 700 万亩以上，投产 500 万亩，茶叶年产量 27 万吨，茶产业综合产值超过 500 亿元人民币，农民人均茶叶收入达到 1000 元（见表 1）。[2]

表 1　贵州省茶叶生产重点县（市、区、特区）

序号	地区	个数（个）	县（市、区、特区）
1	贵阳市	4	开阳县乌当区　花溪区　清镇市
2	遵义市	6	湄潭县　凤冈县　正安县　道真县　务川县　余庆县

[1] 杨茜：《贵州茶园面积属中国第一》，2013 年 1 月 20 日，闽中茶叶网：http：//www.minzhongcha.com。

[2] 《贵州省茶产业提升三年行动计划（2014—2016 年）》。发布时间：2014 年 4 月 28 日，贵州省人民政府网：http：//www.gzgov.gov.cn。

续表

序号	地区	个数（个）	县（市、区、特区）
3	六盘水市	3	水城县　盘县　六枝特区
4	安顺市	4	西秀区　平坝县　普定县　镇宁县
5	毕节市	6	纳雍县　金沙县　威宁县　大方县　黔西县　七星关区
6	铜仁市	7	石阡县　印江县　松桃县　思南县　德江县　沿河县　江口县
7	黔东南州	4	黎平县　雷山县　丹寨县　台江县
8	黔南州	5	都匀市　贵定县　瓮安县　平塘县　罗甸县
9	黔西南	3	晴隆县　普安县　兴义市

（二）取得的成效

1. 基地规模快速扩张

贵州新建茶园以年均70万亩的速度增加，茶园集中度和专业化、规模化、标准化水平大幅度提升。截至2013年底，贵州新增茶园87万亩，超过省政府确定的目标任务60万亩的45%。遵义、铜仁、毕节、黔南茶园面积分别达152万亩、126万亩、98万亩和85万亩，累计占全省的3/4。茶园面积30万亩以上的县3个、20万~30万亩的县7个、10万~20万亩的县12个，万亩以上乡镇186个、5000~10000亩乡镇251个，万亩以上村52个、3000亩以上村503个。通过无公害、绿色、有机认证茶园面积89.33万亩，其中有机茶园16.35万亩，居全国第二位。全省茶农128.48万户，茶叶专业合作社781个，10亩以上的茶叶家庭农场12万余户。其中，茶园面积最大的乡镇是都匀市摆忙乡6.6万亩，面积最大的村是凤冈县田坝村近3万亩。茶叶园区成为贵州农业园区的重要组成部分。2013年，21个省级茶叶类现代高效农业示范园区建成基地面积96万亩，入园企业536家、农民合作社245家，投资50亿元（整合财政投入16.4亿元），实现产值72.73亿元、销售收入54.73亿元，分别占全省园区总数的22.3%和23.1%。工商资本、民营资本不断涌入茶产业。茶叶专业合作社从无到有，发展到363个，农民组织化程度明显提高。❶

2. 企业集群快速发展

2013年，贵州采取财政资金贷款贴息方式，支持新建改扩建茶叶加工企业，提高产能，优化产品结构。新增注册茶叶加工企业520家，总数达1337

---

❶ 资料来源：贵州省茶产办。

家（加工点1789个），增长1.68倍，其中，国家级重点龙头企业9家、省级重点龙头企业104家、市（州）级重点龙头企业192家，初步形成了大中小并举的加工企业集群。此外，通过工商部门注册登记商标数934个，350家企业通过QS认证，220家企业获对外贸易经营资格。2013年，从茶叶大省以及其他行业引进企业87个，投资17.93亿元。中粮集团拟投资贵州茶产业，依托贵州实施做大中粮绿茶的战略。推动组建贵州黔茶投资控股（集团）有限公司（注册资本1亿元以上）、魅力黔茶产销联盟（已有74家企业同意加盟），现已进入实质性操作阶段，加快行业的兼并重组进程。[1]

3. 区域及企业品牌快速成长

一批区域品牌和企业品牌快速成长，现已形成“贵州绿茶·秀甲天下”母品牌、都匀毛尖、湄潭翠芽、石阡苔茶、梵净翠峰、瀑布毛峰等一批区域品牌和企业品牌，在省部级以上行业推介及评选活动中获得各类金奖420余个，湄潭翠芽获“中国驰名商标”称号。目前，使用湄潭翠芽品牌的企业有200家，占湄潭县企业数的50%；使用都匀毛尖品牌的企业有180家，占黔南州企业数的87%；授权使用地理标志27家、授权使用证明商标18家；使用梵净山翠峰品牌企业138家，占铜仁市企业数的49.2%。此外，使用凤冈锌硒茶品牌企业90余家，占凤冈县企业数的51%。区域品牌、企业品牌迅速成长，知名度、美誉度和市场影响力日益提升。

4. 产业融合快速推进

贵州茶产业现已从简单的“种茶”“卖茶”“喝茶”向茶叶的生产、加工、销售、休闲、娱乐一体化方向转变，茶产业与加工业、旅游业、文化业及服务业等相互融合，推动了一、二、三产业的互动发展。

5. 产品市场快速拓展

茶叶市场不断向纵深推进，中国茶城、太升茶城、贵州茶城等一批产地茶叶交易市场建设步伐加快，建成产地茶青交易市场89个。加强了与吴裕泰、张一元、天福、八马茶叶等国内重要渠道商合作，实现了资源共享和渠道嫁接。在省外目标市场建立贵州茶叶专卖店300家。都匀毛尖与梵净山茶分别抱团落户北京马连道茶叶专业批发市场。湄潭、凤冈企业进入济南、芳村、西安、东莞、深圳、信阳等茶叶市场。国品黔茶专卖系统已在国内开设直营旗舰店4家、200家加盟店，聚福轩黔茶库连锁直营店48家，仙人岭公司在全国

[1] 资料来源：贵州省茶产办。

开设茶叶专卖店15家。贵天下茶叶进入全国400家沃尔玛系统，贵茶产品绿宝石在德国30余家Kaufhof连锁超市销售。在阿里巴巴天猫网、淘宝网“贵州馆”、京东商城、善融商务等电子商务平台上线茶叶企业200多家，网络销售贵州茶门店达1000多家。❶

6. 服务体系快速建立

贵州将茶叶列入现代农业产业体系建设范畴，依托省茶叶所组建了茶产业技术研发中心、2个功能实验室、4个综合试验站，初步形成覆盖茶叶主产县、核心乡镇和专业村的技术推广体系。依托中茶所、西南大学、华南农大、湖南农大和省茶叶所等科研院所，通过整合阳光工程、雨露计划、远程教育等教育培训资源，培训茶农和技术干部10万人次。大力实施生态建园模式，推广茶树病虫生物、物理防治技术，茶园配置杀虫灯、张贴黄（蓝）板等100多万亩。建立了主要茶区茶叶质检中心，在产地茶青交易市场和企业开展了农残速测，建立茶叶病虫害防治用药专柜（店）49个。加大茶叶农残抽检力度，2013年，部省例行检测茶样200只，检测结果全部合格。推动在茶叶主产县示范推广瓮福集团开发的茶叶专用肥面积22万亩。引进浙江企业在平坝投资8000万元建立茶机生产企业。国开行省分行在石阡、思南等14个县，通过建立“四台一会”的茶产业小额贷款融资模式，总授信22亿元；在石阡、江口、丹寨、思南等县发放茶产业小额贷款5.97亿元。省农信社现有茶产业贷款余额10亿元。贵州银行拟成立茶业金融开发中心，筹资100亿元投入茶产业，已向中国茶城、聚福轩、太升茶叶市场等融资近亿元；民生银行省分行拟成立贵州省茶产业基金，重点扶持中小茶叶企业。❷

7. 农民收入快速增长

2013年，贵州茶叶产量13.6万吨，总产值105亿元，综合产值152亿元，茶农增收近30亿元，300万农民因茶脱贫致富。

（三）基本经验及主要做法

1. 确立发展思路，突出支持重点

贵州选择最具特色优势的茶产业作为主导产业和整合平台，按照“以支农资金整合促进现代农业生产发展，以现代农业生产发展带动支农资金整合”的发展思路，坚持“以县为主”整合推进现代农业特色优势产业发展，整合

---

❶ 资料来源：贵州省茶产办。

❷ 资料来源：贵州省茶产办。

资金重点支持全省最适宜茶叶种植、茶园规划建设面积最大的黔东北和黔中两个集中连片区域。在项目实施县的选择上，按照茶园规划面积在10万亩以上、相对集中连片、茶产业发展有一定基础和品牌效应等原则，先后选择都匀、石阡、凤冈等21个县（市、区）为项目实施主体，全部纳入省级财政支农资金整合试点范围，由省财政直接予以指导和督促。在专项资金使用上，将中央资金主要用于支持新建茶园、低产茶园改造等茶园基地建设和茶苗繁育体系建设；将地方整合资金主要用于支持茶园基地配套建设，促进了茶产业的科学化、标准化、规模化和可持续发展。

2. 整合发展模式，创新工作机制

为持续、高效推进贵州茶产业发展，全省成功实践了县委书记统揽全局、把握方向，县长主抓工作落实、矛盾化解、阶段调度和跟踪问效，上下各部门围绕确定的产业发展重点和主导产业发展规划，将项目捆绑和资金整合、项目对接和资金使用、项目管理和资金绩效相互衔接，形成了“书记重视、县长主抓，上下联动、合力推进”的整合发展模式和“科学规划、突出重点、盘活存量、整合增量、规范运作”的推进茶产业发展工作机制。

3. 突出产业集中度，加快茶园基地建设

各类政策、资金、项目重点向茶叶主产县倾斜，形成了以县为主体整合资源推进茶产业发展的格局，提高了茶园基地规模化水平和产业集中度。以规模作为做大贵州茶产业的前提，突出茶产业集中度。制定了2014—2016年贵州省茶产业提升三年行动计划，确定了42个茶叶主产县，明确了一批20万亩、10万亩以上规模的基地县及万亩乡镇和3000亩以上集中连片专业村。加强茶树良种苗木繁育基地建设，建成了在全国面积最大的1.8万亩种苗繁育基地，基本实现省内自给。

4. 重点经营培育，促进企业集群发展

坚持把茶产业作为贵州农业产业化经营重点进行培育。在国家级、省级龙头企业申报认定中，重点向茶叶企业倾斜，每年安排不低于30%的省级农业产业化专项资金支持茶叶类龙头企业。2013年，全省茶叶加工企业1337家，茶叶类省级以上重点龙头企业60家，占全省24%，其中国家级8家，占全国茶叶类国家级重点龙头企业的3.1%，基本形成了覆盖茶叶主产区、大中小并举的茶叶加工企业集群。将招商引资与宣传推介、茶事活动等相结合，从江苏、浙江、福建等茶叶大省以及能源矿产、房地产行业引进企业363个，投资10亿元以上。浙江正泰集团、福建以晴集团、湖南茶叶集团、云南宏鑫矿业、联想集团、贵州盘江集团、同济堂药业等大企业先后进入贵州，壮大了贵州茶企业的规模。

5. 走出去、引进来，加大市场开拓力度

连续举办3届“中国·贵州国际绿茶博览会”。评选出了贵州十大名茶、五大名茶、三大名茶，支持举办贵州茶叶经济年会等活动，集中力量培育了一批区域品牌和企业品牌。帮助龙头企业进入目标市场建立营销体系，加强与上海茶叶、八马茶叶、吴裕泰、张一元等国内重要渠道商合作。推动创立了“国酒茅台·国品黔茶”连锁联营平台。北京、上海、石家庄、西安、济南、武汉、重庆等省外贵州绿茶专卖店日益增多。茶馆业、茶消费与茶文化蓬勃发展。2013年，贵州省茶叶流通企业发展到822家、茶叶专卖店1899个、茶馆茶楼1056家，分别比2007年增长了3.98倍、3.81倍和3.5倍。以“贵州绿茶·秀甲天下”为主题，组织企业参加北京、上海等地举行的30届（次）茶博会。通过走出去、引进来形式，分别在北京、上海及贵阳等城市举办23次万人品茗活动，100万人次免费品贵州绿茶。把茶产业与多彩贵州旅游文化宣传结合，围绕高速公路沿线、风景名胜区、重要景观通道、乡村旅游目的地等建立一批休闲观光茶园。支持设立高速公路广告牌120块，成为全国茶区高速公路沿线广告最多的省份。

6. 加强“三个注重”，增强产业发展活力

在整合推进茶产业区域化、规模化发展的同时，贵州更加注重茶叶良种化、标准化和绿色生态化的发展。注重茶产业加工能力建设，对茶叶加工企业和茶农专业合作组织，县级层面主要通过整合资金、整合资源和招商引资等方式予以支持，省级层面则重点通过中小企业发展资金、乡镇企业发展资金、农发产业化经营资金、农民专业合作组织发展资金予以重点扶持。注重茶产业专业人才的培养，大力实施振兴产业人才教育培训计划，切实加强技术推广人才队伍建设。健全完善人才服务和茶产业教育培训体系，初步形成覆盖茶叶主产县、核心乡镇和专业村的技术推广体系。依托中茶所、湖南农大、华南农大、西南大学和贵州省茶科所等科研院所，通过整合阳光工程、雨露计划、远程教育等教育培训资源，培训茶农和技术干部88万人次。组建贵州茶产业发展专家顾问团队。促成贵州大学从2008年起恢复茶叶学专业招生，贵州省农业广播电视学校培养茶学专业中专生，各市（州）职业技术学院开设茶学专业。省茶叶中等专科学校、职业技术学院等茶学专业年招生300人以上。

7. 确保产品质量安全

建立重点茶区茶叶质检中心，在产地茶青交易市场和企业开展农残速测。完成400万亩规划新建茶园土壤pH值和七种重金属元素检测。实施生态建园模式，大力推广茶叶生物物理防治技术，茶园配置杀虫灯、张贴黄蓝板等100多万亩。加大茶叶农残抽检力度，每年部省例行检测茶样250只以上，检测结果全部合格。[1]

二、贵州茶产业存在的问题

600余万亩的茶园面积使贵州拥有了较好的茶产业基础，在全国形成了量的优势及一定的影响力和地位，构建了贵州茶在全国的知名度和影响力，初步形成了大中小并举的加工企业集群，被列入贵州特色优势产业的“五张名片”之一。但贵州茶产业仍存在资源富集、产业化程度低、茶园标准化程度不够、茶叶下树率低、产业链延伸不足、产业结构失衡、产业市场不发达、企业规模普遍偏小、企业发展不能适应基地迅猛发展需要、茶叶品牌建设滞后等问题。据相关统计数据显示，2013年贵州省投产茶园面积270万亩，茶叶产量13.6万吨，总产值仅为105亿元，与业内人士估计的1500亿元还有很大距离。[2]

1. 茶园集中度、规模化、标准化有待进一步提高

贵州茶叶种植面积尽管已经超过600万亩，但是，茶园零星分散在81个县市，集中成片的仅有上隆茶场、普安茶场、晴隆茶场、湄潭茶场、羊艾茶场、都匀茶场、东坡茶场等10余个较大的茶叶产区，以区域为单位，如贵阳、安顺、六盘水、黔西南等地现有茶园10万亩左右，规模小，不足以将茶产业作为主导产业进行培育。除湄潭、凤冈、石阡等外，一些县每年新建的几千亩茶园布局在众多个乡镇，集中度没有得到很好地解决。还有很大一部分属于茶农自发种植的个体茶园，呈“点”多“面”小的格局。茶园零星分散，严重制约了贵州茶产业标准化进程。

2. 加工企业数量小、实力弱，产品结构单一

贵州大中小并举的加工企业集群尚未建立，缺乏一批起点高、规模大、带

---

[1] 刘福成：《以规模化引领全省茶产业迈向茶业强省》，2013年10月8日，贵州茶叶新闻网 http：//www. gzcyxww. com。

[2] 《实施产业提升三年行动计划　黔茶剑指中国绿茶第一品牌》，2014年2月10日，贵阳新闻网 http：//epaper. gywb. cn。

动力强的龙头企业。茶叶加工企业机械化水平低，发展跟不上新建茶园速度。在遵义、铜仁等新建茶园规模大的地区，加工企业数量和产能与基地规模不配套，加工企业新产品、新工艺、新技术的引进相对滞后，产品结构单一。全省1300余家茶叶加工企业，只有上隆茶场、普安茶场、湄潭茶场等少数规模企业配套机械化流水作业生产线，大部分规模小、实力弱，产业链条不完整，多数企业生产设备都是上世纪购置，机型老旧、单机作业，有的企业甚至生产过程全靠手工操作，加工能力十分低下，质量不稳定导致效益低下。此外，贵州夏茶和秋茶生产比重低，名优茶比重过高，只采春茶、春茶只采芽茶的状况没有实质性转变，资源利用率更低。新建茶园规模不断扩大导致劳动力用工需求大，而名优茶采摘集中在春耕生产农忙季节，采摘工缺乏、队伍不稳定以及熟练程度低，造成春茶下树率低。

3. 产业结构失衡、综合产值较低

产业结构失衡主要表现如下：一是贵州茶产业基地面积的不断扩张与落后低效的管理以及技术供给之间存在矛盾；二是贵州茶产业基地扩张带来的预期供应急剧增长与生产规模无相应的增长幅度之间即供、产脱节的矛盾；三是产能设计盲目求高与流通部门消化不足即生产与市场脱节的矛盾。据相关部门统计，2013年全省茶园面积611万亩、总产值105亿元，亩产值仅1718.5元，与其他产茶省份比较综合产值偏低。2013年，云南全省茶园面积586万亩，毛茶总产量30.98万吨，茶叶综合产值300.75亿元；湖南2012年全省茶园面积170万亩，毛茶总产量15万吨，茶叶综合产值450亿元；产茶大省福建仅一个安溪县在2012年的茶园产值就达101亿元，[1] 而贵州茶叶综合产值仅为云南一半，相对偏低。

4. 产业链延伸不足，经营形式单一，销售渠道建设落后

从生产领域来看，贵州茶企业以同质的初级、次级产品加工企业为主，省内的茶叶零售市场经营形式单一同质，涉足精、深加工部门比例极小，产品层次匮乏；从流通领域来看，省内80%以上是按传统商业流通模式运作，除部分名优绿茶外，大部分大宗茶及副产品基本上以毛茶形式、以廉价从一级或多级批发渠道向外省企业供应，而省内对毛茶的再加工或有能力从事产品精、深开发并推向终端市场的企业较少。此外，销售渠道建设落后，缺乏销售企业及营销专业人才，目标大中城市缺少贵州绿茶连锁、专卖店等持久宣传窗口，企

---

[1] 《黔茶园面积跃升全国第一》，2014年1月24日，资料来源：金黔在线—经济信息时报。

业落地服务跟不上。省内市场体系还没有建立健全，产地茶青交易市场、茶叶批发市场还比较匮乏，市场功能有待完善，辐射带动面窄，营销手段和方式落后，市场推广力度不强。

5. 品牌建设滞后

近年来，都匀毛尖、湄潭翠芽、石阡苔茶、正安白茶、凤冈锌硒茶、梵净山翠峰茶等区域品牌整合步伐加快，知名度、美誉度和市场竞争力日益提升。伴随区域品牌整合，贵茶、兰馨、栗香、贵天下、聚福轩、国品黔茶等一批有规模和实力的企业品牌不断成长。但是，贵州茶品牌较为杂乱，目前真正能够立得起、叫得响的品牌少，杂牌多，品牌产品生产能力低，大部分仅能满足省内需求，很难开发和占领省外市场。杂牌产品质量不稳定，较难得到省外市场认可，导致品牌与杂牌在省内恶性竞争。同时，贵州茶产业的品牌运营与茶胚牟利的矛盾突出，专家指出：黔茶的不足之处在于只是生产大量的茶胚子，而这样的初级产品别人拿去精加工，贴上品牌标签直接进入消费市场，利润更高。据了解，2012 年贵州省近 60% 的茶叶都作为原材料卖到江浙一带，为他人做了嫁衣。在贵州 1300 多家茶叶生产企业中，有四分之一来自浙江、福建等外省，其中的一些企业用外省优秀茶叶品种与先进生产技术在贵州建基地生产茶青，加工后直接贴上“福建铁观音”“西湖龙井”等牌子，反映出贵州茶叶品牌建设的滞后。

6. 资金缺口较大

贵州省绿茶品牌发展促进会调查数据显示，每年贵州茶产业资金缺口在 120 亿以上，特别是在茶青收购、茶叶加工、茶叶设备引进、茶企升级、品牌宣传以及市场营销等方面存在大量资金缺口。此外，由于茶叶周期长、风险较高，加之商业银行受省级管理，难以发放茶行业贷款，而县级主要依托的农村信用联社，受规模限制，如超过 1000 万元的大笔贷款难以解决，同时，茶企业多为中小企业，贷款担保较难落实。

三、贵州省发展茶产业的优势

1. 得天独厚的自然生态条件和品种资源

加快贵州茶产业发展具有良好的基础和条件。贵州属亚热带湿润季风气候，空气湿润，相对湿度大；日照为 1100 ~ 1400 小时，日照率 30% 左右，光照中漫射光多，海拔高度、年均气温、日照时数、空气湿度、年降雨量等，都特别适宜茶树生长。茶叶水漫出物、氨基酸、茶多酚的平均含量均高于国家标准，具有香高馥郁、鲜爽醇厚的独特品质。各种硒、锌、锶等微量元素丰富，富硒茶园面积广，全省20多个县（市）均有分布。贵州现有各种类型的茶树品种资源600余种，是全国最适宜种茶的区域之一，也是高品质绿茶的重点产地和我国保存茶树品种资源最丰富的省份之一，具有得天独厚的自然生态条件和品种资源。

2. 发展无公害、绿色食品和有机茶的优势明显

贵州茶园主要分布在绿色植被覆率高、水土保持好、无工业污染的区域。宜茶地区矿物质丰富，水质纯净，空气清新，立体气候突出，土壤主要为黄壤、红壤、黄棕壤等pH值为4.5~6酸性类型，质地疏松、底土无硬盘层、排水性好，非常适宜茶叶的栽培，有利于生产绿色食品茶、无公害茶和有机茶。经省农产品质量检验检查中心监测，茶区大气环境污染水平极低，依据《绿色食品产地环境质量现状评价纲要》《无公害茶产地环境条件》（NY5090—2001）和《有机茶环境条件》（NY5199—2002）的要求，贵州大部分地区均适宜发展无公害及有机茶叶。

3. 品质独特

贵州是国内唯一一个低纬度、高海拔、寡日照、多云雾、无污染的茶叶产区，高山云雾的独特环境造就了低农残、安全的茶叶品质的天然优势。根据贵州省农委大量数据检测和分析显示，无论是茶多酚、氨基酸、水浸出物等主要理化指标还是其他内含物成分，贵州茶叶都比一般的茶叶要高。省农产品质量检验检测中心样品检测结果显示：贵州水浸出物最低值高出国家标准34%的8.6个百分点，最高值高出国家标准11.3个百分点。丰富的内含物质使贵州茶叶具有香度馥郁、滋味鲜爽醇厚、汤色明亮的独特品质。[1]

四、贵州茶产业面临的机遇与挑战

茶园面积的急速扩增，给贵州茶产业发展带来了机遇，同时，贵州茶产业正处于加快发展的转型阶段，在发展中也面临着挑战。

（一）机遇

1. 国发2号文件的出台为贵州茶产业发展营造了良好宏观环境

国发2号文件要求贵州进一步推进农业结构调整，积极发展产业化经营，

[1] 《做老百姓喝得起的好茶　黔茶出山记（2）》，2014年7月11日，人民网http：//gz.people.com.cn。

走高产高效、品质优良、绿色有机、加工精细的现代农业发展道路，强调要积极推进茶叶基地建设和提高茶叶加工能力及水平，提升黔茶知名度和市场竞争能力，这对贵州茶产业发展提供了政策保障和加快发展的政策机遇。

2. “东茶西移”为贵州茶产业带来了重要的发展机遇

安徽、湖北、浙江、福建、四川、云南、贵州等省是我国茶叶生产的主要省份。近年来，茶产业发达的江苏、浙江、福建等几个省由于面临较大的土地增值、劳动力成本压力等问题，茶园面积逐渐萎缩，尤其是低山茶园衰减迅速，东部省份逐步开始退出长期掌控的中低档茶叶市场，“东茶西移”的进程呈现不断加快的态势。贵州良好的生态环境和坚实的产业基础，为承接“东茶西移”、加快茶产业发展提供了极好的机遇。

3. 茶叶消费上升为贵州茶产业发展带来了广阔的市场空间

茶作为风靡世界的三大无酒精饮料之一，具有增智、增力、增美和抗辐射、抗衰老、抗癌症的功能，被称为“健康之液，灵魂之饮”。随着健康消费观念的不断渗透和深入影响，茶的消费比重不断上升，国内绿茶消费增长较为强劲，仅我国北方茶叶市场的绿茶比重就从 10% 上升到了 40%。而全球饮茶人口约占总人口的 50%，近 30 年全球茶叶人均消费量增加了 1 倍，全球绿茶产销量以年均 7% 左右的速度快速增长，红绿茶的消费比例从 20 世纪 70 年代的 9∶1 调整为目前的 3∶1。随着茶叶消费量的不断上升和红绿茶消费比例的不断变换，以绿茶生产为主的贵州茶产业发展的市场前景广阔。[1]

（二）挑战

1. 资金是制约贵州茶产业发展的最重要因素

2014 年，贵州茶产业突破 600 万亩，实现茶园面积全国第一，但是该产业产业链长、关联度大，面临着行业大产业、大发展、大流通对大量资金的需求。茶青收购、茶叶设备引进、茶叶加工、茶企升级、品牌宣传以及市场营销等都存在着大量的资金缺口。根据省绿茶品牌发展促进会联合《茶周刊》对贵州茶产业资金需求调查显示，每年贵州茶产业资金缺口在 120 亿元以上。[2]

2. 对大宗消费的关注度不够，企业规模小、投资能力弱

贵州茶产业由于产品过度集中于独芽茶，生产成本高、对大宗消费的关注

---

[1] 赵克志：《抢抓机遇　乘势而上加快推进茶产业强省建设》（在全省茶产业发展大会上的讲话），《中华合作时报》，2012 年 7 月 3 日。

[2] 贵州省绿茶品牌发展促进会编：《黔茶资讯》（第二十期），2013 年 2 月 6 日。

度不够；企业规模小、投资能力弱，主要集中在加工领域，销售往往局限于产地市场和省内市场。

五、茶产业在贵州扶贫开发中取得的成效

省委书记赵克志在贵州省茶产业发展大会上指出：“贵州省茶产业抓得很好，凡茶叶种植、加工技术好的村寨，都是农民收入最高、村容村貌最好、基本建成全面小康的村庄。”❶ 在黎平、松桃、湄潭、石阡、丹寨等县，1亩投产茶园的农民收入在4000元以上，中等的达到6000元，高的可达8000元。按最低计算，700万亩茶园建成投产后，可为农民增收280亿元。贵州茶产业使茶农增收近30亿元，300万农民因茶脱贫致富。❷

在贵州，茶叶改变了很多村庄的命运。享有“中国西部生态茶叶第一村”美誉的湄潭县核桃坝村，全村总面积12平方公里，辖8个村民组、807户。该村因无水灌溉，土壤贫瘠，粮食产量低，温饱问题无法解决，在20世纪60年代前曾是出名的贫困村。在贵州省茶科所的支持下，率先在非耕地上试种茶叶，通过“支部+公司+协会”的茶叶经营模式，先后引进和组建了砖茶有限责任公司、四品君茶业公司、遵义湄潭老村长茶叶有限公司，不断发展壮大茶业经济。全村茶园面积7000余亩，户均近9亩，人均2亩以上，茶叶产值4100万元，人均茶业纯收入4800元。现该村以茶青交易、茶叶加工、茶产业文化和民居建设为一体的农村绿色旅游观光逐渐培育成熟。引资1300万元的“四品君”茶业公司组建了集茶叶加工、销售、旅游、住宿、饮食为一体的茶海公园，推动了乡村茶海旅游发展。核桃坝村依靠茶产业发展彻底改变了村庄的生活环境，先后两次被贵州省委、省政府评为“小康村”，被中央文明委命名为“全国创建文明村镇先进村”，被中组部命名为“全国先进基层党组织”。❸

凤冈县田坝村，过去由于缺水、经济落后，也是当地最有名的贫困村。该村地貌呈丘陵间平坝状态，大多数分布在海拔900～1200米，土壤呈微酸性，同时富含锌和硒两种微量元素，非常适宜茶叶生长。田坝村结合退耕还林、退

---

❶ 贵州：《茶产业发展承载着400万茶农的致富梦想》，2014年4月2日，大公网 http：//finance. takungpao. com。

❷ 《贵州茶农增收近30亿元300万农民因茶脱贫致富》，来源：中国工商报2012年7月21日。

❸ 百度百科 http：//baike. baidu. com。

耕还茶、林下套茶等模式大力发展茶产业，全村生态茶园迅速发展到23000余亩，有机茶园近万亩。随着茶园面积的不断扩大，田坝村建起大型茶加工企业8家、小型加工厂60余家，其中国家级龙头企业1家、市级龙头企业2家，获有机认证企业4家、贴牌生产有机茶企业3家，全村茶叶年产值过亿元。目前，全村从事茶叶种植加工的"茶叶专业户"上百家，其中资产上百万元的有36家、上千万元的有4家。依托良好生态环境清洁化生产的锌硒有机茶备受市场的推崇和青睐，"浪竹""仙人岭""茶海之心""春秋绿宝石""春江花月夜"等绿茶品牌先后在"中绿杯""中茶杯""国际茶博会""国家绿茶高峰论坛"等各类国家级的茶叶评比活动中获得20多项金奖，产品进入了中南海、中直机关、人民大会堂、民运航空领域和200多家星级宾馆。各种高、中、低档茶叶源源不断地销往北京、广东、上海、山东等地和国内各大中城市，还远销日本、韩国、新加坡及东盟等国家。茶产业逐渐成为田坝村的主导产业，人们因茶摆脱贫困，逐渐走向富裕。[1]

丹寨县是贵州省三个硒锌兼具的富硒锌产茶县之一，是省委、省政府确定的第一批20个茶叶生产重点县、第一批10个中央财政现代农业生产发展资金茶产业项目县。2009—2013年，该县获得中国茶叶流通协会授予的"重点产茶县"称号。全县有"黔丹""传福""华阳""三泉""锦鸡""添香园"和"云沐天香"等8个注册茶叶商标。目前，全县茶园面积11.18万亩，栽植品种主要以福鼎大白茶中的小叶种为主。2013年，全县茶叶总产量为3000吨、产值3.2亿元，全县9400户种茶户收入19700元，人均增收3940元。

有"千户苗寨""十大最美茶乡"等美誉的雷山县是贵州苗族人口最集中的地区，该县结合自身生态旅游和出产好茶的优势，以雷公山、千户苗寨等为依托，文化旅游为茶叶发展"提质增效"，茶业为文化旅游"扩容添彩"，茶旅互动、共生耦合，同步共振，茶游两大产业已经成为推动雷山县域经济发展的新引擎。据悉，自2011年以来，雷山县茶产业化扶贫项目共投入专项财政扶贫资金1150万元，种植规模13755亩，项目覆盖5乡镇41村，受益农户7320户、24000人，为该县实现脱贫致富、同步小康、完成"减贫摘帽"目标任务起到了积极的推动作用。[2]

黎平县通过建立有效的组织形式，将分散经营的农户联结起来，使用统一

---

[1] 金黔在线网 http：//gzsb. gog. com. cn。

[2] 《雷山：茶旅互动推动经济发展的新引擎》，2014年4月2日，中国茶网：http：//xinwen. zgchaye. cn。

的标准组织生产，形成利益共同体，切实解决了分户生产标准不一致或不按标准组织生产的问题，促进了茶业标准化生产建设，取得了较好的效果。48个茶叶农民专业合作社通过“企业+标准+农户”“企业+标准+基地”“村集体+标准+服务+农户”“企业+标准+基地+农户”“茶叶专业合作社”等“五大”生产经营模式促茶产业发展，全县受益农户5万户，共计15万人。

六、加快贵州茶产业扶贫工作的对策建议

茶产业是贵州省重要的传统产业、优势产业、富民产业和绿色产业，集生态、经济、休闲、旅游、文化传承功能为一体，对于调整产业结构、推动“三化同步”、增加农民收入、建设生态文明和社会主义新农村具有十分重要的意义。贵州茶产业的快速发展，有力地促进了农民增收、农业增效，推动了农业结构调整和农村生态保护。按照2012年贵州省茶产业发展大会提出的目标，2015年要在2010年的基础上提高农民种茶收入，全省农民来自茶叶的收入从23亿元提高到200亿元以上，农民人均茶叶收入从100元提高到1000元。实施产业扶贫是增强贫困地区和贫困农民自我发展能力的根本之策，同时也是衡量贵州扶贫开发成效的主要标志。当前，贵州省茶产业已进入加速发展的关键时期，进入由茶产业大省向茶产业强省转变的重要时期，全省上下形成了强势推动茶产业发展的大好局面。加快贵州茶产业扶贫工作，要认真贯彻落实全省茶产业发展大会精神，紧紧围绕省委、省政府确定的发展目标，坚定不移地走农业结构调整的路子，坚定不移地把贵州的茶产业抓下去，坚定不移地发展茶文化，坚定不移地做深做透茶叶这篇文章。要把发展现代农业特别是茶产业作为转变经济增长方式的重要任务来抓，把茶产业作为中央财政支持政策的主导产业来扶持，突出茶产业发展优势区域和支持重点，整合资金、资源、技术和力量，创新制度机制，扎实稳步推进，有力地促进贵州农业农村经济又好又快发展和农民持续快速增收。

一是坚持产业化扶贫，把发展茶叶产业作为农业结构调整的主线、农民增收致富的渠道和农村经济发展的产业。进一步加强对农户的茶叶种植与加工技能培训，扩大农户的参与度和受益面，让更多的农民参与到茶叶生产领域中来，积极培育更多的茶叶扶贫龙头企业，更好地带动当地群众增收致富。

二是坚持把以农户为主体作为贵州茶产业实现专业化生产、规模化经营的根本途径，大力发展茶叶产业，充分发挥广大茶农的积极性、主动性和创造

性，在一定范围内实施千家万户的产业聚合，促进土地、技术、资金、劳动力产业聚焦资源整合与优化配置，实现茶叶专业化，形成区域化布局、规模化经营、产业化发展的茶叶产业带和产业集群，扩大农民就业，实现农民增收。

三是立足各茶产业区域资源禀赋和产业基础，按照区域化布局原则，发挥比较优势，合理布局、整合资源、突出重点、统筹发展，确立茶叶重点县、重点乡镇和专业村，实施率先发展、重点发展和加快发展战略，培植产业发展中坚力量。从生产、加工、市场等多维度的“全产业链”统筹谋划茶产业发展，加快促进优势资源、优势企业、优势产业向优势产区集聚，不断建成规模基地、加工配套、功能完善、可持续发展的茶叶优势产区和产业集聚区。

四是紧盯都匀毛尖、湄潭翠芽、绿宝石、遵义红等重点茶叶品牌的营销，创新思路，别出心裁，加大宣传力度，想方设法动员各方资源，营造大家都来喝贵州茶、推介贵州茶的浓厚氛围。注重引导和发挥茶农、茶商、茶馆等市场主体的积极性，推动贵州茶更好地走向市场。积极推进银企合作，帮助茶企解决流动资金等实际困难，形成产—加—销的良性循环。充分发挥好扶贫产业项目资金整合，加大对农民发展茶产业的小额贴息扶贫贷款工作。加大茶叶产销网络的构建，扩大茶产品销售市场份额，提高销售价格，促进茶农增收。

五是加大扶持，形成多元化投入机制。加快建立多渠道的投入机制，充分发挥财政资金和信贷资金的引导作用。省级财政产业扶持资金要在现有基础上加大对茶产业的投入，作为财政贴息资金，拉动社会资金、金融资金和农民个人投资。继续利用好中央财政现代农业生产发展资金，力争中央财政现代农业生产发展资金继续支持新建茶园，各市（州）和茶叶主产县（市、区）要按照存量适当调整、增量重点倾斜的原则，增加对茶产业的投入。各级、各部门投入茶产业发展的资金，在每年预算基础上只能增加、不能减少。对于42个茶叶主产县中的贫困县，省扶贫办要把茶叶作为主攻产业项目给予资金支持。国土部门土地整治项目要向茶区倾斜，以种茶为主。交通部门公路建设项目要向茶叶主产区的县、乡、村重点安排，把茶青列入鲜活农产品运输绿色通道目录。鼓励银行开展具有良好资质的茶叶中小企业集群融资业务。积极推行仓单、提单质押融资业务，鼓励茶叶企业依法利用资本市场筹集社会资金。深化农村产权制度改革，支持农民以茶园承包经营权作为抵押进行贷款，鼓励农民以土地作价入股茶叶企业，形成利益共同体。

2014年贵州乡村旅游扶贫发展报告

陈绍宥*

摘　要

通过多年的发展，贵州省乡村旅游呈现出扶贫成效显著、扶贫潜力巨大、扶贫模式独特等特点。但是，乡村旅游仍然存在发展配套能力不强、产业链条短、与扶贫存在一定程度的错位隔离等问题。加快推进贵州省乡村旅游发展，要着力加快乡村旅游业配套能力建设，延长乡村旅游业产业链，推动乡村旅游业发展与扶贫的无缝对接，加强对乡村旅游的宣传促销。

关键词

乡村旅游　扶贫　贵州

乡村旅游以具有乡村性的自然和人文客体为旅游吸引物，依托农村区域的优美景观、自然环境、建筑和文化等资源，在传统农村休闲游和农业体验游的基础上，拓展开发会务度假、休闲娱乐等项目的新兴旅游方式。发展乡村旅游扶贫，将扶贫开发与旅游业有机融合起来，有利于发挥乡村旅游贴近农村、贴近农民的优势，实现城乡和谐发展、促进农民增收，因此，乡村旅游是扶贫工作的强有力的抓手，是促进农民增收最直接、最现实和最有效的路子，推进乡村旅游扶贫具有重要的意义。

一、贵州乡村旅游扶贫发展现状

贵州是全国较早开展乡村旅游扶贫的省市区之一。通过多年的发展，当

---

* 陈绍宥，贵州省社会科学院区域经济研究所助理研究员。

前，全省乡村旅游呈现出扶贫成效显著、扶贫潜力巨大、扶贫模式独特等特点。

（一）乡村旅游快速发展，扶贫成效显著

大力发展乡村旅游是推进贵州省农民脱贫的重要举措。发展乡村旅游是农民增收致富的新途径，农民脱贫奔小康的新引擎。“十一五”期间，全省共推出乡村旅游自然村寨3000多个，培育经营实体6万余户，全省共有42万贫困人口依托旅游业致富。

近年来，全省乡村旅游接待游客人次、乡村旅游总收入实现了快速增长，乡村旅游实现加速发展，扶贫成效显著。2010年，全省乡村旅游共接待游客4536万人次，同比增长20.29%，占全省旅游接待总游客的35.16%，乡村旅游总收入178亿元，占全省旅游总收入的16.79%。2011年，全省乡村旅游接待游客5606万人次，占贵州全年接待游客总数的33%，同比增长23.58%；实现旅游收入221亿元，占贵州省全年旅游总收入的16%，同比增长24.39%。2013年，乡村旅游总收入430亿元，占旅游总收入的18.2%，同比增长28%。2010—2013年三年间，全省乡村旅游总收入从178亿元增加到430亿元，年均增加了84亿元。

（二）乡村旅游扶贫模式独特，影响力增强

经过多年探索发展，贵州乡村旅游扶贫已形成了独特的模式，在国内外影响力较大。一方面，贵州省乡村旅游发展坚持生态文明、可持续发展的原则，遵循“保护一方山水、传承一方文化、促进一方经济、造福一方百姓、推动一方发展”的理念，以自然生态、特色农业、民族村寨、文化遗产等资源为依托，把乡村旅游与观光旅游、休闲旅游、民俗旅游、度假旅游有机结合起来，强化乡村旅游标准体系建设，推出一批以田园风光为主的乡村观光型产品、以农事体验为主的乡村体验型产品、以体验度假为主的休闲型产品、以民俗活动为主的乡村风情型产品；另一方面，在旅游开发中，特别注重当地群众的参与性及利益分享。由政府主导，召集企业、群众共同协商，形成了政府负责规划、协调，企业负责投入资金及市场运作，群众参与的合力发展格局，政府、企业、群众三方公平合理地进行利益分配，创立了“政府主导、企业投资、群众参与”的“政府+公司+农户”的乡村旅游开发模式。贵州省乡村旅游推动扶贫攻坚、农村就业和生态保护的有机结合，创立了代表我国乡村旅游发展趋势之一的“贵州模式”，得到了世界旅游组织的高度认可，贵州乡村

旅游成为世界旅游组织的重要观测点。

（三）乡村旅游扶贫覆盖面广，受益群众多

贵州旅游资源丰富，拥有优美的自然风光、凉爽宜人的气候、清新的空气、多彩的民族民俗文化、厚重的历史文化、独具特色的可口美食。贵州发展乡村旅游具有得天独厚的条件。因此，自贵州启动乡村旅游扶贫以来，各市州的乡村旅游发展亮点纷呈。目前，贵州乡村旅游扶贫项目已在58个县（区）132个村实施。乡村旅游成为贵州产业扶贫覆盖面最广、受益群众最多的项目之一。比如，2013年，铜仁市江口县共有农家乐276家，乡村旅游从业人员达6540人，实现收入2亿元，户均增收3万元以上。其中，云舍村470户人家几乎家家从事与乡村旅游相关的行业，2013年，该村共接待游客63万人次，旅游收入1.6亿元。贵阳市开阳县禾丰乡依靠乡村旅游声名鹊起，有的农民年收入超过10万元，是5年前的5倍，该乡的贫困人口也从6年前的7000多人减少到现在的几百人（数据来源于扶贫办网站）。又如，雷山县已成为贵州乡村旅游的典型代表，乡村旅游收入在该县GDP中占相当大的比重。据雷山县旅游局统计，截至2013年11月底，该县共接待游客356.63万人次，同比增长31.18%，实现旅游综合收入25.73亿元，同比增长30.59%。其中西江景区接待游客203.28万人，旅游综合收入15.18亿元，同比分别增长35.24%和37.65%。

（四）乡村旅游扶贫加快推进，助农脱贫潜力巨大

2002年贵州省明确提出："将旅游发展与农村经济结构调整、扶贫开发和生态保护结合起来，积极发展乡村旅游和观光农业。"贵州对乡村旅游投入力度不断加大，乡村旅游扶贫加快推进。2006年投入8亿多元进行民族村寨基础设施建设和环境整治。2010年，贵州共安排旅游发展专项资金495万元，用于乡村旅游民居旅舍客房、卫生间、厨房改造及标准技术设计和标识标牌制作等配套设施建设；安排财政扶贫资金700万元在印江县永义乡、江口侗家钟鼓楼等6县7个乡村旅游扶贫试点项目（配套资金4500万元），重点投入在改善试点村的基础设施条件、生产发展及旅游接待能力、传统手工艺等软硬件设施建设上，探索扶贫与旅游相结合的新路，促进项目区经济发展及增加农民群众的经济收入。2011年，贵州出台了《关于大力实施乡村旅游扶贫倍增计划的意见》，提出"十二五"期间，财政扶贫资金每年安排不低于1亿元、省级旅游发展专项资金安排不低于1500万元，用于实施乡村旅游扶贫倍增计划。

2011年，贵州省安排财政扶贫资金8000万元（配套资金2.5亿元），实施21个乡村旅游扶贫示范点项目，探索“乡村旅游扶贫”新途径。随着这些资金的投入和项目的实施，乡村旅游扶贫的潜力将得到实现，到2015年全省农民人均纯收入的20%来自乡村旅游、全省旅游总收入的20%来自乡村旅游、农村就业人员的20%来自乡村旅游。

二、贵州乡村旅游扶贫发展存在不足

发展乡村旅游是贵州省扶贫工作的重要抓手，乡村旅游发展水平影响着扶贫工作的成效。要综合审视乡村旅游扶贫工作，既要考虑乡村旅游的发展，又要考虑其发展对扶贫的推动。当前，贵州省乡村旅游扶贫工作存在的不足，既有乡村旅游发展水平不高对扶贫带动不强方面的问题，也有乡村旅游发展与扶贫一定程度的隔离的问题。

（一）乡村旅游发展配套能力不强

配套能力不强是制约全省乡村旅游发展的重要因素。一是乡村旅游业接待能力不强。一方面，表现在乡村旅馆或酒店床位数以及厕所数不能满足旅游旺季的住宿及使用需求；另一方面，乡村旅馆或酒店的配置标准不高，不能满足以休闲度假为主游客的需要。二是乡村旅游业的卫生水平尚需提高。餐饮卫生、住宿卫生既关系到游客的健康及舒适度，也关系到游客对目的地的评价，是旅游业中消费者最关注、体会最直接最明显的环节。而贵州省乡村旅游在发展过程中，还部分存在卫生状况不佳的现状，这急需改进。三是乡村旅游目的地的通达性不高。由于乡村旅游目的地多是生态相对保持较好的地方，交通条件相对不是很发达，通达性不高。这些都影响了乡村旅游发展。

（二）产业链条短影响乡村旅游业增值及扶贫效果最大化

乡村旅游业要实现增值，需要延长产业链的各环节，通过增加游客的旅游购物和旅游即时消费来实现。而产业链条短是影响贵州省乡村旅游的重要因素。一方面，贵州省乡村旅游业注重在餐饮上下功夫，而在旅游商品的制造和营销方面存在不足，制约了价值增值；另一方面，贵州省乡村旅游业对游客参与性、体验性活动的开发不足，使得乡村旅游一定程度成为美食品尝游，游客在目的地的停留时间短，创造的消费需求不足。

（三）乡村旅游与扶贫存在一定程度的错位隔离

客观来看，乡村旅游的蓬勃发展是消费升级、市场行为、政府推动的结果。贵州省把乡村旅游作为扶贫的重要抓手，乡村旅游对推动农民脱贫效应明显，对目的地的经济发展具有较强的推动作用，但不可否认的是，从事乡村旅游经营者要么是当地素质较高、背景较好、具备一定经济条件的人，要么是外来的投资者；即使是乡村旅游业就业者也多是年轻人。而那些真正最贫困的、没有投资能力、没有就业技能、没有年龄优势的农民，即使受益于乡村旅游发展，也是最小受益者，也是乡村旅游扶贫的边缘者。乡村旅游发展对当地贫困群众来说具有一定的马太效应，与扶贫有一定程度的错位隔离。

三、对策建议

（一）推进贵州省乡村旅游业配套能力建设，增强乡村旅游助农脱贫能力

针对配套能力不强制约贵州省乡村旅游业发展，进而抑制旅游扶贫效应的现状，要大力推进全省乡村旅游业配套能力建设。一是提高乡村旅游业接待能力。要科学预测乡村旅游业市场需求，根据市场份额合理规划乡村主题旅馆或酒店，满足旅游住宿需求。同时，要提高旅馆或酒店的配置标准，满足游客休闲舒适享受。二是提高乡村旅游业的卫生水平。要严格执行国家餐饮业卫生相关标准，提高餐饮卫生水平，保障游客餐饮安全；要严格执行国家酒店及旅馆业卫生相关标准，提高住宿业卫生水平。同时，注重乡村旅游目的地公共卫生，做到卫生无盲区、无死角。三是结合“四在农家·美丽乡村”六项行动计划，加强乡村旅游目的地道路建设，提高通达性。

（二）延长乡村旅游业产业链，实现行业增值农民增收

产业链短是贵州省乡村旅游业发展存在的突出问题，影响了乡村旅游业效益的提高，制约了农民收入增加，削弱了乡村旅游业的扶贫效果。要推进贵州省乡村旅游业产业链延长，实现行业增值农民增收。要围绕“吃、住、行、游、购、娱”等基本环节，细化和延长产业链，实现产业链各环节增值。要加强绿色食品、农副产品、旅游纪念品等特色产品的打造，丰富目的地旅游商品，增加商品供给，增加游客选择的多样性。同时，加强对旅游商品的营销，增强游客购买欲望，增加游客的消费需求。此外，要在旅游产品的设计中，注重增强游客的参与性、体验性。游客参与越多、体验越深，停留的时间越长，消费就越多。这样乡村旅游业的乘数效应就越大，其扶贫的效果就更加明显。

（三）推动乡村旅游业发展与扶贫更好融合，实现发展与扶贫无缝对接

由于乡村旅游业发展主要是市场因素起决定作用，不管是其经营者还是就

业者都是市场选择的结果。因此，有时会出现旅游业发展与扶贫发生偏差的现象。要确保乡村旅游业扶贫效果，应推动其发展与扶贫更好融合，实现无缝对接。要创新乡村旅游发展模式，实现贫困群众的参与性开发，保障其发展权和受益权。要整合各类资金，尤其是充分发挥财政资金的导向作用，实现乡村旅游发展与扶贫更好融合。要加强对乡村旅游地贫困群众的培训，提高其劳动技能和生产技能，增强其就业能力，提高发展能力，从而使其最大程度地受益于乡村旅游业的发展。

（四）加强对乡村旅游宣传促销，实现名利双收

贵州乡村旅游是真正藏在深山的瑰宝，需要加强宣传营销，不断扩大市场影响力，增加市场份额。一方面，要采取领导带队外出营销、中介机构市场化营销等多种方式搞好乡村旅游扶贫的营销工作；另一方面，要充分运用信息化时代的优势，加强与报刊、电台、电视台、网站等媒体的合作，通过美食、美景图文的展示，积极开展网络宣传营销，提高贵州乡村旅游的知名度。要注意发挥旅游企业特别是旅行社的促销主体作用，以重要民俗文化活动、节庆和少数民族传统体育赛事等为平台，不断培育新的乡村旅游扶贫消费热点。

2014年贵州省扶贫生态移民工程实施报告

杨明昌*

摘　要

贵州省从2012年启动实施扶贫生态移民工程以来，科学编制规划，充分尊重民意，建立健全工程管理体制，整合各方资源、明确责任，积极引导就业，统筹城乡保障，确保移民留得住。全省扶贫生态移民工程总体进展顺利，取得了阶段性成效。在下一步工作中，要稳扎稳打推进工程建设，积极争取国家支持，继续打牢基础、做实扶贫生态移民工作，积极争取社会各界对工程的支持。

关键词

扶贫生态移民　实施　扶贫攻坚

一、实施扶贫生态移民工程是贵州省新时期扶贫攻坚的重大战略决策

贵州地处云贵高原东部，长江、珠江流域上游地带，土地面积17.61万平方公里，其中山地、丘陵占92.5%，是全国唯一没有平原支撑的内陆山区省份。长期以来，由于经济社会发展滞后，农村贫困问题突出，且与生态环境问题、民族地区发展问题相互交织，成为全国农村贫困人口最多、贫困面最广、贫困程度最深、扶贫开发任务最重的省份之一。2010年末，全省贫困人口达1149万人，其中85%以上集中分布在武陵山区、乌蒙山区、滇桂黔石漠化区等连片特困地区，特别是还有大规模的贫困人口生活在地处偏远、信息闭塞、

* 杨明昌，贵州省水库和生态移民局生态移民处处长。

生态环境脆弱、自然灾害频繁的深山区、石山区、边远山区、高寒山区、革命老区、地方病多发区和少数民族聚居区，人口、资源、环境与社会经济发展极不协调。

为了从根本上解决居住在生态环境脆弱、生态区位重要、自然条件恶劣地区的农村人口发展问题，争取2020年与全国同步全面实现小康社会的目标，按照《国务院关于进一步促进贵州经济社会又好又快发展的若干意见》（国发〔2012〕2号）有关精神，2012年5月，贵州省委省政府决定启动实施扶贫生态移民工程，计划从2012年至2020年，用9年时间将居住在深山区、石山区、集中连片贫困地区的47.7万户204.3万人农村人口搬迁出来，从根本上改善他们的生存与发展条件。

二、扶贫生态移民工程成效初显

自2012年5月启动实施扶贫生态移民工程以来，在省委、省政府特别是主要领导的高度重视和正确领导下，全省扶贫生态移民工程总体进展顺利，取得了阶段性成果，实现了良好的开局。两年来，共建设扶贫生态移民安置点302个，住房5.9万套，搬迁农村贫困人口25万人，完成投资49.33亿元。住房户均面积80～120平方米，人均住房补助1.2万元。通过异地搬迁，移民群众的生产生活条件得到明显改善，就业渠道有所拓宽，人均收入增加，老百姓得到了实惠。从搬迁实施的效果来看，实施扶贫生态移民，把区域发展与扶贫开发有机结合起来，将这些贫困群众搬迁到城镇、产业园区周边等条件相对较好的地方集中安置，降低了扶贫成本，使群众能够享有更多更好的公共服务，增强自我发展能力，从根本上解决了这些贫困人口的生存和发展问题；不仅有力促进了搬迁农户的自我发展、稳定增收和脱贫致富，而且减轻了迁出地区生态环境压力，有效地遏制了生态环境恶化趋势，促进了生态恢复、建设和保护。扶贫生态移民已成为贫困地区扶贫攻坚和生态环境建设的重要抓手，成为一项重要的民心工程和民生工程，受到了贫困群众的普遍拥护和欢迎。

三、主要做法

（一）科学编制规划，坚持规划引领作用

在认真总结易地扶贫搬迁、水利水电工程移民、地质灾害搬迁、灾后重建

经验教训的基础上，根据省委书记赵克志提出的“四坚持、四结合、五为主”和“搬得出、留得住、能就业、有保障”的要求，2012年2月，省发展改革委组织编制了《贵州省扶贫生态移民工程总体规划（2012—2020年）》。2013年3月22日《省人民政府关于贵州省扶贫生态移民工程规划（2012—2020年）的批复》（黔府函［2013］47号）正式批复该规划。规划从2012年到2020年，拟用九年时间对全省47.71万户204.30万人实施扶贫生态移民搬迁。规划建设扶贫生态移民集中安置点1041个，工程总投资1600亿元。

（二）尊重民意，稳步推进移民工作

前期工作注重群策群力，充分听取民意，相关方案向移民群众征求意见，让群众参与决策。认真开展进村入户调查摸底工作，由农户提出申请，不搞强迫搬迁。搬迁对象以居住在深山区、石山区特别是石漠化严重地区的贫困农户为主，以生态位置重要、生态环境脆弱地区的贫困农户为主，以三个集中连片特困地区和民族地区贫困农户为主。2012—2013年累计搬迁25万人，其中三个集中特困地区23万人，占总搬迁人口的92%。安置点的选择综合考虑环境容量、后续发展等因素，把移民搬迁安置与小城镇建设相结合，与产业园区相结合，与旅游景区相结合，推动移民向就业条件好的城镇转移。搬迁方式尽量实施整组、整村搬迁，对于规划需要实施整体搬迁而规模较大、一次性难以搬迁安置的，可以统一规划，分期分批实施。

（三）建立健全工程管理体制，保障工程顺利推进

为确保工程顺利推进，省、市、县都成立了政府主要领导任组长的扶贫生态移民工程领导小组，建立“省负总责、市州统筹、县是主体、工作到点、扶持到户”的扶贫生态移民管理体制。省扶贫生态移民工程领导小组负责组织制定全省扶贫生态移民工作的重大方针政策，统筹解决相关重大问题；市（州）政府对所辖各县（市、区、特区）工程实施的统筹协调，对本地区工程实施负总责；县级政府是扶贫生态移民工程的实施主体，负责移民建房、搬迁、就业、配套、保障、退出等实施工作。

（四）整合资源、明确责任，确保移民搬得出

各地以扶贫生态移民工程为平台，在扶贫生态移民工程领导小组的统一领导下，各部门完善相关配套政策措施，将扶贫生态移民工程有关建设内容纳入年度计划优先安排，形成齐抓共管的良好格局，25个省直部门出台了支持扶贫生态移民工程配套政策文件。整合各部门涉农项目资金，整体打造安置地

水、电、路等基础设施和产业发展，为搬迁群众创造良好的生产生活条件。两年来，贵州省项目总投资49.33亿元，其中中央资金14.09亿元（中央扶贫资金7.2亿元、易地扶贫搬迁资金6.89亿元），省级财政资金10亿元，整合部门资金9.95亿元，市（州）、县（市、区、特区）筹措15.29亿元。

（五）积极引导就业，帮助移民逐步脱贫致富

各地政府把扶贫生态移民就业和失业控制纳入当地经济社会发展的调控指标，作为各级人力资源社会保障部门目标绩效考核的重要内容，统筹安排落实。整合各类职业教育培训资源，拓宽教育培训渠道，增强就业技能培训的针对性和有效性，扎实做好就业技能培训工作，积极引导移民到城镇、城市综合体、产业园区、旅游景区、高效农业产业示范园区及民营企业实现稳定就业。截止目前，搬迁移民中有就业需求的劳动力8.72万人，已实现就业8.47万人，2013年移民家庭人均纯收入达到5723元，比全省平均水平高209元。

（六）统筹城乡保障，确保移民留得住

加快户籍制度改革，全省除贵阳市逐步放开外，全面放开落户限制，引导移民自愿转为城镇居民。把进城落户移民完全纳入城镇社会保障体系，整合城乡居民基本养老保险制度、基本医疗保险制度，推进城乡最低生活保障制度统筹发展，在农村参加的养老保险和医疗保险规范接入城镇社保体系。搬迁后仍保留农村户籍的，在原住地享受的计划生育、最低生活保障、医疗救助、新农合、养老保险等政策不变，由搬出地、迁入地政府相关部门做好转移接续工作，解除移民后顾之忧。截至目前，有14.7万人参加新农合（占已搬迁15人的98%），5.85万人参加农村养老保险，占已搬迁人数的39%，2.73万人享受农低保。

四、存在的困难和问题

总体上看，扶贫生态移民首战告捷、开局良好，但应当清醒地看到存在的问题和困难。一方面，省和地方资金筹措压力大、移民安置人地矛盾等客观困难日益突出；另一方面，部分地方重视不够、前期工作不扎实、项目管理不规范、搬迁对象有顶替现象、统筹解决就业就医就学系统性不够、缺乏后续产业支撑等问题也较突出。

（一）前期工作不扎实

一是个别安置点规划选址不科学、住房设计没有体现地方特色和民族特色；二是个别地方存在搬富不搬穷，擅自调整搬迁区域和搬迁对象；三是重建设轻搬迁，搬迁入住率不高；四是项目管理不规范、进展不平衡。

（二）资金筹措压力较大

一是住房建设资金存在缺口。整合部门资金因行业管理要求，导致有些资金未能到位，形成资金缺口；二是配套基础设施项目资金整合难度大。由于下达渠道、时间、标准不一致等原因，资金管理条块分割，部分整合项目资金没有落实到位；三是县市财政配套资金压力大。除征地外，其他配套基础设施建设资金到位难；四是中央及省级补助资金到位缓慢；五是个别农户自筹压力大。

（三）就业发展问题越来越突出

随着移民逐步搬迁入住，就业发展需求越来越大。由于产业基础薄弱，市场主体较少，城镇化水平低，吸纳就业能力不足，加之移民文化素质不高、技能单一，培训针对性不强，有组织就业力度不够，就业扶持政策落实不到位，导致部分移民就业困难。

五、2014年工作展望

（一）稳扎稳打推进工程建设

按照赵克志书记在省发改委党组民主生活会上的要求，省发改委（扶贫生态移民办）建议2014年度扶贫生态移民15万人。此前，为超前谋划，做好配套基础设施项目与相关行业部门的对接，尽早确定投资来源，8月份即安排启动2014年前期工作，两次召集各市州会商及研究。进一步明确了土地手续、整村整组搬迁、生态修复及退出措施等要求，按照2012年度、2013年度实施情况开展奖惩，确保成熟一个推进一个。对完成情况不理想、整改不到位的追回补助资金，暂停安排2014年计划。目前，全省2014年度安置点实施方案已编制并审批完毕，待省政府批复后即可实施。进一步狠抓项目建设，形成工作合力，切实转变作风，更加主动地深入一线、深入群众，做到“一个项目、一名领导、一套班子、一套政策、一抓到底”，确保工程在规划、建设、管理、服务、后续产业培育发展等各环节高效高质量完成。

（二）积极争取国家支持

鉴于贵州省财力和工程稳定的资金来源尚未确定，省发改委（扶贫生态移民办）会同财政厅继续大力争取国家支持。经努力，2013 年 8 月，国家发改委委托中国国际工程咨询中心对工程进行了评估，与专家组就评估意见达成共识，国家发展改革委加大了对贵州省易地扶贫搬迁的投资补助，2014 年将从常年 2 亿 ~3 亿元增加到近 11 亿元。11 月，国务院扶贫办、国家发改委、住建部、国土资源部等部门组成的联合调研组赴黔开展调研，工程的必要性、紧迫性进一步得到国家层面的支持和认可。经过积极争取，财政部将从 2014 年起分三年支持贵州省扶贫生态移民资金 40 亿元。

（三）打牢基础、做实扶贫生态移民工作

加快建立信息平台，研究差别化补助标准，确保扶贫生态移民工程到户到人。针对进度落后、配套资金不到位地区及安置点逐个督促地方政府加强施工组织管理、保证工程建设需要资金，确保实现年度目标。加强省级示范点建设，集中打造精品点，及时科学总结各地在实践中探索出来的好经验、好模式，真正实现模范带头作用。精心准备，加强社会管理和就业保障工作，迎接大规模移民安置的到来。在已经初步建立扶贫生态移民工程配套政策体系的基础上，进一步完善“建房、搬迁、就业、配套、保障、退出”各环节政策。注意突出培育产业，大力发展农村二三产业和现代农业，强化技能培训和职业教育，促进群众就地就近稳定就业。建立完善扶贫生态移民工程目标责任制和考核评价体系，完善督促检查机制，建立激励机制，落实责任追究机制。

（四）加强宣传，积极争取社会各界对工程的支持

扶贫生态移民工程实施一年来，已经引起了国内外的高度关注。英国每日电讯报、德国电视一台、新京报等境内外媒体赴黔采访报道；民革中央、民建贵州省委等民主党派开展调研建言；省政协将有关提案列为年度重点督办提案。我们将紧紧围绕省委、省政府关于扶贫生态移民工程各项决策部署，精心策划，周密实施，做好宣传动员工作，编制政策汇编及宣传卡，发放到每一个安置点和搬迁农户；在网络建立配套政策专栏；建立扶贫生态移民工程网站。通过农户的积极参与，倒逼政策的落实。

通过全省上下的共同努力，扶贫生态移民工程 2013 年度 126 个安置点全部按批复的实施方案开展建设，基本摒弃了农村搬农村、山上搬山下的传统做法，扶贫开发进程加快，生态环境得到了改善，有力地助推了全省“三化”建设。同时也让搬迁农户充分享受到了城镇化、工业化发展成果，搬迁农户长远生计得到保障，成为当地城镇化、工业化的有力抓手和助推器。我们将按照中央十八届三中全会和省委十一届四次全会的精神，继续按照“搬得出、留得住、能就业、有保障”的总体要求，围绕“建房、搬迁、就业、配套、保障、退出”六个环节实施工程，贯彻落实群众路线教育活动的要求和部署，真正贴近群众、深入一线开展工作，不断探索和总结经验，高质量地完成工程总目标和年度任务，为贵州“两加一推”做出贡献。

专题研究篇

基于大数据分析的精准扶贫研究路径思考

黄　勇*

摘　要

用大数据思维破解精准化扶贫等民生难题是一个全新课题。要从解决信息对称和提升扶贫效率角度，分析大数据建设与精准扶贫的内在逻辑关系和内在机理，构建“扶贫大数据”，从而帮助管理部门从海量信息内容中按照不同需求提取资源，进而改进或重构扶贫工作机制，提升扶贫精细化决策能力，从而达到公共信息资源、电子化公共服务与贫困人口需求的双向理想控制。

关键词

大数据　扶贫　精准化

一、用大数据思维破解精准化扶贫难题的意义

贫困是世界各国面临的共同挑战，促进发展、消除贫困、实现共同富裕，是人类孜孜以求的理想。国内外关于贫困、扶贫、反贫困的研究成果非常多，但对于精准扶贫问题的研究，是自近年以来由于贫困人口底数不清、情况不明、针对性不强、扶贫资金和项目指向不准等存在的扶贫领域的问题越来越突出，尤其是2013年《关于创新机制扎实推进农村扶贫开发工作的意见》（中办发［2013］25号文件）明确提出要实施精准扶贫、科学扶贫，建立以精准识别、精准帮扶、精准管理为主要内容的精准扶贫机制，而引起政府、社会和

* 黄勇，贵州省社会科学院区域经济研究所研究员，研究方向为区域和产业经济、投资经济、发展经济学。

学术界对精准扶贫问题的广泛关注。从总体上看，我国关于新形势下精准扶贫机制的研究才刚刚起步，关于精准扶贫机制问题的研究成果还非常少，既缺乏战略性的顶尖设计成果，也缺乏微观层面的操作性成果，目前研究还主要围绕于精准扶贫的基本概念（刘永富，2013）、瞄准机制（叶初升等，2012）、社会经济影响、政策理念分析等方面进行初步探讨。特别是全国还没有建立统一的扶贫信息网络，难以做到精准识别、动态管理和有效监测，传统的扶贫统计监测系统在管理思想、技术路线、指标设计、数据集成、监测功能和综合利用等方面已经非常滞后于实际工作需求，落后于当前的数字化的发展与创新，对于提升扶贫效率的作用还相当乏力。要实现精准扶贫，必须要打破原有体制的束缚，建立起高效、有力的扶贫组织体制和科学、合理的运作机制。按照信息经济学的理论，只有做到信息对称，充分掌握事物发展变化的大量实时数据，才能设计出精准的扶贫工作机制，才能提升扶贫的瞄准度和效率，精准扶贫才能“扶真贫”。

近年来，大数据研究和应用引起了学术界、产业界、科技界和政府部门的高度关注，已经成为信息科技领域中的热点。2008年末，卡内基梅隆大学的R. E. Bryant、加利福尼亚大学伯克利分校的R. H. Katz、华盛顿大学的E. D. Lazows - ka）等信息领域资深科学家发表的白皮书《大数据计算：商务、科学和社会领域的革命性突破》，着重阐述大数据真正重要的是其新用途和带来的新思维，而非数据本身；贝丝·诺维克（Beth Noveck）在她的《维基政府——运用互联网技术提高政府管理能力》一书中提出运用网络和大数据建立民主和高效的政府；一些专家从互联网技术、互联网经济学、超级计算、环境科学、生物医药、智慧城市等多个方面讨论大数据处理和应用专题，如李国杰、程学旗（2012）、胡雄伟（2013）等人探讨了中国的大数据发展战略及其应用前景。在大数据时代，很多政府部门正在尝试将云计算、物联网、移动互联等新技术应用到公共管理和电子政务中来，将数据作为一种重要资源如何加以高效利用并开发出其中的价值，欧美等国政府乃至联合国纷纷宣布推动开放数据计划（Open Data），如联合国“数据脉动”计划、美国“大数据”战略、英国“数据权”运动等先后开启了“大数据”应用的大幕；在业界，包括EMC、IBM、惠普、微软在内的全球知名企业纷纷通过收购大数据相关厂商来实现技术整合，实施其大数据战略；大数据潜在的巨大价值势必会掀起一场商业模式和管理决策的深刻变革（王劲，2013），被广泛服务于工业、农业、商业、服务业等众多领域以及卫生医疗、就业等民生领域。关于大数据与扶贫的应用，首次出现于2013年在世界银行于华盛顿举办的“DC大数据探索”研讨会上，专家们提出利用大数据分析来解决贫穷等世界性难题。总体来看，基于大数据的分析和应用引起了产业界、科技界和政府部门的高度关注，但大数据相关的研究与应用目前仍然处于起步阶段，学术研究大多局限于宏观层面和侧重于大数据的获取、存储、处理、挖掘和信息安全等信息科学领域，从管理学的角度探讨大数据与国计民生密切相关的科学决策、环境与社会管理、公共决策管理等领域的研究成果还较少，基于大数据的贫困与扶贫研究的专题性理论成果还是空白的。

用大数据思维破解精准化扶贫等民生难题是一个全新课题。精准扶贫首要的是要应对信息封闭的挑战，打破“信息孤岛”。大数据背景下，利用大数据技术去挖掘、识别、组织与分析隐含在贫困人口中的结构化、半结构化数据信息，寻找他们的隐性诉求，通过汇集宏观的、区域的、行业的、贫困人口的以及自然地理、社会经济条件、个体素质、扶贫措施、公共参与等相关数据，构建跨部门、跨地区、体量庞大的“扶贫大数据”，研究“扶贫大数据”对于实现精准扶贫的影响与路径，帮助管理部门从海量信息内容中按照不同需求提取资源，进而改进或重构扶贫工作机制，提升扶贫精细化决策能力，达到公共信息资源、电子化公共服务与贫困人口需求的双向理想控制已成为大数据时代摆在政府和学术界面前的重大课题。因此，本课题从选题的角度来看有一定的前沿性，选题本身意义也很大。研究成果将不仅在理论上为中国反贫困创新提供理论依据，也为推进扶贫工作提供应用性支持，预期研究成果将会填补此领域的空白。

用大数据思维来构建精准化扶贫机制，有一定的意义。（1）对扶贫理论创新的重要意义。一是首次将大数据思想引入扶贫，从管理学的角度应用大数据技术以支持扶贫分析和决策，以数据驱动为主导的扶贫管理研究和实践指导，将成为未来扶贫管理的核心领域，将为实现真正意义上的精准扶贫奠定基础。这将填补国内学术界在此领域的空白。二是有利于丰富扶贫理论体系。目前很少有人从大数据信息管理系统的角度研究扶贫的准确性问题，因此，这就为此项研究提供了一定的空间，有利于扶贫理论研究体系的完善。另外，目前的精准扶贫问题研究也处于起步阶段，此项研究为不太完善的精准扶贫问题研究体系注入了新鲜的“血液”，有助于精准扶贫问题研究的不断完善。（2）对扶贫实践的重要意义。一是通过科学的理论分析，总结扶贫问题实践过程中的规律、经验、教训，为以后全国尤其是贫困地区的精准扶贫政策机制建设提供经验借鉴，为制定科学有效的精准扶贫实施步骤奠定基础；二是在扶贫大数据理论与方法的指导之下，提出相应的政策建议，对各级政府部门扶贫决策提供参考，以利于提高扶贫政策效率，促进贫困地区和贫困群体的脱贫发展。

二、基本研究思路

从信息科学、经济学、社会学、管理学等跨学科的综合视角，通过信息科学、经济研究、社会研究与公共政策研究相结合，指标综合研究与模型框架分析相结合，针对精准扶贫机制建设问题建立基本分析路径。研究的大致路径是：作为过程的精准扶贫研究，通过问卷调查和现场参与方式了解贫困人口的社会经济状况、社会行为及其他信息反馈，在对贫困群体的客观现状描述分析基础上，力求解释贫困群体的生产生活方式、生活态度等对扶贫制度的反作用，既注重研究由制度或政策派生的致贫因素，又注意由于信息不对称导致的扶贫瞄准和识别偏差问题。在基础研究方面，根据有关理论、信息和方法，进行各种资料分析，建立实证分析模型，并将“扶贫大数据”和精准扶贫机制体系应用于贫困地区和相关部分，进行检验，并根据应用反馈进行修改，直至优化；在互动研究方面，从信息对称角度来了解贫困家庭对于扶贫政策措施的反射和回声，导出贫困何以发生、再生的机制、规律、趋势，剖析“扶贫大数据”建设与精准扶贫之间的互动作用；在行动研究方面，从信息、经济、社会等综合角度考察贫困家庭内在结构和动态整合，分析外生性扶贫资源是否可能、如何可能转化为贫困家庭的自我发展能力，用大数据思维来探讨反贫困与扶贫政策的识别、传导、监测、反馈、管理等机制，导出精准扶贫机制建设与创新的路径和规则。

三、用大数据架构精准化扶贫监测体系的过程

（一）加强扶贫调研

要实现精准扶贫，扶贫瞄准对象必须从区域性扶贫转向微观层面，把扶贫目标直接瞄准到贫困村和贫困户，实行比较精细化的“点对点”扶贫，以提高扶贫效率。因此，有必要直接针对贫困人口的扶贫需求进行专题调研（见图1）。通过对贫困家庭、扶贫管理部门、基层政府进行问卷调查，包括贫困区域、贫困户情况、扶贫方案认同情况、扶贫实施情况、扶贫保障情况、扶贫

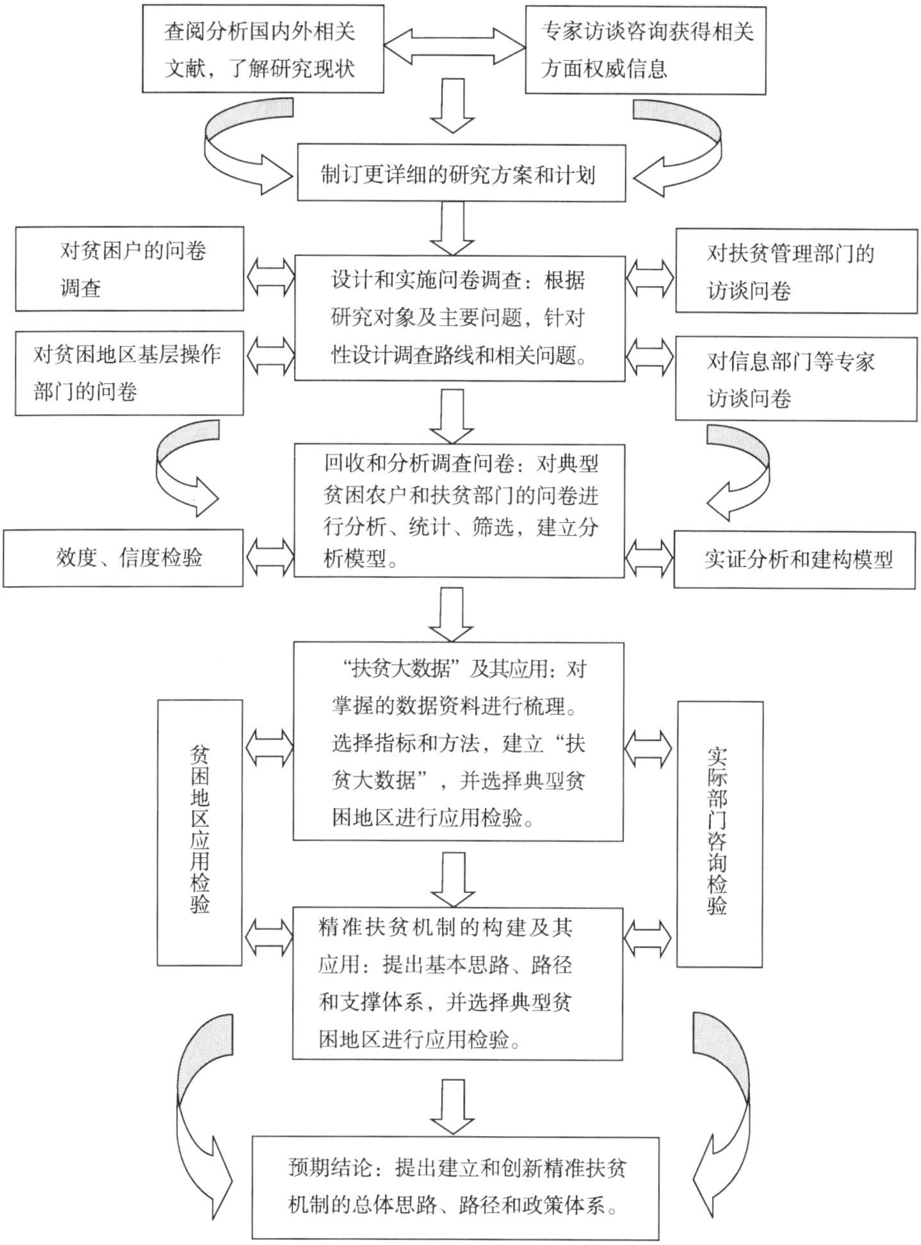

图1　基于大数据分析的精准扶贫机制研究思路

效果、贫困户的意见与建议，分析贫困区域和贫困户社会经济特征和致贫原因，着重对贫困家庭对扶贫方式及机制的需求分析、脱贫主体意识分析、扶贫体制安排的瞄准误区进行研究，为建立更加专业化、更精细化的扶贫方式和精准扶贫机制打下基础，提出优化精准扶贫机制的有效途径和对策建议。实验方法可采取整群分层抽样法，根据《中国农村扶贫开发纲要（2011—2020年）》，从国家划分的11个集中连片特殊困难地区中，分别抽取几个区域作为问卷调查的实施区域。

（二）加强贫困群体扶贫需求研究

通过对贫困群体进行大规模问卷调查，分析其社会经济特征和致贫原因，着重研究贫困人群对扶贫方式及传递机制的有效性需求、脱贫主体的意识状况、扶贫体制安排与贫困个体的利益联结机制等，揭示贫困主体的内在诉求。

同时，开展扶贫效果测评研究。建构测评指标体系和分析模型，结合问卷调查数据、历史统计数据和面板数据、宏观和区域数据，综合分析评价近年来扶贫所取得的真实成效，并分别从扶贫政策、扶贫主体、扶贫工具、扶贫结构、扶贫机制等方面详细分析扶贫实践过程中所面临的困境，提出扶贫机制创新的必要性。

（三）建立"扶贫大数据"

扶贫大数据的建立是一个"人口—经济—社会—信息"复合系统的行为轨迹，其开发是一个从初级到高级、有益的、正向的过程，也是一个更加均衡、更加和谐的系统进化过程，这个构建过程是对该扶贫体系的评价、管理、控制和决策过程，其内容主要包括扶贫大数据构建的基本思路、原则、结构、指标选择、信息统筹等，设计出基于大数据思想的精准扶贫管理系统，融合大数据思想，实现数据大集中。

建立"扶贫大数据"、提升扶贫精准度的前提是数据质量的真实性。由于扶贫数据涉及的数据种类多，数据结构复杂，既包括贫困监测点监测数据、贫困情况、扶贫要素数据等基本数据，又包括宏观或区域社会经济数据、基础地理信息数据，又有重大专项专题数据和专业模型数据等，不仅涵盖了文字数据，也涵盖了遥感影像、图片、视频等相关数据，在数据量大、变化速度快、结构复杂、来源众多的大数据情形下，再加上国内大数据及数据质量重要性意识还较淡薄，大数据方案的建设及应用尚不成熟等情况，把"小数据"变成"大数据"，要确保数据质量并非易事。因此，制定详细、缜密的"扶贫大数据"的架构方法、指标选择和数据采集方法及模型，是建立"扶贫大数据"的关键环节，这样才能保证大数据的数据质量，从而挖掘出更多准确、有效、有价值的信息。

在研究方法方面，一要采取系统分析法。通过对贫困人口、贫困地区和扶贫管理部门的需求分析，按照精准扶贫的总体目标和原则，从总体架构和设计方法、业务架构设计、技术架构、数据架构设计和系统部署几方面对扶贫大数据展开研究；二要采取模型分析法。运用模型研究建立和运用扶贫大数据在扶贫措施与扶贫绩效之间的内在机理效应。运用线性回归模型分析、多维标度模型等，建立评价因子隶属函数；三要运用空间数据引擎和关系型数据库集成管理的方式，有效地将空间数据与属性数据关联起来，进而实现扶贫大数据的构建。

在技术路线方面，其一，关于扶贫大数据的产生，要针对各子系统及其演化进程中的数据进行功能分工、精度设置、数据收集、数据处理和数据管理等；其二，在应用测试和检验评价方面，建立一套系统评价的指标体系，运用科学的评价方法对扶贫大数据应用平台和扶贫政策措施带来的贫困区域和贫困户的现状和水平进行评价，对贫困区域、贫困户的发展趋势、可持续发展的潜力和能力进行预测，在此基础上找出制约因素，便于优化改进；其三，在优化过程中，通过分析各子系统内部、子系统之间以及系统与外界环境之间的相互作用，建立起大数据平台的运行机制，使整个扶贫体系实现整体优化或次优化；其四，在反馈过程中，根据现状评价和实证分析的结果来调整未来系统的行为，建立各子系统内部以及整个扶贫大数据系统的反馈机制，使系统发展轨迹不偏离精准扶贫目标。

在计算比较各主要社会经济指标间的相关系数的基础上，广泛征询专家意见，提出关于扶贫大数据的备选指标（因子），最终遴选若干项指标构成“扶贫大数据”指标体系，并选择典型贫困地区进行示范应用。

（四）开展扶贫大数据与精准扶贫机制的相互关系研究

从信息经济学角度，分析扶贫大数据应用的社会经济效应、演化及发展规律，分析扶贫大数据与扶贫政策之间的互动机制及与精准扶贫的相关分析，提升扶贫精准度和效率的内在作用机理、模型模拟。

基于大数据的精准扶贫信息体系架构，本质上是通过对信息流的处理，即数据、信息和知识的成功转化而实现的，从操作型信息化向分析型和决策型信息化的转变，通过完善框架结构、指标体系，用前沿的设计理念和领先技术实现新一代扶贫管理平台，为逐步建立健全精准扶贫机制提供可操作的工具。

（五）开展精准扶贫机制建设研究

以《关于创新机制扎实推进农村扶贫开发工作的意见》（中办发［2013］25 号文件）提出的精准扶贫思想为指导，广泛借鉴国内外扶贫制度建设经验，根据贫困地区经济社会发展、脱贫致富的需求，针对现行扶贫政策及其运行机制存在的突出弊端，深层次地分析扶贫开发效率不高的成因，探讨实施精准扶贫过程中面临的一些重大战略问题，基于大数据应用和机制设计理论的内涵提出扶贫机制改革的顶层设计思路，重点从贫困识别机制、监测机制、要素保障、管理体制、拓展横向传递、整合扶贫资源、完善社会参与机制等方面探讨扶贫机制建设。

关于精准扶贫机制建设的技术路线（见图 2），主要目标是建立以精准识别、精准帮扶、精准管理为核心的精准扶贫机制，提出精准扶贫机制建设方略和对策，包括基本思路、主要内容、重点、实现路径、政策支撑体系等，尤其是提出精准识别机制、精准传递机制、要素保障机制、自我发展机制、社会整合机制、精准监测机制、精准管理机制以及创新扶贫开发工作的政策提议。

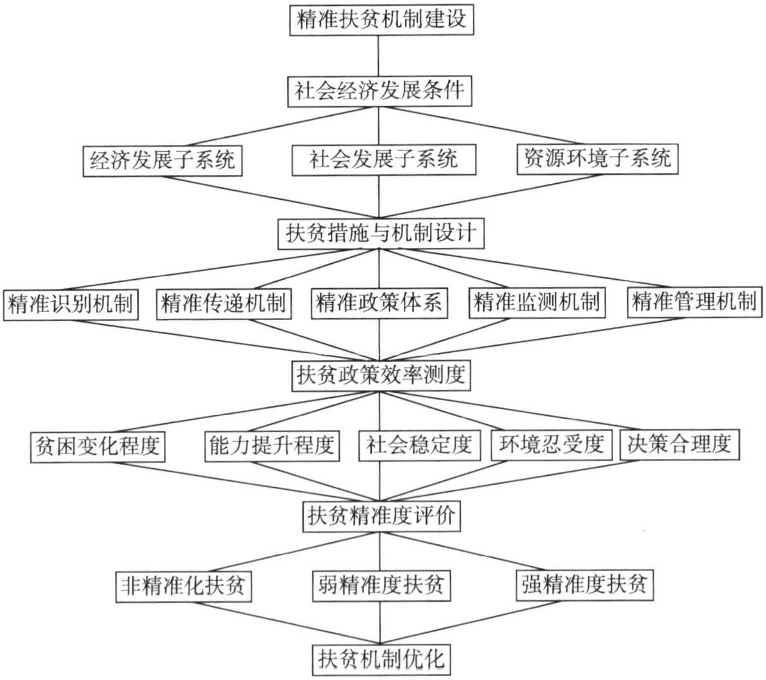

图 2　精准扶贫机制研究路线

主要参考文献

[1] 刘永富. 创新机制精准扶贫——刘永富解读扶贫开发热点问题 [EB]. 中央政府门户网站，2013-12-25.

[2] 汪三贵. 中国农村贫困人口的估计与瞄准问题 [J]. 贵州社会科学，2010 (2).

[3] 康晓光. 90年代中国的贫困与反贫困战略 [J]. 中国国情国力，1995 (7).

[4] 沈红. 中国贫困状况与扶贫形势分析 [M] //1998年中国社会形势分析与预测. 北京：社会科学文献出版社，1998.

[5] 黄承伟. 中国反贫困：理论、方法、战略 [M]. 北京：中国财政经济出版社，2003.

[6] 李国杰. 大数据研究的科学价值 [J]. 中国计算机学会通讯，2012 (9)：8-15.

[7] 李国杰，程学旗. 大数据研究：未来科技及经济社会发展的重大战略领域——大数据的研究现状与科学思考 [J]. 中国科学院院刊，2012 (6).

[8] 杰里米·里夫金. 第三次工业革命 [M]. 北京：中信出版社，2012.

[9] 维克多. 迈尔-舍恩伯格，肯尼思. 库克. 大数据时代 [M]. 盛杨燕，周涛，译. 杭州：浙江人民出版社，2013.

[10] 伯特-拉斯格. 巴拉巴西. 爆发-大数据时代预见未来的新思维 [M]. 马慧，译. 北京：中国人民大学出版社，2012.

[11] 胡雄伟，张宝林，李抵飞. 大数据研究与应用综述（上） [J]. 标准科学，2013 (9).

[12] 冯芷艳，郭迅华，曾大军，陈煜波，陈国青. 大数据背景下商务管理研究若干前沿课题 [J]. 管理科学学报，2013 (1).

[13] 徐子沛. 大数据：正在到来的数据革命 [M]. 南宁：广西师范出版社，2012.

[14] Big Data for Development：Challenges &Opportunities，http：//www. unglobalpulse. org/sites/default/files/BigDat-aforDevelopment-GlobalPulseMay2012. pdf.

促进贵州省扶贫生态移民工程建设的对策建议

黄德林*

摘　要

2014年贵州省“两会”精神要求贵州要紧紧守住“两条底线”，一是发展的底线，二是生态的底线。开展贵州扶贫生态移民工程建设，有助于贵州生态贫困者脱贫、有助于维护“两江”下游生态安全、有助于推动贵州城乡一体化进程、有助于优化贵州国土空间开发、有助于贵州原居住地区生态环境修复、有助于促进贵州各民族和睦相处和谐发展，从而确保贵州2020年与全国同步建成小康社会。贵州扶贫生态移民工程目前主要面临政策整合难、专业管理人员少、地方匹配资金难、出现“搬富不搬穷”现象、移民安置点后续产业跟不上、移民就医就业难、移民子女就学难等困难和问题。为此，本文从促进贵州扶贫生态移民工程建设总体思路、方案和具体对策提出笔者的一些个人看法和意见。

关键词

扶贫　生态移民　扶贫生态移民工程

在人类社会的发展史上，因生态环境变迁发生过无数次“逐水草而居”的人口迁移活动，从某种意义上来说，这都可以看成“生态移民”。生态移民概念最早由美国科学家考尔斯提出，他认为生态移民是出于保护生态环境的目的而实施的移民。20世纪下半叶，国际社会相继出现了生态环境保护和可持

---

* 黄德林，贵州省社会科学院社会研究所所长，研究员，主要研究方向为政治社会学。

续发展的理论与实践。进入21世纪以来，生态系统研究取得了重要的进展，在国际上形成了一系列的研究热点，包括生物多样性与生态系统功能、生态系统管理、生态风险与生态安全、全球变化的生态响应与效应等，表现出向着机理深化、多尺度系统监测与模拟、社会经济自然综合评价与管理对策等多维方向研究的总体趋势。任耀武在国内最早（1993年）提出生态移民概念，他认为生态移民是生态农业思想在移民中的应用，又可以称为“可持续性移民”或“可承受开发性移民”。继任耀武之后，我国形成了环境移民论、人口迁移论、生态环境退化论等理论。

综上所述，笔者认为生态移民亦称环境移民，系指原居住在自然、生态环境严重破坏地区、生态脆弱区、基本不具备人类生存条件地区的人口，搬离原来的居住地，在另外环境较好的地方定居，并重建家园的人口迁移。这种迁移方式，是有目的、有规划、有组织、有秩序的集体型人口迁移。例如，20世纪90年代，云南昭通高寒山区的苗族、怒江峡谷的傈族处于无水、无土、无林、无路的境地，从1996年起，云南省启动了移民试点工程。到了21世纪初，内蒙古自治区、宁夏回族自治区也相继实施了扶贫生态移民工程。上述省、区为确保扶贫生态移民工程的顺利实施，各自结合自身实际出台了相应的扶贫生态移民规划、政策和法规。贵州扶贫生态移民工程是推进贵州省生态文明建设的重要举措。2014年贵州省“两会”精神，要求贵州要紧紧守住“两条底线”：一是发展的底线；二是生态的底线，这充分说明贵州开展扶贫生态移民工程的重要性及其对贵州发展的重要性。党的十八大报告明确提出：“要实施重大生态修复工程，增强生态产品生产能力，推进荒漠化、石漠化、水土流失综合治理，扩大森林、湖泊、湿地面积，保护生物多样性。”贵州武陵山区、乌蒙山区、滇桂黔石漠化区等连片特困地区面临严重的贫困问题和生态环境问题。这些地区经济水平低下，人口压力大，生态系统十分脆弱，自然灾害频繁发生，居住在此地区大部分人的贫困属于生态贫困，即人们的基本生活需要因缺乏必要的客观物质条件而处于贫困状态。要促使生态贫困者脱贫，主要的途径是使他们从生态恶化的自然环境中脱离出来，即进行生态移民。而且，这些贫困地区具有十分重要的生态地位，是长江、珠江上游，事关长江三角洲、珠江三角洲的持续发展问题的关键。对上述地区实施生态移民，有利于消除这些地区贫困人口问题、有利于遏制这些地区生态环境恶化的趋势、有利于维护“两江”下游的生态安全，从而确保2020年全国全面建成小康社会理想目标的实现。贵州扶贫生态移民工程是推动成乡一体化进程的关键环节。党的十八大报告明确提出："加快完善城乡发展一体化体制机制，着力在城乡规划、基础设施、公共服务等方面推进一体化，促进城乡要素平等交换和公共资源均衡配置，形成以工促农、以城带乡、工农互惠、城乡一体的新型工农、城乡关系。"贵州生态移民工程将分散居住在生态脆弱、石漠化严重、高山深山、边远地区的农村贫困人口，集中搬迁到基础设施、公共服务较好的城镇或者产业园区居住，提高贵州省城镇化率，有利于推进贵州省城乡一体化进程。贵州扶贫生态移民工程有助于优化国土空间开发。党的十八大报告明确提出："国土是生态文明建设的空间载体，必须珍惜每一寸国土。给农业留下更多良田，给子孙后代留下天蓝、地绿、水净的美好家园。"贵州生态移民，就是将贫困人口从水土流失严重、石漠化严重、自然灾害频发、人口居住分散、饮水困难、交通不变的地区搬迁出来。这既可以使分散居住的贫困人口集中到基础设施和公共服务较完善的城镇或工业园区集中居住。同时，又可以让原居住地区的生态环境得到修复。贵州扶贫生态移民工程是促进各民族和睦相处、和衷共济、和谐发展的惠民工程。

一、贵州省扶贫生态移民工程建设的困难和问题

扶贫生态移民工程是省委、省政府实施的一项重要的扶贫工程、民生工程。2012年省启动扶贫生态移民工程以来，全省上下一心全力以赴抓好这项重要工程，工程在贵州省扶贫生态移民领导小组的直接领导下，在省内各相关地区扶贫生态移民安置点的共同努力下，贵州省扶贫生态移民工程建设取得了一定的成绩，但是仍然存在一系列困难。就目前而言，以贵阳市为例，2012年以来，贵阳市扶贫生态移民工程涉及修文、开阳、息烽三个县共五个安置点，涉及农村贫困人口456户2000人。贵阳市扶贫生态移民工程建设工作实施时间短，无现行经验可以借鉴，特别是在扶贫生态移民就业培训、就业途径、创业扶持等方面经验缺乏，还需要进一步研究探索。以毕节市为例，到2013年底，毕节市部分安置点房屋主体工程还未完工，其主要原因是工程启动晚。金沙县茶园乡、织金县桂果镇猫场村、纳雍县百兴镇、赫章县可乐乡四个安置点房屋基础在地勘时地质结构复杂出现异常，延长了工期。工程前期阴雨天气比较多，后期凝冻天气影响了工程正常施工。以黔南州为例，全州进度不平衡。由于个别工程点主要是农户自建工程资金困难，房屋第二层建设还未完成，影响整体工程进度。项目资金整合难度较大，工程基础设施缺口资金大，需逐步

解决。缺乏相应的土地、金融政策支持，相关办事程序复杂。扶贫生态移民安置房与廉租房整合部分移民安置点面临资金难以落实的困境。以六盘水市为例，受地理环境影响，安置点选址较为困难，缺乏统一规划。工程前期进度总体偏慢。扶贫生态移民工程与保障性住房结合难度大。补助标准低，市县地方配套压力较大。短期内自筹安置房建设资金难度大。以黔东南州为例，要求移民搬迁后对原宅地进行复垦，短时间内移民群众难以接受这样的做法。工程建设用地受土地计划指标影响，影响扶贫生态移民工程建设用地手续。整合廉租住房、扶贫生态移民安置房5年后才能办理房产证影响了移民群众申请住房贷款的积极性。州、县匹配资金问题。以黔西南州为例，黔西南州属于滇桂黔石漠化严重地区，贫困面广、贫困程度深、贫困发生率高。需要进行扶贫生态移民工程的人口较多，搬迁难度大，国家补偿标准低。以遵义市为例，部分项目县前期工作不扎实，安置点建设进度不均衡，总体工程进度未能达到省的要求。部分项目县没有形成工作合力。搬迁户长期居住在深山区和石山区，多数人没有一技之长，不懂经商，不懂技术，长期以来离不开土地，搬到城镇后，谋生技能较低，短期难以适应。征地和基础设施建设的大部分费用需要县级各部门解决，地方财政压力大。上级资金到位不及时，影响安置点建设速度。以铜仁、江口县为例，县级配套压力大，基础设施建设资金筹集困难。江口县2012年地方财政收入仅1.5亿元，财政支出9亿元以上，主要靠中央转移支付和银行贷款融资，县级配套资金压力较大。土地资源有限，移民安置用地越加困难。一方面随着城镇化步伐加快，江口县多年的房开项目和当前产业发展已征收占用了较多较好的城市规划土地，基本没有大面积不需要拆迁的土地，这就加大了工程建设成本。全省扶贫生态移民工程建设，由于在政策整合、管理机制、资金匹配、后继产业支撑等方面存在一系列困难，影响了扶贫生态移民工程建设的顺利推进。为此，根据各地的实际困难和问题，从总体上提出如下对策建议。

二、促进贵州扶贫生态移民工程建设的对策建议

（一）工程建设总体思路及方案

1. 宏观层面

一是要以科学发展观为指导，按照“强基础、扶产业、提素质、保民生、创机制、探路子”的建设思路，从贵州扶贫生态移民工程建设实际出发，创

新扶贫开发机制，加强基础设施建设；二是坚持“四坚持、五为主、四结合、一确保”的建设方案。即总的原则是坚持政府主导、群众自愿，坚持统筹规划、合理布局，坚持因地制宜、分类指导，坚持先易后难、有序推进。搬迁对象以居住在深山区、石山区特别是石漠化严重地区的贫困农户为主，以生态位置重要、生态环境脆弱地区的贫困农户为主，以三个集中连片特困地区和民族地区贫困农户为主。安置地以小城镇、产业园区为主，实施方式以发挥基层党委、政府和矿山企业积极性、农民自力更生为主。工程实施要与推进工业化、城镇化、农业现代化相结合，与发展旅游特色小城镇相结合，与农村危房改造相结合，与基础设施向县及县以下延伸相结合。三是通过周密组织、精心实施，确保顺利实现扶贫生态移民“搬得出、留得住、能就业、有保障”目标任务。

2. 中观层面

一是对省外扶贫生态移民工程建设中和贵州省按照《贵州省扶贫生态移民工程实施方案》（黔府办发［2012］14号、黔府办发［2013］3号）开展近一年来的扶贫生态移民工程中，各自取得的成功经验和做法进行分析提炼，得出若干启示，用以指导贵州扶贫生态移民工作。二是从贵州扶贫生态移民工程的具体工作情况分析入手，深入了解移民们的困难在什么地方，他们需要什么，对我们已制定出台的扶贫生态移民《实施方案》和相关现行政策进行调整，使《实施方案》和相关现行政策更加科学、更加规范、更加结合实际和具有可操作性。三是健全完善扶贫生态移民的“四大”制度和机制：产业扶持制度、劳动就业制度、房贷优惠制度、社会保障制度和搬迁补偿机制、安置点社区服务机制、劳务输出机制、教育培训机制。

3. 微观层面

一是认真编制扶贫生态移民工程总体规划、年度移民计划、向国家相关部委争取扶贫专项资金、建立年度政策实施情况评估指标体系并组织实施评估工作、督促相关部门扶贫生态移民工作。二是积极发挥财政“四两拨千斤”的杠杆作用，积极拓宽筹资渠道增加工程项目投入力度，严格控制其他支出，减少扶贫生态移民成本，完善机制提高财政运行的科学化水平。三是围绕移民安置区，切实做好移民后续产业、住房建设、就业培训、社会保障、户籍管理、社区治安、集市建设、道路建设、水利建设、网络电视、电力设施、排污设施、娱乐设施、健身设施、教育设施等各项移民安置工作。

（二）工程建设具体对策建议

1. 加强领导、落实责任制

一是全省各级各部门要充分认识实施扶贫生态移民的重要意义，把扶贫生态移民工程作为全省最大的民生工程、扶贫攻坚工程和生态环境建设工程予以落实，合力推进扶贫生态移民工程的实施。二是各级党委、政府要成立专门的生态移民工作领导小组及办公室，负责指导、协调、监督项目实施，并将生态移民工作纳入各级党政干部年度目标考核内容，实行党政“一把手”负责制，明确工作职责，分解落实目标任务，层层签订目标责任书。要高度重视加强县级扶贫生态移民机构和人才队伍建设，在合理进行工作人员配置的基础之上，还要加强其职业道德和专业技术培训。扶贫生态移民涉及住建、教育、人社、扶贫、民政、公安等相关部门，应充分发挥相关职能部门的作用，形成各级各部门齐抓共管的局面。

2. 科学规划、合理布局

一是科学编制年度生态移民规划。统筹考虑不同区域的搬迁任务和安置能力，合理确定生态移民的重点区域和优先群体，有计划、有组织的实施搬迁。统筹考虑移民点住房建设和公共设施建设。二是合理布局各移民安置点。不仅要考虑安置点基础设施建设，而且要考虑当地环境容量特别是土地资源和水资源承载力的大小。不仅要考虑便于搬迁，而且符合贵州未来城市化布局。不仅要保证安置点基础设施建设质量，而且要花大力气在文化、教育、科学技术等部门的建设上。三是科学规划安置点布局。移民安置点尽量选择在县城区、园区、城镇，有利于解决农民的生存和发展问题，又加快城镇化的推进和园区的用工保障。集中向规模大的安置点规划，便于功能设施配套。高标准、高起点规划，与城镇总体规划衔接。做到安置点建设风格与民族特色相结合，将安置点建成靓丽的风景线。移民搬迁量大面宽，除住房外，移民安置的前期准备和相关基础设施配套包括土地征用、水、电、路等基础设施及教育、医疗卫生等配套服务设施，涉及国土、水利、住建、交通、电力、电信、教育、卫生等多个部门。因此，在编制扶贫生态移民规划时，全部实行统规统建模式，确保项目质量、安全和进度的统一。四是要加大协调力度。依据生态移民规划，加强各部门规划横向沟通和纵向联系，在移民对象的确定、户籍核查、移民培训、务工就业、社会保障、子女教育等各方面进行全面对接，统筹部门的资金和项目优先向移民安置点倾斜，加快移民搬迁安置点尽早完善基础设施及配套服务体系建设。

3. 加大宣传、营造氛围

一是充分运用新闻媒体向广大移民宣传国家扶贫生态移民惠民政策，向他们宣传报道移民搬迁的好经验、好做法、好典型，营造大家理解、支持和积极参与扶贫生态移民工作的良好氛围。二是做到群众早发动、计划早安排、措施早制定、人员早到位、工程早启动、任务早完成。三是加强惠民政策宣传，提高移民的积极性。贫困群众居住的地方虽然偏僻，但“金窝银窝不如自家穷窝”的陈旧观念浓厚，不愿意搬迁到“人生地不熟”的地方，更不敢主动去融入新的生活环境。因此，必须按照“政府引导、群众自愿”的原则，通过典型示范，大力宣传和引导，努力实现贫困群众从“要我搬迁”到“我要搬迁”、要我致富到我要致富的根本性转变。充分利用省、市（州）、县三级的宣传资源，形成宣传合力。紧紧围绕扶贫生态移民工程的主线，突出政策宣传、工作宣传、示范宣传，广泛宣传生态移民工作的成绩和典型经验，充分发挥典型示范带动作用，进一步营造全社会重视、参与、支持生态移民的良好氛围，推进扶贫生态移民工程建设。加强群众教育引导，深入乡村、农户，以展示移民群众身边的可喜变化为宣传核心，积极引导移民群众发扬自力更生、艰苦奋斗的优良传统，激发广大移民群众脱贫致富的决心和信心。

4. 政策配套、合力推进

一是扶贫生态移民工程是一项系统工程，需要整合相关职能部门的力量合力推进这项工作，配套政策必不可少；二是需要住房、土地、社保、户籍、就业、财税、环保、交通、电力、水利、教育、社保等一系政策支撑；三是需要制定扶持政策和优惠政策使移民在安置点“稳得住”。

5. 整合资金、形成合力

一是按照“渠道不乱、用途不变、各负其责、各记其功”的原则，从省级层面整合扶贫、以工代赈、农村危房改造、新农村建设、小城镇建设、环境整治、土地整治、农村安全饮水、小流域治理、通村油路、财政“一事一议”奖补政策、地质灾害搬迁、石漠化治理、生态治理、产业发展等项目资金，直接下达到各县安置点用于基础设施建设、社会事业和产业发展。二是从省级层面对扶贫生态移民工程相关的其他职能部门在规划设计、产业扶持、资金拨付、项目整合、基础设施、就业培训、质量监督等方面各自的责任进行明确，形成上下联动，分工协作，齐抓共管的良好局面，合力推进扶贫生态移民工程建设。三是整合有效资源，加大投入力度。课题组通过调查表明，无论是贫困程度的深浅，还是统建或自建，搬迁户在异地安置后大部分都不同程度地承担着债务。建议整合各类农村基础设施建设资源，统筹安排，打捆使用，形成长效机制，使移民群众享受到国家多重优惠政策，减轻他们的债务压力，同时给予移民户政策倾斜和优惠，为移民户提供更多的就业机会，以便使其在搬迁之后能很快恢复，从而使经济得到持续发展。安置点配套基础设施建设缺乏有较的资金投入保障，虽然允许整合各部门资金用于安置点基础设施建设，但这些项目资金的最大支配权仍在上级主管部门，落到县级时资金投向已固定，整合难度较大，即使部分项目进行了整合，但因资金到位时机和报账方式不统一，各单项工程也无法统一施工、统一竣工。建议从省级层面进行统一整合，下达整合项目资金文件。

6. 重点扶持、后续产业

（1）为实现“留得住、能就业、有保障”这一目标要求，以扶持移民助推城镇化建设为主线，以工业园区、特色种养、现代农业、乡村旅游助推城乡经济发展。（2）由国家和省里大力给予资金、技术和人才支持，着力带动移民安置区附近产业发展，带动移民就业，不断探索和实践扶贫生态移民发展新路子。主要是抓好扶贫生态移民搬迁后的政策扶持、就业帮扶、创业帮助、劳动培训等后续工作。第一，积极开展就业培训。积极协调有关部门组织扶贫生态移民中的青壮年劳动力开展针对性的职业技术培训，提高其职业技能，增强就业能力，满足产业园区用工需要。第二，积极推动就业落实。对在前期工作中已与安置点附近企业、园区签订用工协议的，积极推动就业落实。首先是做好企业、园区岗位需求情况调查，协调用工事宜。其次是对搬迁农户中满足企业、园区用工需要的劳动力进行摸底登记。再次是在有条件且已搬迁入住的项目县，积极开展企业、园区用工工作对接和就业试点。第三，积极拓展就业渠道。积极鼓励和支持扶贫生态移民利用自身有利条件自主创业，从事农产品加工、商品经营、餐饮、运输等二、三产业。协调相关部门制定和完善相关扶持政策，为扶贫生态移民创业提供政策上的支撑。加强就业宣传力度，积极引导和调动扶贫生态移民自主创业的积极性。推动各项创业优惠政策和扶持措施的落实，为扶贫生态移民自主创业提供有力条件；（3）加快产业发展。第一，认真落实中央、省、州关于大力推进个体私营等非公有制经济又好又快发展的意见，把发展非公有制经济与增加移民就业、改善移民生产生活条件相结合，在创业上给予移民户更多的政策倾斜和优惠，特别是要用好用足当前三个“十五万”扶持微型企业发展及妇女创业小额贷款政策，积极动员和鼓励支持移民群众发展微型企业并入住园区标准厂房，形成集约化发展，带动更多移民群众就业。第二，着力培育壮大各移民安置点优势特色产业。着力盘活农村土地资源，加快土地流转，大力发展农业规模经营，建设一批农业产业示范基地，推进现代农业发展。着力扶持一批自我发展能力强、辐射带动作用大的农业产业化龙头企业和种养大户，增强市场竞争力。第三，通过财政贴息、项目补助等方式，扶持企业采取“龙头企业+大户带农户+基地”的产业发展模式，不断做大盘强，提高农民组织化、产业规模化、产品市场化程度，稳定增加各安置点移民的收入。

7. 加强教育、提高素质

一是加强移民实用技术学习培训，有针对性地对移民进行技术和知识培训，让他们比较系统地掌握生产和生活技能，旨在提高移民生存发展能力，实现稳得住、能致富、能融入。二是对于未成年人，一定要保证他们全部享受9年普通义务教育和3年的职业义务教育，以确保移民新生代的科学文化素质的提高，实现其可持续发展。三是提高移民就业能力：第一，要以就业为导向，着眼长远，充分利用州级民族技术学院和各县市职业高中等教学资源，整合“阳光工程”“雨露计划”等专项培训经费，采取联合办学模式，建设移民培训就业基地，建立健全移民就业培训长效机制。第二，给合园区产业发展用工、农业产业化展、城镇就业需求，利用移民就业培训基地，按照“一户一就业”要求有针对性的开设短期技工培训班，培训结束优先安排到园区企业或公益性岗位就业，使移民群众尽快实现就业，经济得到持续发展。通过强化职业技能培训，切实提高移民群众的就业能力，引导和帮助移民群众转变就业方式，逐步向第二、第三产业转移，逐步实现农民向产业工人，产业工人向市民转变。

8. 突出特色、传承文化

一是在具备条件的地方建立民族文化村（安置点），探索民族文化与旅游结合的发展之路。二是在移民安置点的建筑特色上要体现民族文化的完整性和传承性，注意保持各民族建筑的特色和风格。把建筑当成民族文化传承的符号，充分提炼民族建筑元素，用现代手法发挥独具民族特色的民居风格和错落有致的居家风格。这同时是对移民们在文化、宗教、社会、传统、心理等多方面的人文关怀，可以提高移民们对新安置区的社会适应性和增强移民们的社区认同感。

9. 协调发展、城乡一体

一是通过扶贫生态移民实现贵州省人口聚集、财富聚集、技术聚集、服务聚集，从而实现农业人口功能的转变。把生态移民和城镇化结合起来，通过城镇化的建设，创造出更多的就业岗位，促使移民从农业人口转变为非农业人口，迅速脱贫致富，推进城乡一体化的进程。二是紧紧抓住实施工业强省和城镇化带动战略的历史机遇，依托各地产业园区建设和二三产业的发展，选择县城、重点乡镇政府所在地、工业园区以及有条件的乡村旅游开发区对生态移民进行集中安置，最终实现城乡一体化。三是加强社会保障。全面推行居住证制度，移民群众凭居住证在就业、社保、医疗、就学等方面，与当地居民享受同等待遇。搬迁后，扶贫生态移民在原住地享受的最低生活保障、医疗救助、新农合补助、养老保险等坚持政策不变，由搬出地、迁入地政府安排做好转移接续工作，解除移民后顾之忧。对孤寡、智障等丧失劳动能力的、又无法定赡养、抚养、扶养人的搬迁对象，由当地政府安排到福利院、敬老院集中供养。对符合低保条件的扶贫生态移民纳入低保对象（新建安置房或购买安置房不作为衡量条件）。四是统筹城乡协调发展。通过城镇化的建设，创造出更多的就业岗位，促使移民从农业人口转变为非农业人口，迅速脱贫致富。制定和完善相关产业扶持政策，进一步加大对后续产业的支持力度，积极扶持特色优势产业发展，引导和扶持搬迁户从事农产品加工、商品经营、餐饮、运输等二、三产业。重点选择在县城、乡镇政府所在地以及有条件的乡村旅游开发区，对移民进行集中安置，将扶贫生态移民和新型城镇化建设紧密结合起来，统筹推进城乡一体化发展。

10. 做好评估、促进工程建设

与扶贫、财政、农业、林业、统计等部门做好扶贫生态移民工程脱贫致富和生态保护效果的评估。通过采取座谈（座谈对象包括移民群众、基层移民干部、受影响非移民群众代表等）、填写相关调查表格和问卷、实地察看移民情况等形式，收集移民相关信息，做好评估工作，进一步做好移民后续管理和保障。加强督查通报和调度工作，力求通过督查查找问题、发现问题、解决问题，以此推进全省扶贫生态移民工程建设。进一步深化对移民资金监管工作重要性的认识，加强移民思想政治工作，充分发挥主管部门、纪检监察部门的监督作用，切实抓好移民资金审计，围绕移民工作重点，提高各级干部的素质，抓好预防和教育工作，加大对违法违纪案件的惩处。

11. 加强生态建设、实施综合治理

进一步重视自然生态建设，细化生态建设工作目标，从实际出发，因地制宜，采取生物措施、工程措施、技术改造和农艺措施相互配套，整合资金，开展以增加森林面积、恢复和扩大林木植被为主的退耕还林、天然林保护、湿地保护、树木种苗和自然资源保护、石漠化综合治理等工程建设以及支持企业、集体和个人在迁出点承包国有或农村集体所有土地实施生态农业项目，诸如林木种苗培育基地、花卉种植基地、生态观光、农业科研、生态农牧场等项目建设，多管齐下，综合治理，发挥整体效益，切实恢复治理生态环境。

主要参考文献

[1] 任耀武，袁国宝，季凤瑚. 试论三峡库区生态移民［J］. 农业现代化研究，1993（1）：27－29.

[2] 刘学敏. 西北地区生态移民的效果与问题探讨［J］. 中国农村经济，2002（4）：47－52.

[3] 孟琳琳，包智明. 生态移民研究综述［J］. 中央民族大学学报（哲学社会科学版），2004（6）：48－52.

[4] 周华坤，赵新全，张超远等. 三江源区生态移民的困境与可持续发展策略［J］. 中国人口·资源与环境，2010，20（3）（专刊）：185－188.

[5] 李锦. 四川横断山区生态移民的风险与对策研究［J］. 中央民族大学学报（人文社会科学版），2008（2）：51－56.

[6] 熊春文，李敏，赵劲. "土安置"愿移民模式的经验与反思——以江西省遂川县为例［M］//张继焦. 生态移民的环境社会学研究. 北京：民族出版社，2009：253－267.

[7] 2012年扶贫生态移民工程实施方案（黔府发［2012］14号）.

[8] 2013年扶贫生态移民工程实施方案（黔府发［2013］3号）.

新时期贵州连片特困地区扶贫开发与美丽乡村建设研究*

吴　杰**

摘　要

对贵州而言，进行美丽乡村建设，就必须将全省连片特困地区扶贫开发与美丽乡村建设融为一体，从战略目标和行动实践上有机统一起来。本文重点分析贵州省连片特困地区扶贫开发现状、美丽乡村建设现状以及贵州连片特困地区扶贫开发与美丽乡村建设面临的问题，提出了贵州连片特困地区美丽乡村建设发展思路、发展重点、发展目标，结合贵州三大连片特困地区扶贫开发的主要发展指标，构建了贵州连片特困地区美丽乡村建设的指标体系，提出了推进新时期贵州连片特困地区扶贫开发与美丽乡村建设协调发展的对策与建议。

关键词

贵州连片特困地区　扶贫开发　美丽乡村建设

一、前　言

建设十八大提出的“美丽中国”，就必须从建设美丽乡村开始。对贵州而

* 基金项目：2013 年贵州省科技厅—贵州省社科院联合基金项目，黔科合体 R 字［2013］LSK2007 号。

** 吴杰，贵州省社会科学院区域经济所副研究员，研究方向：农村区域经济。

言，进行美丽乡村建设，就必须将全省连片特困地区扶贫开发与美丽乡村建设融为一体，从战略目标和行动实践上有机统一起来。自从党的十六届五中全会提出建设社会主义新农村的重大历史任务后，“十一五”期间，全国很多省市按照社会主义新农村建设的目标和具体要求，纷纷制定了美丽乡村建设行动计划并付之行动。特别是2008年，浙江省安吉县正式提出“中国美丽乡村”计划，出台了《建设“中国美丽乡村”行动纲要》。几年来，安吉的“中国美丽乡村”建设在全国引起强烈反响，成为全国关注的焦点。“十二五”以来，受安吉县“中国美丽乡村”建设的成功影响，许多省市纷纷启动了“美丽乡村”建设，“美丽乡村”建设已成为中国社会主义新农村建设的代名词。而2011年颁布的《中国农村扶贫开发纲要（2011—2020年）》，使14个连片特困地区成为了扶贫攻坚主战场，贵州省有65个县分别纳入武陵山片区（15个）、乌蒙山片区（10个）和滇黔桂石漠化片区（40个）三个片区。后按三大片区规划增加了余庆县、钟山区、兴义市、凯里市和都匀市五个县（市、区），涵盖了全省70个（市、区、特区）。按照2300元的贫困标准，三大片区就覆盖了89%的贫困人口。因此，进行新时期贵州连片特困地区扶贫开发与美丽乡村建设研究，分析如何利用贵州省特色的生态自然、民族文化，培育特色产业，完善基础设施，加强生态、环境建设，提高农民收入，使贵州省连片特困地区扶贫开发不断促进美丽乡村建设，确保在美丽乡村建设中推进扶贫开发，具有十分重要的意义。

二、新时期贵州连片特困地区扶贫开发与美丽乡村建设现状与问题

（一）贵州三大连片特困地区扶贫开发现状

1. 三大连片特困地区涉及的区域范围

按照《中国农村扶贫开发纲要（2011—2020年）》精神，2012年，全国范围划定的“11+3”个连片特困地区中，共有武陵山区、乌蒙山区、滇桂黔石漠化区三大片区65个县（市、区、特区）（详见表1）涉及贵州省，其中武陵山区包括遵义市和铜仁市的15个县（区、特区），乌蒙山区包括遵义市和毕节市的10个县（市、区），滇桂黔石漠化区包括六盘水市、安顺市、黔西南州、黔东南州、黔南州的40个县（市、区、特区）。

表 1　2012 年国务院扶贫办公布涉及贵州三大连片特困地区范围

武陵山区（15）	遵义市	正安县、道真仡佬族苗族自治县、务川仡佬族苗族自治县、凤冈县、湄潭县
	铜仁市	碧江区、江口县、玉屏侗族自治县、石阡县、思南县、印江土家族苗族自治县、德江县、沿河土家族自治县、松桃苗族自治县、万山特区
乌蒙山区（10）	遵义市	桐梓县、习水县、赤水市
	毕节市	七星关区、大方县、黔西县、织金县、纳雍县、威宁彝族回族苗族自治县、赫章县
滇桂黔石漠化区（40）	六盘水市	六枝特区、水城县
	安顺市	西秀区、平坝县、普定县、镇宁布依族苗族自治县、关岭布依族苗族自治县、紫云苗族布依族自治县
	黔西南布依族苗族自治州	兴仁县、普安县、晴隆县、贞丰县、望谟县、册亨县、安龙县
	黔东南苗族侗族自治州	黄平县、施秉县、三穗县、镇远县、岑巩县、天柱县、锦屏县、剑河县、台江县、黎平县、榕江县、从江县、雷山县、麻江县、丹寨县
	黔南布依族苗族自治州	荔波县、贵定县、独山县、平塘县、罗甸县、长顺县、龙里县、惠水县、三都水族自治县、瓮安县

武陵山区、乌蒙山区、滇桂黔石漠化区三大片区的《区域发展与扶贫攻坚规划》（2011—2020 年）启动后，涉及贵州省的范围增加了 5 个县（市、区），涵盖了全省 70 个（市、区、特区）（详见表 2）。其中：武陵山区增加余庆县，滇桂黔石漠化区增加了钟山区、兴义市、凯里市和都匀市。

表 2　贵州三大连片特困地区规划范围

武陵山区（16）	遵义市	正安县、道真仡佬族苗族自治县、务川仡佬族苗族自治县、凤冈县、湄潭县，余庆县
	铜仁市	碧江区、江口县、玉屏侗族自治县、石阡县、思南县、印江土家族苗族自治县、德江县、沿河土家族自治县、松桃苗族自治县、万山特区
乌蒙山区（10）	遵义市	桐梓县、习水县、赤水市
	毕节市	七星关区、大方县、黔西县、织金县、纳雍县、威宁彝族回族苗族自治县、赫章县
滇桂黔石漠化区（44）	六盘水市	六枝特区、水城县，钟山区
	安顺市	西秀区、平坝县、普定县、镇宁布依族苗族自治县、关岭布依族苗族自治县、紫云苗族布依族自治县

续表

乌蒙山区（10）	黔西南布依族苗族自治州	兴仁县、普安县、晴隆县、贞丰县、望谟县、册亨县、安龙县，兴义市
	黔东南苗族侗族自治州	黄平县、施秉县、三穗县、镇远县、岑巩县、天柱县、锦屏县、剑河县、台江县、黎平县、榕江县、从江县、雷山县、麻江县、丹寨县，凯里市
	黔南布依族苗族自治州	荔波县、贵定县、独山县、平塘县、罗甸县、长顺县、龙里县、惠水县、三都水族自治县、瓮安县，都匀市

2. 三大连片特困地区扶贫开发现状

尽管经过贵州省长期以来的努力，农村扶贫开发取得了巨大的成绩，农村基本结束了总体贫困的历史。扶贫开发已经从以解决温饱为主要任务的阶段转入解决“两不愁、三保障”的新阶段。但是，由于各种因素的影响，贵州仍是全国贫困人口最多、贫困面最大、贫困程度最深的省份，特别是三大连片特困地区。2011年，按照国家2300元的新扶贫标准，全省还有1149万贫困人口，贫困发生率为33.4%，其中：武陵山区的16个县（区、特区）农村贫困人口数为209.62万人，占全省农村贫困人口数的18.2%，农村贫困发生率为33.8%，农民人均纯收入仅为4156元，人均粮食产量286千克；乌蒙山区的10个县（市、区）农村贫困人口数为376.42万人，占全省农村贫困人口数的24.7%，农村贫困发生率为44.8%，农民人均纯收入仅为4345元，人均粮食产量288千克；滇桂黔石漠化区的44县（市、区、特区）农村贫困人口数为529.74万人，占全省农村贫困人口数的46.1%，农村贫困发生率为39.1%，农民人均纯收入仅为4206元，人均粮食产量238千克；武陵山、乌蒙山、滇桂黔石漠化3个区域70个县（市、区、特区）集中全省贫困人口的89%（详见表3）。

表3 2011年贵州省三大连片特困地区贫困情况

名称	农村贫困人口（万人）	占全省农村贫困人口比重%	农村贫困发生率%	农民人均纯收入（元）	人均粮食产量（千克）
武陵山区	209.62	18.2	33.8	4156	286
乌蒙山区	376.42	24.7	44.8	4345	288
滇桂黔石漠化区	529.74	46.1	39.1	4206	238

数据来源：贵州省统计局编《贵州统计年鉴2012》，中国统计出版社，2012。

同时，三大连片特困地区70县（市、区、特区）经济发展水平在全省也处于较低位置。2011年，三大地区70县（市、区、特区）生产总值合计3095亿元，仅占全省88县（市、区、特区）合计的54%；人均生产总值11753元，仅占全省88县（市、区、特区）人均的77%。第一产业增加值合计580亿元，仅占全省的78%；第二产业增加合计1228亿元，仅占全省的50%，其中工业增加合计1035亿元，仅占全省的50%；第三产业增加合计1330亿元，仅占全省的53%。固定资产投资合计2479亿元，仅占全省的57%；财政一般预算收入合计240亿元，仅占全省的55%（详见表4）。

表4 2011年贵州省三大连片特困地区经济发展情况

	生产总值（亿元）	人均生产总值（元）	第一产业（亿元）	第二产业（亿元）	工业（亿元）	第三产业（亿元）	固定资产投资（亿元）	财政一般预算收入（亿元）
武陵山区	530	11441	156	138	121	236	424	26
乌蒙山区	765	11537	152	327	271	308	686	60
滇桂黔石漠化区	1800	12280	272	763	643	786	1369	154
合计或平均	3095	11753	580	1228	1035	1330	2479	240
占全省88县的%	54	77	78	50	50	53	57	55

数据来源：贵州省统计局编《贵州统计年鉴2012》，中国统计出版社，2012。

（二）贵州美丽乡村建设现状

1.2006年以来的新农村建设为美丽乡村建设打下坚实基础

2006年，贵州省委、省政府决定，“十一五”期间，在全省范围内抓好100个社会主义新农村试点村建设，各地也结合自身实际，确定了其中市（州、地）级试点177个、县级试点705个、乡镇级试点1037个新农村试点，加上103个省级试点村，全省共确定了2022个新农村建设试点村。2006年到2010年，在“百村试点”和其他各级试点的示范带动下，贵州新农村建设取得了显著成效。一是一批特色专业村逐步形成，农民收入增加。二是大部分试点村的水、电、路等基础设施都比2006年以前有了明显的改观。在不断完善基础设施条件的同时，通过制定村规民约、房屋新建改建、院落环境治理、培养农民卫生习惯等方式不断改善农村人居环境，试点村村容村貌和人居环境明显提高。部分试点村已经完全摆脱了过去“脏、乱、差”的形象，呈现出一片干净、整洁、具有浓郁地域特色的农村风景。三是农民主体意识不断提高，建设"家园"的积极性和主动性不断增强，农民在新农村建设中的主体作用进一步凸显。

2011年，贵州在"十一五"新农村建设的基础上，开展新农村建设"整乡推进"试点工作，确定全省实施"整乡推进"试点乡镇17个。2011年至2012年，各试点乡镇特色产业壮大，农民收入增加，农村基础设施不断完善，民主管理水平不断提高，为全省社会主义新农村建设树立了榜样，推动了全省社会主义新农村建设[1]。

2. "四在农家·美丽乡村"新农村建设创建

2013年，贵州新农村建设进入"四在农家·美丽乡村"创建阶段。1月，省委农村工作会议在贵阳举行，省委书记赵克志在批示中指出，要以新农村建设为载体，深入开展"四在农家·美丽乡村"创建活动，加快农村公共事业发展。2月底，"中国美丽乡村·万峰林峰会"在兴义市召开，北京新发地村、江苏永联村、贵州纳灰村等50个美丽乡村的代表在万峰林峰会上宣布，结成"中国美丽乡村联盟"。5月，贵州省农业委员会发布了《省农委关于开展"四在农家·美丽乡村"新农村建设示范点创建工作的意见》(黔农发〔2013〕117号)，《意见》提出了"四在农家·美丽乡村"示范点创建工作的总体要求、实施原则、主要任务和保障措施，全省55个村寨成为"四在农家·美丽乡村"新农村建设示范点（详见表5），其中44个示范点处于三大片区范围。与以前不同的是，"四在农家·美丽乡村"示范点的投入将比以前更集中，示范点以30户左右自然村寨为单元，2013年度省级新农村建设专项资金全部用于建设，同时要求各示范点每年整合项目资金比例不低于所申请省级新农村建设专项补助资金的3倍。

表5 贵州省2013年度省级"四在农家·美丽乡村"新农村建设示范点名单

地区	示范点
贵阳市	1. 白云区牛场乡蓬莱村平山 2. 白云区牛场乡阿锁村大寨 3. 清镇市红枫湖镇大冲村上寨组 4. 清镇市红枫湖镇大冲村刘官堡 5. 花溪区久安乡久安村牛昌坝 6. 花溪区黔陶乡黔陶村老榜河
遵义市	7. 凤冈县永安镇田坝村孙家寨 8. 正安县瑞溪镇燕子坝村鲁家坪寨 9. 湄潭县兴隆镇兴隆村新寨组 10. 湄潭县洗马乡新场村董家湾组 11. 汇川区板桥镇娄山关村金钟组 12. 遵义县龙坑镇梳池村枫香亭组 13. 遵义县南白镇民主村竹林组

[1] 《贵州省新农村建设"整乡推进"工作有序推进 三年内建成一批先进典型示范乡》，贵州农经网。

续表

地区	示范点
六盘水市	14. 盘县旧营乡杨松村小闸门口 15. 水城县米箩乡俄戛村螺丝寨 16. 水城县米箩乡俄戛村打铁寨 17. 水城县米箩乡倮么村马鞍寨 18. 水城县玉舍乡青松村新河寨
安顺市	19. 西秀区大西桥镇江常村长山组 20. 西秀区大西桥镇小寨村下寨组 21. 黄果树管委会黄果树镇石头寨村 22. 平坝县羊昌乡昌河村大坝组 23. 平坝县羊昌乡黄土村独山组
毕节市	24. 七星关区朱昌镇双堰村四组 25. 黔西县杜鹃花办事处乌骡坝社区一组 26. 黔西县绿化乡大海子村大寨组 27. 百里杜鹃普底乡永丰村院墙组 28. 双山新区梨树镇上小河村六组 29. 金沙县平坝乡新庄村九组
铜仁市	30. 松桃县正大乡官舟村官舟寨 31. 松桃县盘信镇马台村马台寨 32. 印江自治县木黄镇凤仪村喻家寨 33. 印江自治县木黄镇昔坪村昔坪寨 34. 印江自治县新业乡芙蓉村下寨 35. 江口县太平镇梵净山村寨沙组 36. 江口县太平镇寨抱村寨抱组
黔东南州	37. 雷山县西江镇西江新村 38. 镇远县舞阳镇黄桑田村半边街自然寨 39. 麻江县贤昌乡高枧村湾组 40. 麻江县下司镇淑里村淑里自然寨 41. 黄平县新州镇学坝村沙坝组 42. 丹寨县龙泉镇卡拉村 43. 施秉县甘溪乡望城村何家坝组
黔南州	44. 龙里县羊场镇走马新寨 45. 龙里县羊场镇走马寨 46. 龙里县湾寨乡赵家庄 47. 贵定县沿山镇星溪村马坝寨 48. 贵定县巩固乡石板村小湾寨 49. 都匀市奉合乡椰木寨 50. 荔波县朝阳镇八烂村寨省自然寨
黔西南州	51. 兴义市鲁屯镇七一村大不懂组下寨 52. 兴义市鲁屯镇七一村大不懂组上寨 53. 普安县江西坡镇联盟村黄泥坡组 54. 兴仁县李关乡蔗鸪园村新房子组 55. 贞丰县者相镇纳孔村大寨组

资料来源：贵州省农委。

8月18日，省委、省政府在六盘水召开座谈会，研究部署进一步推进“四在农家·美丽乡村”建设有关工作。会上，赵克志书记在讲话中指出，在全省推广“四在农家”典型经验、建设“美丽乡村”，是贯彻党的十八大精神和习近平总书记关于加快农村和贫困地区小康建设有关要求的具体举措，是推进扶贫开发、加快农村经济社会发展的重要突破口，是解决贵州省农村基础设施薄弱、人居环境脏乱差问题的客观需要，是加强农村社会管理和精神文明建设的重要抓手。陈敏尔省长指出，根据省委关于“四在农家·美丽乡村”建设总体要求，省政府正在部署开展“小康路、小康水、小康房、小康电、小康讯、小康寨”六大行动计划[1]。8月23日，《中共贵州省委办公厅贵州省人

[1] 《贵州省委省政府召开“四在农家·美丽乡村”建设工作座谈会》，news. gog. com. cn，2012年8月。

民政府办公厅关于深入推进"四在农家·美丽乡村"创建活动的实施意见》(黔党办发〔2013〕17号)发布,《意见》指出:"目前'四在农家·美丽乡村'已有16000多个创建点,覆盖9000多个村、占全省行政村总数的50%,受益群众达1500多万人,在全国产生了广泛影响,是贵州省在'三农'工作中创造的成功做法,成为贵州省社会主义新农村建设的一张亮丽名片。""创建点覆盖率每年总体上要以10%的增速递增,力争到2015年创建点覆盖70%以上的行政村,到2017年覆盖90%以上的行政村,到2018年实现"四在农家·美丽乡村"创建全覆盖。通过示范带动、深化拓展,使全省农业更加发展、农村更加繁荣、农民生活更加幸福,到2020年彻底改变贵州农村贫困落后的面貌,实现全面小康。"❶

(三)贵州连片特困地区扶贫开发与美丽乡村建设面临的问题

1. 面临生态环境脆弱与生产生活条件差的双重困境

贵州省岩溶地貌发育成熟,生态环境十分脆弱,岩溶出露面积占全省总面积的61.92%,是全国石漠化面积最大、等级最齐、程度最深、危害最重的省份,截至2011年底,全省石漠化面积302.38万公顷,占全省国土面积的17.16%,潜在石漠化面积325.56万公顷,占全省国土面积的18.48%。从石漠化的分布状况来看:武陵山区的铜仁市,石漠化面积就有27.92万公顷;乌蒙山区的毕节市,石漠化面积59.84万公顷,占全省的19.79%;滇桂黔石漠化区的安顺市、黔西南州、六盘水市、黔东南州,石漠化面积分别为32.99万公顷、35.92万公顷、28.36万公顷、13.14万公顷,其中安顺市、黔西南州、六盘水市的石漠化发生率就排在全省的前3位,分别为47.35%、39.69%、36.87%❷。而且,脆弱的生态容易导致自然灾害频发,近年来冰雹、洪涝、干旱、滑坡、泥石流、凝冻等自然灾害出现频率加快。2008年的凝冻,2010年和2011年大旱,给全省经济造成了巨大的损失。2008年、2010年、2011年,全省受灾人口分别高达2935万人次、2633万人次和2883万人次,农作物受灾面积分别达到211.9万公顷、195.64万公顷和253.75万公顷,造成直接经济损失高达488.22亿元、179.77亿元和250.67亿元(详见表6)。

---

❶ 《中共贵州省委办公厅贵州省人民政府办公厅关于深入推进"四在农家·美丽乡村"创建活动的实施意见》,www.anshun.gov.cn,2012年8月。

❷ 贵州省林业厅,《贵州省石漠化状况公报》,www.gzforestry.gov.cn,2012。

表6 贵州省2008—2011年自然灾害情况

指　　标	2008年	2009年	2010年	2011年
遭受自然灾害县个数（个）	88	84	86	88
受灾人口（万人次）	2935.00	1687.12	2633.40	2883.44
农作物受灾面积（万公顷）	211.90	89.16	195.64	253.75
因自然灾害造成直接经济损失（亿元）	487.22	35.60	179.77	250.67

数据来源：贵州省统计局编《贵州统计年鉴2012》，中国统计出版社，2012。

同时，贵州连片特困地区农村生产生活条件比较差，基础设施欠账大。来自相关研究的结果显示[1]：滇桂黔石漠化区的黔东南州，建制村通水泥公路的仅有33%左右，全州有一半的自然村不通公路，许多行政村卫生室处“空巢”状态，无卫生员、无药品、无医疗器械，很多新建的村无卫生室。黔西南州的工程性缺水问题十分突出，还有193万人没有解决饮水的安全问题，许多村至今还没有卫生室。黔南州的通村路绝大部分是无等级路，基本未铺装路面，耕地灌溉率仅为28%，并且灌溉设施标准低，老化失修情况严重，病险水库达130座，安全隐患突出。农村居民生活水源缺乏，150万人存在饮水安全问题。乌蒙山区的毕节市到2011年底，尚有50%以上行政村未通油路（水泥路），而且建成的通村公路质量差、等级低，多数村还未实施二期农网改造。来自课题组的调研显示，其中1个调查村至今仍有1个村组未通公路，部分人畜安全饮水未解决，全村387户农户中有209户是危房；51户调查农户中，18户仍住危房，2户未通饮用自来水，没有使用沼气的农户。另一个调查村仍有三个自然寨未通公路，农田沟渠年久失修，全村303给农户中有103户危房；33户调查农户中，3户仍住危房，均未通饮用自来水，只有2户使用沼气（详见表7）。

表7 调查村农户生活条件

单位：户

村名	全村农户数	全村危房数	调查农户	危房数	通饮用自来水	使用沼气
J村	387	209	51	18	49	0
Y村	303	103	33	3	0	2

数据来源：课题组调查数据。

[1] 贵州农村开发扶贫蓝皮书课题组在贵州9个市、州扶贫办的调研，2012。

2. 较低的地方财政收入和较低的农民收入影响扶贫开发和美丽新村建设的投入能力

2011年，贵州省三大特困片区70县（市、区、特区）财政一般预算收入合计240亿元，仅占全省88县（市、区、特区）总计的55%。武陵山区农民人均纯收入仅为4156元，乌蒙山区农民人均纯收入仅为4345元，滇桂黔石漠化区农民人均纯收入仅为4206元，都只略高于全省人均水平。来自课题组的调研显示，2012年，其中1个调查村没有集体经济收入，农民人均纯收入3200元，仅是全县4400元的73%；另一个村集体经济收入也仅有14000元，农民人均纯收入2016元，仅是全县4255元的47%（详见表8）。

表8　调查村农村经济情况

村名	村集体经济个数（个）	集体经济年均收入（万元）	农民人均纯收入（元）
J村	0	0	3200
Y村	1	14000	2016

数据来源：课题组调查数据。

3. 较低的农民文化水平和较多的农民外出务工影响扶贫开发和美丽新村建设中农民主体作用

贵州农村劳动力受教育程度低。2010年，贵州省农村劳动力受教育年限为7.14年，其中每百个劳动力中，文盲或半文盲、小学、初中教育程度的劳动力占90.58%。2011年贵州省农村劳动力受教育年限下降到了7.07年，其中每百个劳动力中，文盲或半文盲、小学、初中教育程度的劳动力上升到占92.15%（详见表9）。

表9　贵州农村劳动力受教育情况　　单位:%

指　　标	2010年	2011年
文盲或半文盲	12.32	10.29
小学程度	35.70	38.63
初中程度	42.56	43.23
高中程度	6.59	3.78
中专程度	1.91	1.69
大专以上	0.92	1.31
劳动力平均受教育年限	7.14	7.07

数据来源：贵州省统计局编《贵州统计年鉴2012》，中国统计出版社，2012。

同时，由于从事农业收益不高，而外出打工收入要远高于在家从事农业生产所得收入，很多劳动力的青壮年都外出务工，留在家的多是老弱病残群体，这对扶贫开发和美丽新村建设中农民的主体作用也会有较大的负面影响。而来自课题组的调研显示，Y 县 J 村 51 户农户，家庭人口合计 194 人，共有劳动力 80 人，外出务工人数达到 62 人，占劳动力的 78%，而家庭中长期生病的人数合计 48 人，接近户均 1 人。J 县 Y 村 33 户农户，家庭人口合计 145 人，共有劳动力 66 人，外出务工人数达到 46 人，占劳动力的 70%，而家庭中长期生病的人数合计 18 人，户均 0.5 人（见表 10）。

表 10　调查村人口外出和生病情况　　单位：人

村名	家庭人口合计	劳动力合计	外出务工人数合计	长期生病人数合计
J 村	194	80	62	48
Y 村	145	66	46	18

数据来源：课题组调查数据。

三、贵州连片特困地区美丽乡村建设战略研究

（一）发展思路

武陵山、乌蒙山、滇桂黔石漠化三大片区覆盖了贵州全省 70 个县（市、区、特区），集中了全省 89% 的贫困人口，贫困分布带有明显的区域性特征，攻克这些地方的贫困，贵州省基本上就脱贫了。而“四在农家·美丽乡村”是贵州省在“三农”工作中创造的成功做法，成为贵州省社会主义新农村建设的一张亮丽名片。在全省深入推进“四在农家·美丽乡村”创建活动是贯彻党的十八大精神和习近平总书记关于加快农村和贫困地区小康建设有关要求的具体举措，是推进扶贫开发、加快农村经济社会发展的重要突破口，是解决贵州省农村基础设施薄弱、人居环境脏乱差问题的客观需要，是加强农村社会管理和精神文明建设的重要抓手❶。从目标上来看，无论是武陵山、乌蒙山、滇桂黔石漠化三大片区的扶贫开发与区域发展，还是“四在农家·美丽乡村”创建活动，都是为了贵州到 2020 年实现全面小康、彻底解决农村贫困问题——这一宏伟“贵州梦”和目标。因此，在贵州连片特困地区，无论是扶

❶ 赵克志书记在《“四在农家·美丽乡村”建设工作座谈会上的讲话》，《贵州省委省政府召开“四在农家·美丽乡村”建设工作座谈会》，news. gog. com. cn，2013 年 9 月。

贫开发，还是美丽乡村建设，都应该统一在建设小康社会，并最终实现全省全面小康的这一目标下，扶贫开发要把"四在农家·美丽乡村"作为一个重要突破口和载体，"四在农家·美丽乡村"要把扶贫开发作为一个重要抓手和工作内容。二者瞄准实现全省全面小康的这一目标相互协调、相互配合（见图1）。

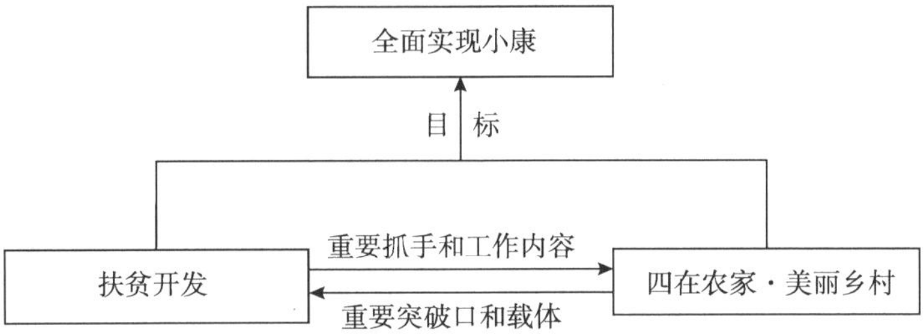

图1　扶贫开发、美丽乡村建设、全面小康三位一体图

贵州连片特困地区美丽乡村建设，要深入落实党的十八大和省第十一次党代会精神，按照社会主义新农村建设"生产发展、生活宽裕、乡风文明、村容整洁、管理民主"的要求，紧紧围绕与全国同步小康的目标和"四化同步"战略，结合现代高效农业示范园区建设、乡村旅游、少数民族村寨保护与发展等工作开展，以扶贫开发为重要手段，以"四在农家·美丽乡村"建设为载体，加强农村生态环境和基础设施建设打造生态环境美，发展特色产业带动生活富裕美，培养新型农民、丰富农民文化生活提升乡风文明美，创新农村社会管理方式提高社会和谐美，使扶贫开发、美丽乡村建设、小康社会建设三位一体，实现2020年贵州彻底改变农村贫困落后的面貌、全面小康的"贵州梦"。

（二）发展重点

1. 打造生态环境美是突破口

打造生态环境优美的贵州连片特困地区新农村，就必须将"四在农家·美丽乡村"创建活动和"100个特色旅游景区"工程结合起来，利用特色旅游景区的辐射带动作用，发展乡村旅游业，还必须和少数民族村寨保护与发展结合起来，利用贵州特有的生态环境、自然风光、民族文化，打造山水田园村寨和民族特色村寨。必须重点解决农民群众最急需的饮水安全、道路硬化、房屋改造、环境整治等问题，统筹实施美丽乡村小康路、小康水、小康房、小康电、小康讯、小康寨等基础设施建设，因地制宜改造农村危房，改善农民居住条件，引导农民在房前屋后栽花种树，绿化美化庭院，改善居家生活环境，注重室内外和个人卫生，养成文明健康的生活方式。同时，加强村庄规划管理，从功能板块、产业布局、建筑风貌、生态建设、环境美化、旅游发展、设施配套等方面高标准编制美丽乡村建设规划。以村容村貌整治为重点，强化环境整治，加大对柴草乱垛、粪土乱堆、垃圾乱倒、污水乱泼、畜禽乱跑等现象的整治力度，建设科学规划布局美、村容整洁环境美、创业增收生活美、乡风文明行为美的美丽乡村。

2. 实现生活富裕美是关键点

实现贵州连片特困地区生活富裕的美丽新村，就必须将“四在农家·美丽乡村”创建活动和“100个现代高效农业示范园区建设”工程结合起来，与连片特困地区产业化扶贫协调起来，发展特色优势产业，发展村级产业和集体经济，培育和引进龙头企业，培养种植大户、养殖大户、科技示范户、模范经营户，发展农民专业合作经济组织，推广“公司+合作社+农户”模式。同时加强农业实用技术人才的培养和引进。大力培养农业实用技术人才，广泛开展农村实用技术培训和农民工劳动技能培训，通过“阳光工程”、“雨露计划”等农民培训工作不断提升农民整体素质，为推进农业农村经济发展提供人才和智力支撑。

3. 提升乡风文明美是重要支撑

实现贵州连片特困地区生活富裕的美丽新村，必须把提升乡风文明美作为重要支撑。可以通过培育和弘扬社会主义核心价值观，全面提升农民的思想道德素质。可以通过组织开展“文明村镇”“平安村寨”“诚信农民”“星级文明户”等各类群众精神文明创建活动，加强乡村文化广场、“农家书屋”“文化信息资源共享工程”“远程教育”、广播电视村村通、“农村体育健身工程”、乡村学校少年宫等文化惠民项目，大力推进“农民文化家园”建设，提升农民文明素质和乡村文明程度。可以广泛开展农村文化体育活动，把文化惠民、文化乐民、文化育民、文化富民结合起来，深入开展文化、科技、卫生“三下乡”活动，依托传统节日、重大节庆纪念日、少数民族节日，大力发展农村文化事业和文化产业，扶持农村文体协会，培养农村文艺骨干。

4. 提高社会和谐美是根本保证

提高连片特困地区美丽新村建设中的社会和谐美，就必须结合新农村建设项目的申报、实施、管理等过程，加强村务公开，健全完善项目公开公示制度，提高农民参政议政的积极性和自觉性，使农民自主行使民主权利的口号真正落到实处，进一步探索创新基层民主管理模式。就必须不断增强农村党组织的创造力、凝聚力和战斗力，充分发挥农村基层党组织在新农村建设中的战斗堡垒作用，进一步密切干群关系，构建和谐村寨。还要结合项目实施，建立“廉政文化进农村”活动台账，推动农村“三资”监管、减轻农民负担、村级财务公开、农业专业合作社组织建设等工作，不断拓展农村基层反腐倡廉工作领域，促进监督机制更加完善。

（三）发展目标

制定贵州连片特困地区美丽乡村建设发展目标，必须从三大连片特困地区的实际情况出发，结合全省“四在农家·美丽乡村”创建活动的工作目标，并将三大连片特困区域发展与扶贫攻坚规划的目标考虑进来。因此，连片特困地区美丽乡村建设发展目标是：到2015年，以高速公路沿线、铁路沿线、旅游景区和示范小城镇、产业园区周边村寨的“四在农家·美丽乡村”示范点建设为重点，创建点覆盖60%以上的行政村。示范点的特色优势产业基本形成，生活水平明显提高；农村基础设施明显改善，环境美化；农民素质不断提升，农村社会管理模式不断创新，农村社会和谐、风气良好。通过示范点的带动作用，全面推进“普及型”创建点建设。实现“四在农家·美丽乡村”创建全覆盖。实现全面小康。区域内现代农业特色优势产业体系形成，农民生活水平达到小康水平，生态优美、环境整洁、生活富裕、管理民主、社会和谐、风气良好的美丽新村基本实现。

四、贵州连片特困地区美丽乡村建设的指标体系构建

根据省委省政府相关文件和会议精神，结合全省三大连片特困区域发展与扶贫攻坚规划的主要发展指标和贵州全面建设小康社会发展指标体系，贵州连片特困地区美丽乡村建设的指标体系可以构建为生态环境美、生活富裕美、乡风文明美、社会和谐美4个一级指标和44个二级指标。其中生态环境美包括了美丽乡村建设规划、垃圾收集池、垃圾清运车、简易污水处理设施、生活垃圾无害化处理率、生活污水处理率、农村饮水安全人口比例、卫生厕所普及率、清洁能源使用率、农作物秸秆综合利用率、畜禽养殖废物综合利用率、村庄道路、通组和串户路硬化率、绿化覆盖率、农房立面整治率、危房改造率13个指标。生活富裕美包括主导产业、农民人均纯收入、贫困村发生率、农村转移就业人数比、有效灌溉面积、粮经比、单位耕地万种拥有农业机械动力、耕地农业产出率、农民专业合作社、农村转移就业培训和实用人才培训率10个指标。乡风文明美包括村规民约、村集体文化娱乐活动或体育活动、农

村文体协会或农民业余文艺宣传队伍、“文明村镇”“平安村寨”“诚信农民”“星级文明户”等各类群众精神文明创建活动、农村文化小广场、宣传栏、文化室、农家书屋、农民文化家园、体育健身场所等文化服务设施、文化服务设施管理使用制度6个指标。社会和谐美包括九年义务教育巩固率、高中阶段毛入学率、群众社会治安满意率、民间矛盾纠纷化解率、村务党务财务公开率、新型农村合作医疗参合率、新型农村社会养老保险参保率、计划生育率、弱势群体关爱帮扶救助率、公共服务群众满意度、群众幸福指数、开展以为民务实清廉为主要内容的群众路线教育实践活动、党员参与创业带富项目、村民对“两委”满意率、重大村务决策村民参与率15个指标，每个指标设计应该到达什么标准，详细情况如表11所示。

表11　连片特困地区美丽乡村指标体系

一级指标	二级指标	标准
一、生态环境美	1. 美丽乡村建设规划	建立完善
	2. 垃圾收集池、垃圾清运车、简易污水处理设施	≥1个/自然寨
	3. 生活垃圾无害化处理率	≥80%
	4. 生活污水处理率	≥50%
	5. 农村饮水安全人口比例	100%
	6. 卫生厕所普及率	≥80%
	7. 清洁能源使用率	≥60%
	8. 农作物秸秆综合利用率	≥50%
	9. 畜禽养殖废物综合利用率	≥80%
	10. 村庄道路、通组和串户路硬化率	100%
	11. 房前屋后、村寨道路、河道、空地可绿化地绿化覆盖率	≥60%
	12. 农房立面整治率	100%
	13. 危房改造率	100%
二、生活富裕美	14. 主导产业	≥1项
	15. 农民人均纯收入	≥7000元
	16. 贫困村发生率	0
	17. 农村转移就业人数比	≥50%
	18. 有效灌溉面积	≥40%
	19. 粮经比	≤6:4
	20. 单位耕地万种拥有农业机械动力	≥0.4千瓦/亩
	21. 耕地农业产出率	≥2000元/亩
	22. 农民专业合作社	1个以上
	23. 农村转移就业培训和实用人才培训率	≥50%

续表

一级指标	二级指标	标准
三、乡风文明美	24. 村规民约	建立健全
	25. 村集体文化娱乐活动或体育活动	每年2次以上
	26. 农村文体协会或农民业余文艺宣传队伍	至少一只以上
	27. "文明村镇"、"平安村寨"、"诚信农民"、"星级文明户"等各类群众精神文明创建活动	每年1次以上
	28. 农村文化小广场、宣传栏、文化室、农家书屋、农民文化家园、体育健身场所等文化服务设施	每个自然寨至少1个
	29. 文化服务设施管理使用制度	建立健全
四、社会和谐美	30. 九年义务教育巩固率	≥95%
	31. 高中阶段毛入学率	≥90%
	32. 群众社会治安满意率	≥90%
	33. 民间矛盾纠纷化解率	≥90%
	34. 村务、党务、财务公开率	100%
	35. 新型农村合作医疗参合率	≥98%
	36. 新型农村社会养老保险参保率	≥90%
	37. 计划生育率	≥95%
	38. 弱势群体关爱帮扶救助率	100%
	39. 公共服务群众满意度	≥80%
	40. 群众幸福指数	≥90%
	41. 开展以为民务实清廉为主要内容的群众路线教育实践活动	≥1次/年
	42. 党员参与创业带富项目	≥60%
	43. 村民对"两委"满意率	≥90%
	44. 重大村务决策村民参与率	≥90%

五、对策与建议

（一）基本对策与建议

1. 大力发展特色产业

根据连片特困地区各村资源、地缘和产业基础，大力发展茶叶、蔬菜、水果、养殖等农业优势产业。依托旅游景区、历史文化名镇和风情浓郁的民族村寨及农民集中居住区，积极发展人文生态旅游、乡村旅游、休闲度假旅游，大力开发特色餐饮、旅游商品、歌舞表演等服务业。

2. 加强农业新型主体培育

围绕连片特困地区的产业链建设，大力培育农业龙头企业，着力培育专业大户、家庭农场和农业企业等新型主体。支持龙头企业与农户建立紧密型利益联结机制，采取保底收购、股份分红、利润返还等方式，让农户更多分享加工销售收益。努力提高农户集约经营水平，按照规模化、专业化、标准化发展要求，引导农户采用先进适用技术和现代生产要素，加快转变农业生产经营方式。培育村经济合作社、村股份经济合作社、农民专业合作社、专业农场（庄）等各类农村集体经济组织，推进农村集体经济组织产权制度改革。设立农村集体经济组织发展专项资金，通过补贴、贴息参股、注资等方式支持农村集体经济组织发展。

3. 发挥农民主体作用

充分发挥贵州连片特困地区农民的主体作用，引导群众投工投劳，积极参与扶贫开发和美丽新村建设的项目实施、管理、监督，提升农民的管理素质。通过引导农民参加“阳光工程”“雨露计划”和“农村文化家园”等培训不断提升农民的科学文化素质，为推进农业农村经济发展提供人才和智力支撑。通过“诚信农民”“星级文明户”、文体娱乐等活动，提升农民的文明素质。

4. 创新土地管理制度

稳定农村土地承包关系，明晰农民承包地经营权、宅基地使用权和房屋产权，加快确权、登记、颁证到户等工作进程。进一步推进土地流转制度创新，完善土地流转操作规程，鼓励规模经营主体合法适度流转土地，在确保农民收益的基础上发展适度规模经营。增强征地行为的规范性，完善补偿机制，拓宽安置途径，提高补偿标准，探索变一次性补偿为长期、分期、按不同用途、类型、市价补偿新机制，确保征地过程公开、公平、合理。提高农民在土地增值收益中的分配比例，做好被征地农民就业、社会保障等配套改革，做好征地过程中不稳定事件的稳控工作，确保被征地农民得到稳妥安置，确保农民的利益不受侵害。

5. 创新投融资方式

在财政资金和项目整合上，根据扶贫开发和“四在农家·美丽乡村”建设中都具有的农村基础设施建设、产业发展、农民培训、公共服务均等化等几大方面内容，全省各级各部门要加强协作，充分整合现有各类涉农项目、资金、人才、技术资源，引导金融资本、社会资本积极参与贵州连片特困地区扶贫开发和“四在农家·美丽乡村”建设。按照“渠道不乱、用途不变、各负其责、各记其功、形成合力”的原则，整合扶贫开发、新农村建设、生态移民工程、通村油路建设、危房改造、村庄整治、农村清洁工程、农村文化建设、一事一议公益性事业建设等项目和资金。提高全省连片特困地区的产业发展，增加农民收入，改善农村基础设施，改善农民生产生活条件。

同时，要加大金融机构支持力度。争取金融机构对连片特困地区的金融政策、贷款规模倾斜，吸引省内外信贷资金加大扶贫开发与美丽乡村建设的项目支持。扩大农村有效担保物范围，探索农民林地土地、宅基地、房屋贷款抵押等路子。进一步扩大政策性农业保险范围，建立金融、保险联动的产权抵押融资风险分担机制，采取风险补偿、政府资源配置等方式，降低、化解金融风险。优化农村金融服务程序，改进和简化贷款审批流程，降低贷款审批门槛，提升农村金融服务水平。加大诚信教育宣传力度，建立健全守信激励和失信惩戒联动机制。以信用户、信用村为基础，全面推进信用体系建设。

（二）保障措施

1. 加强组织领导

目前，贵州三大连片特困区域扶贫开发工作，成立了以省长为组长的扶贫开发工作领导小组，明确省委分管“三农”工作的副书记为武陵山片区牵头省领导，省扶贫办为牵头单位，省民委为联系单位；省委分管统战或省政府分管国土资源工作的领导为乌蒙山片区牵头省领导，省住建厅、省国土资源厅分别为牵头单位和联系单位；省政府分管领导为滇桂黔石漠化片区牵头领导，省发改委、省交通厅为牵头单位，省水利厅、省林业厅为联系单位。同时，“四在农家·美丽乡村”创建工作也成立了贵州省领导小组及办公室，由省委副书记担任组长，省委、省政府分管领导担任副组长，省直20多家相关涉农部门为成员单位。领导小组负责指导和协调全省“四在农家·美丽乡村”创建活动，适时召开领导小组会议，研究解决“四在农家·美丽乡村”创建活动中存在的突出问题；适时开展督查，通报有关情况，抓好跟踪督办。下设办公室，承担日常工作，办公室设在省文明办。扶贫开发工作领导小组和“四在农家·美丽乡村”创建工作领导小组在领导和工作部门上都有很大程度的一致性和统一性。

因此，无论是扶贫开发，还是“四在农家·美丽乡村”建设，都应在两个工作领导小组的领导下，形成党政一把手亲自抓、负总责，职能部门协调参与，人大政协监督检查，社会关心、支持和参与的良好机制体制。各级党政“一把手”对扶贫开发和“四在农家·美丽乡村”建设要亲自抓、负总责。政府各职能部门要相互协调配合，形成合力，提高扶贫开发和“四在农家·美丽乡村”建设的速度和水平。人大政协要及时监督检查，发现扶贫开发和“四在农家·美丽乡村”建设工作中的问题，引导各方积极出谋划策。社会各界要在党委政府的引导下，积极投身于扶贫开发和“四在农家·美丽乡村”建设。

2. 统筹规划，资金整合

在规划上，“四在农家·美丽乡村”创建活动的总体规划，要结合《关于贯彻落实〈中国农村扶贫开发纲要（2011—2020年）〉的实施意见》（黔党发［2012］3号）、《关于贯彻落实〈中国农村扶贫开发纲要（2011—2020年）〉的实施意见重要政策措施重大事项责任分工方案》（黔委厅字［2012］10号）、《武陵山区区域发展与扶贫攻坚规划》（2011—2020年）、《乌蒙山区区域发展与扶贫攻坚规划》（2011—2020年）、《滇黔桂石漠化片区区域发展与扶贫攻坚规划》（2011—2020年）等文件和规划，结合贵州三大连片特困区域的贫困情况，科学编制。

3. 统筹工作推进机制和考核机制

在工作推进机制上，贵州扶贫开发已经形成了“领导定点、部门帮县、处长联乡、干部驻村、群众主体、社会参与”的集团帮扶模式。2012年，已有42名省领导、88个厅局、两万名干部牵头帮扶贵州省连片特困地区开展“四帮四促”。因此，各级各部门下一步要统筹安排，结合“双万帮扶”、党建扶贫、“帮联驻”、计生帮扶等帮扶工作，结合城乡共建、军（警）民共建、企地共建等共建活动，组织党政机关、企事业单位、军警部队、院校团体、街道社区及新经济组织和社会组织，开展连片特困区域扶贫开发和“四在农家·美丽乡村”中的结对共建活动。

在完善考核机制上，贵州扶贫开发已经形成了对省直部门、市（州）、县实行以“双线”量化考核为主要内容的“定部门、定目标、定任务、定时限、定奖惩”的责任考核机制。下一步还应将“四在农家·美丽乡村”建设，按照全面建成小康社会考核体系，纳入各级党政领导班子工作实绩考核评价体系中来。

4. 加强宣传，营造氛围

充分发挥电视、报刊、网络、广播等各类媒体的作用，结合“贵州中国梦”“我心中的小康社会”等主题，大力宣传贵州三大连片特困区域扶贫开发与“四在农家·美丽乡村”建设的重要意义和重大举措，提高广大干部群众对三大连片特困区域扶贫开发与“四在农家·美丽乡村”建设的认知程度和主体认同感，使他们在扶贫开发与“四在农家·美丽乡村”建设中，充分参与各项工作的实施、管理、监督和评估，发挥其主体作用。并及时总结宣传三大连片特困区域扶贫开发与“四在农家·美丽乡村”创建活动典型经验和成果，发现一批先进典型和模范人物，进行广泛宣传和推广，形成全社会关心、支持和参与扶贫开发与“四在农家·美丽乡村”建设的良好氛围。

主要参考文献

[1] 苏维词. 滇桂黔石漠化集中连片特困区开发式扶贫的模式与长效机制，贵州科学，2012，30（4）：1－5.

[2] 陈厚义. 贵州连片特困区经济社会发展的对比研究［J］. 贵州社会科学，2012，10.

[3] 黄克亮，等. 统筹城乡发展视角下的广州现代化美丽乡村建设研究［J］. 探求，2012（5）.

[4] 汪彩琼. 新时期浙江美丽乡村建设的探讨［J］. 浙江农业科学，2012（8）.

[5] 中共贵州省委办公厅贵州省人民政府办公厅关于深入推进“四在农家·美丽乡村”创建活动的实施意见（黔党办发［2013］17号）［R］，www. anshun. gov. cn，2012年8月.

[6] 武陵山区区域发展与扶贫攻坚规划（2011—2020年）［R］. 国务院扶贫办，2011，10.

[7] 乌蒙山区区域发展与扶贫攻坚规划（2011—2020年）［R］. 国务院扶贫办，2012，2.

[8] 滇桂黔石漠化片区区域发展与扶贫攻坚规划（2011—2020年）［R］. 国务院扶贫办，2012，7.

[9] 省农委关于开展“四在农家·美丽乡村”新农村建设示范点创建工作的意见（黔农发［2013］117号）［R］. 2013－5－24.

贵州省农民收入增长的阶段划分及其特征：1978—2012年*

谢　松**

摘　要

本文利用1978—2012年的数据，深入分析贵州省农民收入增长波动轨迹，将其划分为高速增长、剧烈波动、平稳增长和快速增长四个阶段。贵州省农民收入增长历程中体现出三大主要特征：一是农民收入结构变化显著，农民增收呈现多元化趋势；二是收入结构对农民收入增长的贡献呈现出明显差异性；三是农民收入水平一直较低，农民增收的产业基础依然薄弱，产业扶贫的潜力和发展空间巨大。

关键词

农民收入增长　阶段特征　贵州

一、贵州省农民收入增长的阶段划分

从1978年改革开放以来，贵州农村发生了一系列深刻的变化。农村经济社会发展取得了显著的成绩，经济规模不断扩大，农民收入大幅度提高。农业增加值从1978年的19.42亿元增加到2012年的890.02亿元，增长了4.79倍（按不变价），年均增长率为4.58%。农村居民家庭人均收入从1978年109.3

* 本文是贵州省长资金项目《贵州农民可持续增收的优化途径选择》的部分研究成果。

** 谢松，贵州省社会科学院工业经济研究所副所长，副研究员，主要研究方向为产业经济、区域经济。

元提升到2012年的4753.00元，按不变价格计算，增长了7.79倍，年均增长率为6.04%；按当年价格计算，增长了43.48倍，年均增长率为11.38%。回顾改革开放以来贵州农民收入增长的波动轨迹，可以将1978—2012年贵州农民收入的发展划分为四个阶段（见图1）。

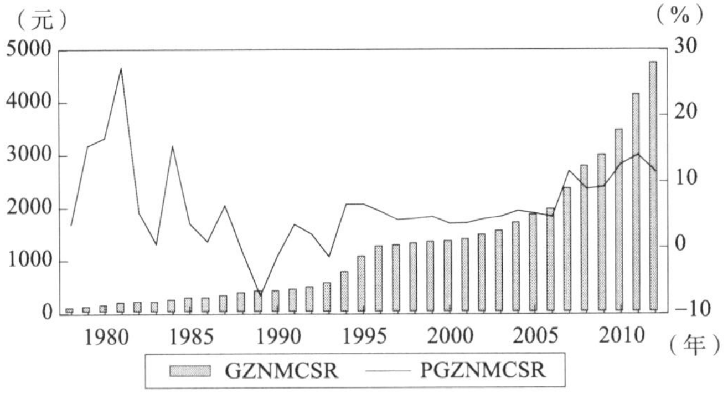

图1　1978—2012年贵州农民人均纯收入及增速

注：GZNMCSR——贵州农民人均纯收入；PGZNMCSR——贵州农民人均纯收入增速。

1. 1978—1981年的高速增长阶段

全省农民人均收入持续高速增长。1978、1979、1980和1981年的农民人均纯收入分别为109.3元、131.09元、161.5元和208.87元（按当年价计算），分别比上年增长了3.5%、15.4%、16.6%和27.3%（按不变价计算），增长速度和人均收入绝对水平逐年提高，到1981年，农民人均收入增长速度达到该期峰值，人均纯收入相对1978年增长了0.7129倍（按不变价计算），三年间农民人均年纯收入167.15元，年平均增速达到19.64%。农民收入增长速度高于全国平均水平，比同期全国平均水平高出2.58个百分点。在此阶段，农村实行包产到户的改革，农民获得了较多的经营自主权和产品支配权，生产积极性空前高涨，生产力得到极大解放，农业结构得到明显调整，农业总产值构成比（农:林:牧:副:渔）由1978年的69.9:3.9:16.9:9.2:0.1转变为1981年的65.1:5.4:18.8:10.5:0.2，林业、牧业、副业在农业总产值中的占比都有较大提升。农民收入获得高速增长，全省农村经济得到全面发展。1981年，全省实现农业总产值40.0352亿元（1980年不变价格），比1978年增长了15.87%。在这期间，贵州省农民收入增长主要体现出四人特点：①农业结构调整是农民增收的主要基础；②农民增收的主要来源是家庭经营收入和工资性收入的增长；③现金收入大幅增加，在农民总收入中的占比不断提升；④农民收入增长速度高于全国平均水平。

2. 1982—1994 年增长剧烈波动阶段

全省农民人均收入增长波动剧烈。在这期间，1982 年农民人均收入增速急速减缓，下降到5.3%，1983 年继续减缓，下降到0.5%，相对1981 年下降了26.8 个百分点，随后的1984 年又快速回升，达到该期间的顶峰15.5%，在达到顶峰后，增速又快速减缓，连续下滑，并且从1988 年开始，出现了三年的副增长，在1989 年达到低点 -7.3%。从1990 年开始，增速开始逐渐回升（其中，在1992、1993 两年增速出现一定减缓），到1994 年增速回升到6.6%的水平。在这期间，增速的最大波动幅度达到22.8%。在此阶段，农业、农村经济经历了改革探索、发展调整、全面深化的过程。农民收入增长出现大幅波动主要是由以下多方面的因素在不同时期，形成的不同组合合力导致的。第一，国家农业政策不断发生变化，国家对粮食购销体制进行改革，取消了对农产品长期实行的强制收购政策，并在政策上鼓励积极发展农村非农产业，试图用计划和市场的双重手段，调节农业资源流向，引导农业结构调整，大力扶持发展乡镇企业，促进了非农产业和多种经营成分经济的较快发展，促进了农民收入的进一步增长。第二，1989—1991 年国家进行的三年国民经济治理整顿，压低了二、三产业的增长速度，促使要素资源向农业流动。治理整顿的直接结果是农业生产全面恢复和发展。第三，工业扩张迅速，工农业发展失衡，经济过热，物价上涨幅度过大，农业农用生产资料价格涨幅巨大，自然灾害等，给农业发展带来各种不同的困难，导致农民收入增长出现减缓甚至副增长。第四，国家进行新一轮的价格改革，理顺了价格体系，大幅度提高了农产品收购价格，进一步放开了农产品市场。在这期间，贵州省农民收入增长主要体现出四大特点：①农民收入年平均增速相对较低；②农民增收的渠道增多，非农收入在农民收入中的占比不断提高；③现金收入在农民总收入中的比重进一步提高；④农民收入绝对水平和增长速度都低于全国平均水平。

3. 1995—2006 年平稳增长阶段

全省农民人均收入平稳增长。农民人均纯收入增长幅度平稳，12 年间，每年的增速变动都在3.6%～6.6%的范围内。最大波动幅度仅为3%。农民人均纯收入增长平稳，收入水平平稳提高，2006 年，收入水平达到了1984.62元，相对1994 年增长了0.747 倍，年平均增速为4.76%。在此阶段，农业、农村经济经历了市场化改革，市场经济逐步建立，农村剩余潜力逐渐得到释放，城市改革进程加快，乡镇企业经过改革，大部分由集体所有制转为民营等非公有制，全省大量的农村剩余劳动力得到转移，外出务工；西部大开发战略的不断实施，农业特产税、农业税的取消，农村扶贫开发工程的不断深入，社会主义新农村建设的全面启动，全省农业、农村经济获得稳步发展，农民收入实现稳步提高。在这期间，贵州省农民收入增长主要体现出三大特点：①农民收入的结构发生了重大变化，非农收入超过农业收入，成为农民收入的第一收入来源；②农民收入的货币化程度达到较高水平；③农民收入绝对水平与全国平均水平的差距越来越大，但增长速度与全国平均水平的差距却在缩小。

4. 2007—2012年快速增长阶段

全省农民人均收入持续快速增长。6年间，农民人均纯收入年平均达到3424.43元，年平均增速达到11.29%，贵州省农民人均纯收入年最低增速为8.9%，年最高增速达到14%，增速波动最大幅度为5.1%。贵州农民人均纯收入最低增速出现在2008年，这一年初，贵州发生了历史上罕见的雪凝灾害，同时，2008年世界爆发金融危机。贵州农民人均纯收入最高增速出现在2011年，这一年，是十二五规划启动第一年，也是贵州确定“加速发展、加快转型、推动跨越”的发展主基调，确定实施工业强省战略和城镇化带动战略后的全面实施的一年。在此阶段，农业、农村经济市场化改革进一步深化，市场经济进一步发展，新一轮西部大开发战略深入实施推进，贵州工业强省战略、城镇化带动战略全面推进，贵州城镇化进程明显，社会主义新农村建设全面推进且成效逐步体现，城乡统筹获得较大推进，民营非公经济获得较快发展，全省农村劳动力转移加快，农民收入实现了快速提高。

二、贵州省农民收入及其增长特征

1. 农民收入水平低，但2007年以来持续高于全国平均增速

与全国平均水平相比，贵州省农民人均纯收入水平较低，1978—2012年，贵州省农民人均纯收入累计为44200.07元，全国农民人均纯收入累计为72724.99元，在改革开放以来的35年间，贵州省农民人均累计纯收入仅只占全国平均水平的60.78%。2012年，贵州省农民人均纯收入为4753.00元，也只占到全国平均水平的60.04%。从增长趋势看，1981年以后，贵州省农民收入增长的波动与全国农民收入增长的波动趋势基本相同。在2007年以前时期，除了1981、1984、1987、1991、1994、1995、1998、1999、2000、2003年贵州省农民收入增速高于全国平均水平外，其他年份贵州省农民收入增速都低于全

国平均水平，特别是2004—2006 年，贵州省农民收入增长速度连续低于全国平均增长水平，并且增幅差距呈继续扩大的趋势。2004 年，贵州省农民收入增长速度低于全国平均水平 1. 19 个百分点，2006 年，贵州省农民收入增长速度与全国农民收入增速的差距扩大到 2. 7 个百分点。在 2007 年以后，贵州省农民收入增速连续高于全国平均水平，并在 2011 年达到最高点，贵州省农民人均纯收入增长速度比全国农民人均纯收入增长速度高 2. 6 个百分点。六年间，贵州省农民人均纯收入增长速度一直领先于全国农民人均纯收入增长速度 0. 9 ~2. 6 个百分点（见图 2）。

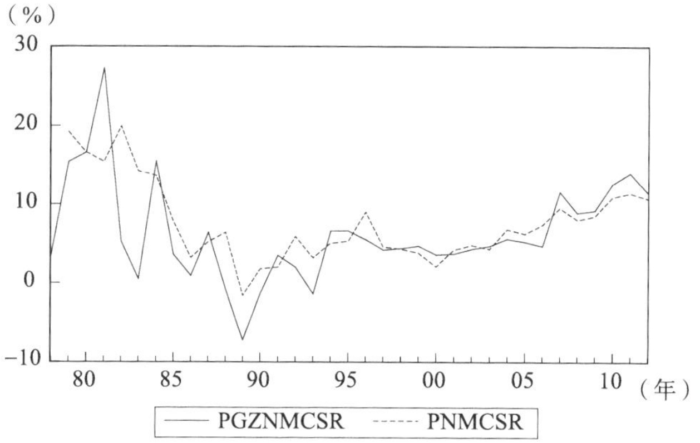

图 2　1978—2012 年贵州农民收入增速与全国农民收入增速波动对比

注：PNMCSR——全国农民人均纯收入增速；PGZNMCSR——贵州农民人均纯收入增速。

2. 农民收入结构变化显著，农民增收呈现多元化趋势

贵州农民收入结构变化显著，农民增收呈现多元化转变趋势（见图 3、图 4）。按工资性收入、家庭经营收入、转移性收入和财产性收入分类来看，工资性收入、转移性收入和财产性收入在农民人均纯收入中的占比不断提升，家庭经营收入在农民人均纯收入中的占比不断下降。1978 年，贵州农民人均纯收入中，工资性收入、家庭经营收入、转移性收入和财产性收入的占比分别为 13. 23%、83. 84%、1. 37% 和 1. 56%，家庭经营收入占绝对主导地位。2012 年，贵州农民人均纯收入中，工资性收入、家庭经营收入、转移性收入和财产性收入的占比分别为 41. 61%、47. 32%、9. 56% 和 1. 51%，工资性收入、转移性收入在农民人均纯收入中的占比较 1978 年分别提高了 28. 38、8. 19 个百分点。家庭经营收入在农民人均纯收入中的占比较 1978 年下降了 36. 52 个百分点，财产性收入的占比较 1978 年下降了 0. 05 个百分点。工资性收入、家庭经营收入、转移性收入和财产性收入年均增长速度（按当年价计算）分别达

到15.09%、9.58%、17.73%和11.28%，转移性收入的年均增速最快，工资性收入的年均增速排第二，财产性收入的年均增速排第三，家庭经营收入的年均增速排位挂末。

按不同产业和主要行业分类看，在家庭经营收入中，第一产业收入的占比不断下降，第三产业收入的占比不断上升。从1990—2012年的22年里，在贵州农民家庭经营收入中，第一、第二、第三产业收入的占比分别由1990年的90.28%、2.95%、6.77%转变为2012年的74.99%、3.23%、21.77%；第一产业收入的占比下降了18.29个百分点，第三产业收入的占比提高了15.0个百分点，第二产业收入的占比提高了0.28个百分点。第一、第二、三产业收入年均增长速度（按当年价计算）分别达到7.70%、9.06%、14.53%，第二、三产业收入的年均增幅比第一产业收入年均增幅分别高了1.36和6.83个百分点。在第一产业内部，农业（种植业）、林业、畜牧业、渔业收入的占比分别由1990年的64.45%、2.01%、24.43%、9.11%转变为2012年的75.61%、4.65%、19.49%、0.25%；农民从农业（种植业）中获得的收入在第一产业中的比重上升了11.16个百分点，农民从畜牧业、渔业中获得的收入在第一产业中的比重分别下降了4.94和8.86个百分点（见图3）。

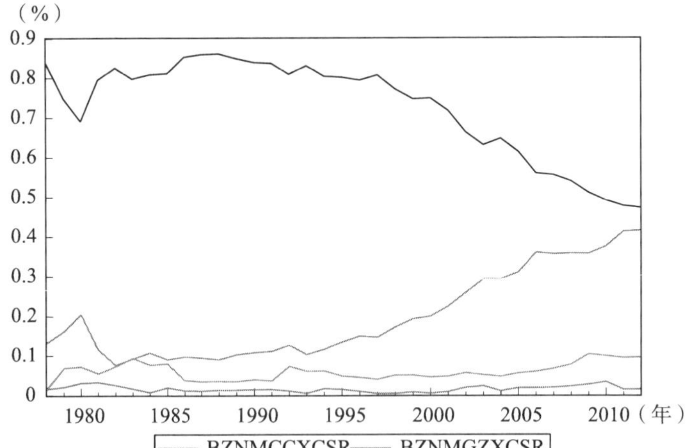

图3 1978—2012年贵州农民的家庭经营性收入、工资性收入、转移性收入和财产性收入占农民人均纯收入的比重

注：BZNMGZXCSR——贵州农民的工资性收入占农民人均纯收入的比重；BZNMJYXCSR——贵州农民的家庭经营性收入占农民人均纯收入的比重；BZNMZXCSR——贵州农民的转移性收入占农民人均纯收入的比重；BZNMCCXCSR——贵州农民的财产性收入占农民人均纯收入的比重。

1990年以来，农民从第一产业获得的收入总体上呈现上升—下降—上升的趋势（其中在1997年、2002年分别出现拐点），影响农民从第一产业获得的收入出现波动的主要原因是种植业收入的增减。从1990到1997年的7年间，种植业收入年均增长速度（按当年价计算）达到19.51%；从2002—2012年的10年间，种植业收入年均增长速度（按当年价计算）达到8.05%；而在1997—2002年的5年里，种植业收入年均增长速度（按当年价计算）为-4.45%。

农民非农收入（家庭经营收入中的非农收入与工资性收入、转移性收入和财产性收入之和）在农民收入中的占比由1990年的24.36%提高到2012年的64.51%。农民从农业得到的收入在农民收入的占比从1990年的75.64%下降到2006年的35.49%。贵州农民收入的渠道不再只局限在农业上（见图4）。

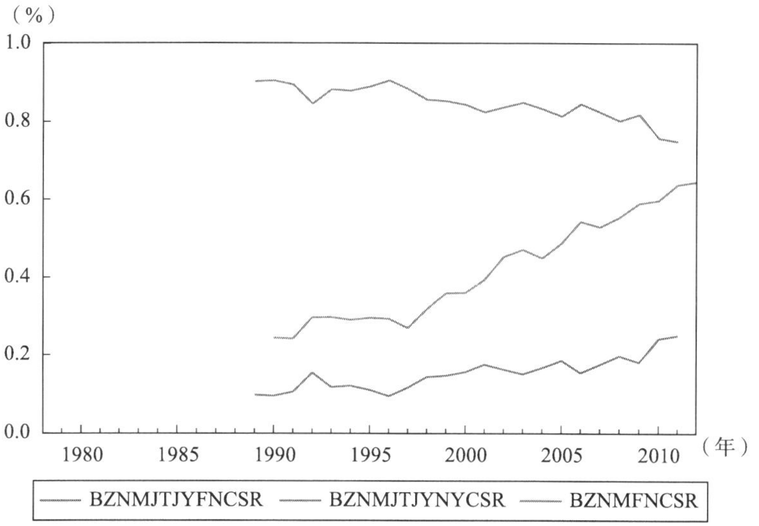

图4 1990—2012年贵州农民农业（农、林、牧、渔）收入、非农业收入在农民家庭经营性收入中的比重与非农收入在农民人均纯收入中的比重

注：BZNMJTJYNYCSR——贵州农民农业（农、林、牧、渔）收入占农民家庭经营性收入的比重；BZNMJTJYNYCSR——贵州农民非农业收入占农民家庭经营性收入的比重；BZNMFNCSR——贵州农民非农收入在农民人均纯收入中的比重。

3. 收入结构对农民收入增长的贡献呈现出明显差异性

农民收入结构变动使得各收入的增长效应发生相应变化。农民收入的非均衡增长使得各收入对收入增长贡献呈现出明显的差异性。从图5中可以看出，1978—1997年期间，家庭经营性收入对农民收入的贡献率多数年份（除1983

年以外）都居于第一位；即在1978—1997年，家庭经营性收入是农民收入持续增长的重要收入来源。从1997年后，工资性收入对农民收入的贡献率超过了家庭经营性收入对农民收入增长的贡献率，逐步成为农民收入持续增长的重要收入来源。相对而言，转移性收入和财产性收入对农民收入增长的贡献率较小。1978—2012年的35年间，工资性收入、家庭经营性收入、转移性收入和财产性收入对农民收入增长的总贡献率分别为45.79%、41.94%、10.77%和1.50%（见图5）。

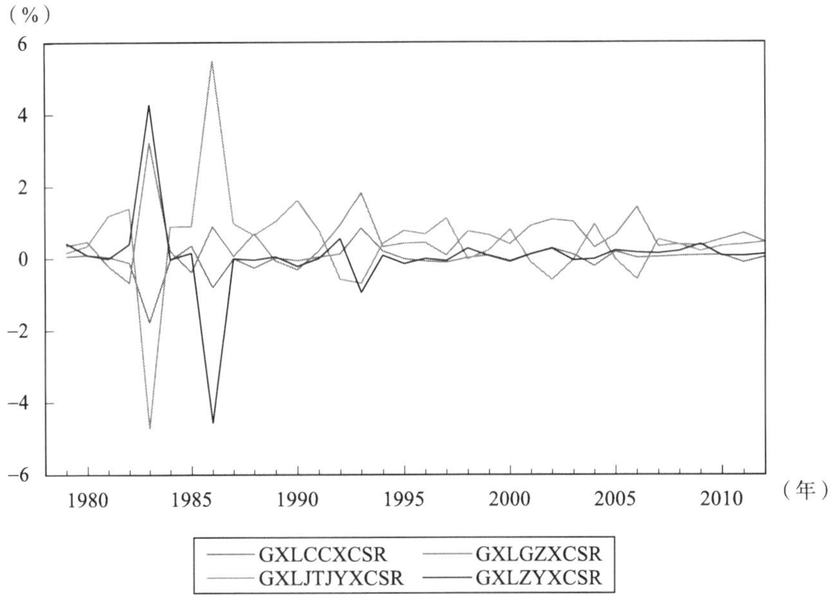

图5　1978—2006年贵州农民的家庭经营性收入、工资性收入、转移性收入和财产性收入对农民收入增长的贡献率示意图

注：GXJTJYXCSR——贵州农民的家庭经营性收入对农民收入增长的贡献率；GXLGZXCSR——贵州农民工资性收入对农民收入增长的贡献率；GXZYXCSR——贵州农民转移性收入和财产性收入对农民收入增长的贡献率。

三、结　语

综合前面的分析，可以得出以下结论：（1）改革开放以来，贵州省农民收入增长的的速度，都与国家、地方政府的政策扶持有很大关联。政策和制度能够强烈地影响农民的社会地位和经济命运。（2）农业结构的调整，提高了农业综合生产能力和农村经济的总体素质，促进了农业生产，扩大了农产品产量，增加了农产品种类，提高了农产品的市场竞争力，有力地促进了农民收入的增长。(3) 农民收入中，非农产业收入的比重越来越大，尤其是第三产业收入增长具有极大的发展潜力。(4) 贵州农民收入水平较低，一直以来均远远低于全国平均水平，农民家庭经营收入在农民收入中的比重逐渐下降，这表明贵州农民增收的产业基础依然薄弱。贵州是全国贫困人口最多、贫困面最大、贫困程度最深的省份，是全国连片特困地区扶贫攻坚的关键地区，全省有66个县被纳入武陵山、乌蒙山和滇黔桂石漠化3个连片特困片区，占全国新划定11个连片特困片区共计505个覆盖县数的12.9%，全省贫困人口数和贫困发生率在全国均居第一位，贵州扶贫开发工作任重道远。加快实施产业扶贫，夯实产业基础，无疑是增强贵州贫困农民自我发展能力，提高农民收入水平的最有效路径，产业扶贫的潜力和发展空间巨大。

主要参考文献

[1] 贵州省统计局，国家统计局贵州调查总队．贵州统计年鉴［M］．北京：中国统计出版社，2000—2012.

[2] 贵州省统计局．贵州五十年［M］．北京：中国统计出版社，1999.

[3] 中华人民共和国国家统计局．中国统计年鉴［M］．北京：中国统计出版社，1996—2012.

[4] 叶韬．调整结构 突出重点 推进产业化推动扶贫脱贫攻坚再上新台阶［EB/OL］．贵州省扶贫开发办公室网站：http：//www.gzfp.gov.cn/Web85/News/20111114/8506.htm.

贵州省新农保政策的减贫效应理论与实证分析*

张登利**

摘　要

新型农村养老保障制度作为我国农村地区推行的一项惠民政策，是以保障农村居民年老时的基本生活为目的，建立个人缴费、集体补助、政府补贴相结合的筹资模式，养老待遇由社会统筹与个人账户相结合，与家庭养老、土地保障、社会救助等其他社会保障政策措施相配套，由政府组织实施的一项社会养老保险制度，是国家社会保险体系的重要组成部分。减少农村贫困人口，健全农村社会保障体系，保证整个社会和谐发展，已经成为全社会的基本共识。那么现行的新农保政策到底有没有减贫效应呢？若有，它又在多大程度上减轻了农村的贫困问题呢？这正是本文的研究目的。贵州省作为全国贫困人口最多、贫困面最大、贫困程度最深的少数民族省份，对我们此项研究具有典型的代表意义。

关键词

新型农村养老保障　减贫效应　理论分析　实证分析

一、新农保减贫效应的理论分析

新农保制度有两大特点：第一，实行基础养老金加个人账户的制度模式，

---

* 基金项目：贵州省哲学社会科学规划（2011 年度）青年课题（11GZQN12）。

** 张登利，华中科技大学社会学系博士研究生，贵州省社会科学院助理研究员。主要从事社会保障研究。

基础养老金由政府给予全额补助。第二，实行个人缴费、集体补助、政府补贴相结合的筹资方式，地方政府对农民个人缴费给予补助。从基金运行的流程上来看，包括缴费、投资运营和给付三个环节（具体见图 1）。从理论上分析，对于处于缴费阶段（16～59 岁）的农民来说，新农保不具有任何的减贫效应，甚至会增加贫困。因为对于处于缴费阶段的农民来说，除了不能领取到养老金之外，还要缴纳数额不等的养老保险费，虽然地方政府给予不低于 30 元/人·年的缴费补贴，部分有能力的村集体还给予集体补助，但这些均要计入个人账户，60 岁之前不能提前支取，由于新农保的缴费标准比较低（最低标准仅为 100 元/人·年），其生产和生活基本不会产生影响，因此，从这个意义上来看，新农保的减贫效应是中性的。另外，新农保的缴费标准虽然比较低，但或多或少地会挤占中青年农民的生产和生活资金，甚至还会给贫困家庭带来经济负担，因此，从这个意义上来说，新农保的减贫效应是负的，即还会加剧贫困。当然，国家也充分考虑到了农村重度残疾人等缴费困难群体无力缴费的情况，要求地方政府为其代缴全部或部分最低标准的养老保险费。因此，总起来看，对于处于缴费阶段的农民来说，新农保的减贫效应是中性的，甚至有可能是负的。

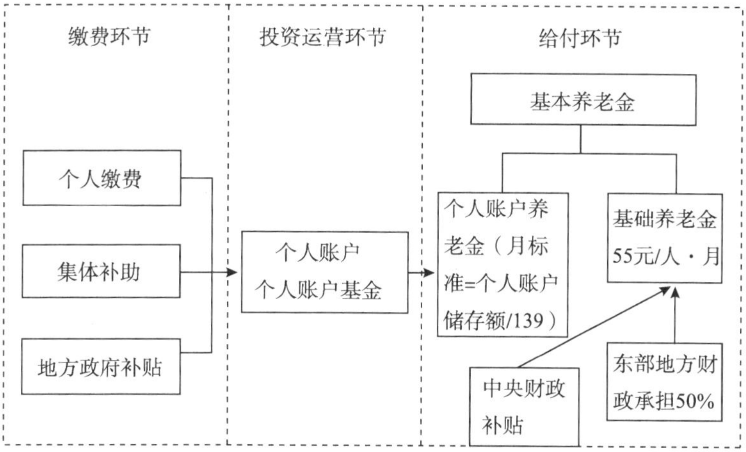

图 1　新农保基金运行流程

从理论上来分析，对于处于领取阶段（60 岁及以上）的农民来说，新农保具有正减贫效应，原因在于新农保具有政府补贴。具体来看，对于“老人”（新农保制度实施时已满 60 周岁的）而言，不用缴费就可以领取到不低于 660 元/人·年的基础养老金（但其符合参保条件的子女应当参保缴费，理论界称为“捆绑式缴费”)，从各地新农保试点的实践来看，“老人”的基础养老金的享受率非常高，大部分为100%，低的也在90%以上，因此，对于“老人”而言，每年的收入至少会增加660元；对于“中人”（新农保制度实施时距领取年龄不足15年的）和“新人”（新农保制度实施时距领取年龄超过15年的）而言，当其缴费至60岁达到待遇领取条件时，除了能享受到基础养老金（包括中央基础养老金和地方基础养老金）之外，还可以将原来计入个人账户的政府缴费补贴逐月领取出来，每年的收入至少会增加660（“中人”）和690元（“新人”）。因此，对于处于领取阶段（60岁及以上）的农民来说，新农保具有正的减贫效应。

综上而言，从理论上分析，对于处于缴费阶段（16~59岁）的农民来说，新农保不具有减贫效应，或者存在负的减贫效应；对于处于领取阶段（60岁及以上）的农民来说，新农保具有正的减贫效应。

那么，新农保到底对试点地区到底有没有产生减贫效应？这就需要根据新农保的试点的实际情况进行实证分析。

二、基于县级层面的新农保减贫效应评估

（一）数据来源

我国虽然于2009年9月就发布了新农保试点指导意见，但直到2009年底才公布320个首批新农保试点县名单，即新农保的正式启动时间为2009年12月末，因此，新农保对2009年经济状况、农民收入状况等的影响基本可以忽略。因此，可以将2009年当作未试点的年份来看待。

从理论上来说，评估新农保有没有减贫效果，可以从省、县、农户四个层面上来分析。由于新农保刚试点推行不久，目前仅有2010年和部分2011年的数据，无法采用时间序列数据或面板数据来分析，同时由于其他贫困影响因素等原因，因此，本文仅从贵州省少数民族地区试点县和农户两个层面来分析新农保的减贫效应。

（二）基于县级层面的新农保减贫效应评估

1. 研究方法与样本选取

新型的农村合作医疗制度试点工作已经有效的开展，本文意将试点地区作为处理组，非试点地区作为控制组，以研究新型农村社会保障对处理组的影

响，从而通过比较试点地区与非试点地区之间的差异，得出新农保的可行性与功效性。因此，本研究意通过倍差法（different - in - different，DID）模型的建立来评价和估计新农保在全国范围内的减贫效应。

在样本的选取上我们以贵州省民族地区试点县为例，以增收效应代替减贫效应。即通过构建出计量模型、比较处理组（试点县）和控制组（非试点县）的农民人均纯收入，观察在实行新农保试点后，处理组收入增长是否快于控制组。如果是的话，那么我们说新农保有助于农民的收入增长，新农保政策对减贫是有效的；否则，就认为新农保政策对农民的增收没有显著的作用。

《国务院关于开展新型农村社会养老保险试点的指导意见》发布后，截至2011年底，贵州已有73个县实施新农保试点，覆盖率达到77.5%，新农保参保人数已达330万人，综合参保率为70%，其中60岁以上参保并领取养老金人数达到95万人，参保率为83%，发放养老金6.57亿元。表1为贵州省新农保试点县名单。

表1　贵州省新农保试点县名单

贵阳市（6个）	修文县、开阳县、息烽县、清镇市、花溪区、乌当区
遵义市（7个）	遵义县、湄潭县、正安县、道真仡佬族苗族自治县、务川仡佬族苗族自治县、习水县、余庆县
安顺市（6个）	平坝县、西秀区、普定县、关岭布依族苗族自治县、镇宁布依族苗族县、紫云苗族布依自治县
黔南州（9个）	都匀市、福泉市、平塘县、三都水族自治县、罗甸县、荔波县、独山县、长顺县、瓮安县
黔东南州（16个）	凯里市、镇远县、麻江县、雷山县、丹寨县、天柱县、剑河县、锦屏县、从江县、榕江县、岑巩县、施秉县、台江县、三穗县、黄平县、黎平县
铜仁地区（8个）	铜仁市、思南县、德江县、松涛苗族自治县、石阡县、印江土家族苗族自治县、沿河土家族自治县、江口县
毕节地区（7个）	金沙县、威宁彝族回族苗族自治县、大方县、赫章县、纳雍县、织金县、毕节县
六盘水市（4个）	钟山去、六枝特区、盘县、水城县
黔西南州（8个）	兴仁县、贞丰县、普安县、望谟县、册亨县、晴隆县、安龙县、兴义市

贵州省首批试点县有11个：贵阳市的开阳县、修文县、息烽县、遵义市的遵义县、安顺市平坝县、六盘水市钟山区、铜仁地区铜仁市、黔南布依族苗

族自治州福泉市、黔西南布依族苗族自治州兴仁县、黔东南苗族侗族自治州凯里市、毕节地区金沙县。其中选取民族地区试点县三个，分别为黔南布依族苗族自治州福泉市、黔西南布依族苗族自治州兴仁县、黔东南苗族侗族自治州凯里市。2011年7月贵州省第二批53个新农保试点县确定并开始试点，涉及民族地区试点县的共7个。由于贵州省第二批新农保试点县的开始时间是2011年7月，该批试点县2011年的农民人均纯收入情况对本研究没有影响，笔者特选取贵州省10个少数民族县2009年和2010年的数据用于分析（见表2）。

表2　样本县的选取

试点县（3个）	非试点县（7个）
黔南布依族苗族自治州福泉市、黔西南布依族苗族自治州兴仁县、黔东南苗族侗族自治州凯里市	紫云苗族布衣族自治县，岭布衣族苗族自治县，镇宁布衣族苗族自治县，威宁彝族回族苗族自治县，三都水族自治县，印江土家族苗族自治县，道真仡佬族自治县

样本县的基本经济状况如表3所示。2009年、2010年的数据均全部来自《贵州统计年鉴2010》和《贵州统计年鉴2011》。试点地区在人均GDP、农民人均纯收入等方面的均值超过了非试点地区。我们利用SPSS17.0软件，对试点地区和非试点地区的人均GDP、农民人均纯收入指标进行均值比较（选择两独立样本t检验），发现在0.05的显著性水平下，试点地区和非试点地区在各项指标上的均值统计上无显著差异（见表3），因此，本样本基本不存在选择偏误问题。

表3　样本县基本经济指标

指标与项目	2009年		2010年	
	人均GDP（元）	农民人均纯收入（元）	人均GDP（元）	农民人均纯收入（元）
总体均值	14353.59	4057.60	16089.99	4200.20
总样本量	10	10	10	10
非试点地区均值	16255.47	3891.72	15597.12	4004.90
非试点地区样本量	7	7	7	7
试点地区均值	15714.56	4109.65	16235.34	4490.35
试点地区样本量	3	3	3	3
均值比较显著性	0.388	0.415	0.712	0.378

资料来源：根据2010年贵州统计年鉴和2011年贵州统计年鉴的数据计算整理。

2. 计量模型构建

下面构建出倍差法模型来评估新农保的减贫效应。D_t 为时间虚拟变量，P_i 为政策虚拟变量，D_t 和 P_i 的赋值情况如下：

0，$t=2009$（新农保实施前）0，　$i \in$ control（非试点区）$D_t=$　$P_i=$

1，$t=2010$（新农保实施后）1，　$i \in$ treatment（试点地区）

则关于农民人均纯收入的倍差法模型为：

$$y_{it} = \beta_0 + \beta_1 D_t + \beta_2 P_i + \delta D_t P_i + \varepsilon (i = 1,2,3,\cdots,43; t = 2009,2010) \quad (1)$$

（1）式中，y 指农民人均纯收入，是被描述变量，i 指的是样本县，是截面标示符，t 指时间，β_0、β_1、β_2和δ 指待估参数，ε 指残差项，指未被概括的那部分收入额。具体如表 3 中所示：

$\beta_0 = E$（$ylt = 2009$，$i \in$ control）$=3891.72$

$\beta_0 + \beta_1 = E$（$ylt = 2010$，$i \in$ control）$=4004.90$

$\beta_0 + \beta_2 = E$（$ylt = 2009$，$i \in$ treatment）$=4109.65$

$\beta_0 + \beta_1 + \beta_2 + \delta = E$（$ylt = 2010$，$i \in$ treatment）$=4490.35$

在模型（1）中，y 作为农民人均纯收入，指被描述变量，待估参数 β_0、β_1、β_2 和 δ 则是用来概括以调查到农民的人均纯收入额，其中占概括了新农保对农民人均纯收入的影响（见表 4）。

表 4　新农保对农民人均纯收入的净影响

差分项目	2009（S1）	2010（S2）	差分（$\triangle S = S_2 - S_1$）
非试点地区（R）	$\beta_0=3891.72$	$\beta_0+\beta_1=4004.90$	$\beta_1=113.18$
试点地区（R_2）	$\beta_0+\beta_2=4109.65$	$\beta_0+\beta_1+\beta_2+\delta=4490.35$	$\beta_1+\delta=380.7$
差分（$\triangle R = R_2 - R_1$）	$\beta_2=217.93$	$\beta_2=485.45$	$\delta=267.52$

模型（1）的概括描述显示，新农保对农民人均纯收入具有正向的影响效应（δ 的符号为正），因此，可以提出本研究的核心假设，即通过新农保的实施，可以增加农民收入，进而减轻农民贫困现状。

图（1）是用以描述模型（1）在现实中的实际运用，通过对新农保和农民人均收入的关系进行分析，得出新农保在减贫方面的效果。对模型（1）进行扩展，把内在机制对农民人均纯收入的影响纳入模型，此时，模型（1）转化为：

$$y_{it} = \alpha_{it} + \theta P_{it} + \sum \eta_{it} x_{it} + \mu_{it} \quad (i = 1,2,3,\cdots,43; t = 2009,2010) \quad (2)$$

（2）式中，y_{it} 是被解释变量农民人均纯收入，α_{it} 为模型的常数项，θ 和 η_{it} 是待估参数，x_{it} 是内生解释变量，μ_{it} 是随机误差项。只是代表新农保政策影响的虚拟变量，试点地区在试点之后受到了新农保政策的影响，因此 $P_{i,2010}=1$，非试点区域在成为试点前后都没有受到新农保的影响，由此得出 $P_{i.2009}=P_{i,2010}=0$。同时，发现试点地区在试点之前也没有受到新农保的影响，因此得出 $P_{i,2009}=0$。

下面确定控制变量 x_{it}。一般而言，影响农民人均纯收入的因素有农业产出量、农产品价格、国家财政对农业的投入量、农民非农收入、农民承担的税费和提留摊派、农民享受到的各种福利和转移性收入等，受数据获得可及性的限制，我们选取人均地区生产总值（ $GDPP_{it,}$ ）作为解释变量进入模型。由于选取的贵州省样本县为“期数短而截面成员较多”的面板数据，为了反映出新农保政策对农民人均纯收入的影响，需要选择变截距模型。

另外，根据对个体效应处理形式的不同，变截距模型又可以分为同定效应模型、随机效应模型。该模型要求随机变化的个体效应和解释变量不能有关联，由于许多影响农民人均纯收入的因素如农业总产值、国家财政对农业的投入量、农民非农收入等未被纳入到模型中，而这些因素显然与 $GDPP_{it,}$ 相关，因此，此处不适宜采用随机效应模型。这里将个体效应没定为跨截面变化的常数，建立个体固定效应变截距模型，模型形式为：

$$y_{it} = \alpha_{it} + \theta P_{it} + \eta GDPP_{it} + \mu_{it} \quad (i = 1,2,3,\cdots,43;t = 2009,2010) \quad (3)$$

3. 实证结果分析

根据选取的贵州省10个民族试点县的样本数据，采用 Eviews 6.0 软件来对模型（3）进行估计，具体的估计结果如表5所示。

表5　模型（3）的个体固定效应估计结果

解释变量	系数	标准误	t 统计量	P 值	可决定系数 R_2
C	2622.898	193.034	13.588	0.000	0.967
$GDPP_{it,}$	0.112	0.011	10.325	0.000	
P_{it}	267.85	83.732	3.199	0.003	

在个体围定效应评析中，α_{it} 被分解成常数项C、各截面的固定效应，鉴于各地区差异不是本研究的分析对象，此处不予给出。通过表5，我们可以发现新农保的政策影响顺利通过了显著性检验，系数 $\theta=267.85>\delta=67.52$，这说明新农保的增收（减贫）效应比观察到的效果还要大。因此，可以做个大胆的推断，在新农保政策下，农民不会因为缴费而导致生活贫困，我们不应该低

估农民的缴费能力。况且国家在制定政策时也已经充分考虑到了缴费困难群体，规定“对于农村重度残疾人等缴费困难群体由地方政府为其代缴全部或部分最低标准的养老保险费”。当然，由于新农保的保障水平很低（目前领取养老金的人员几乎全为“老人”，其领取的基础养老金仅为660元/年），其增收、减贫效应还非常有限。

我们以农民人均纯收入作为被解释变量，以人均GDP和新农保政策变量作为解释变量，基于2010年贵州省的数据估计新农保对贵州省农民人均收入的贡献，结果没有通过显著性检验（见表6）。究其原因在于，新农保的试点范围还很小，对全省的影响还十分有限，要想新农保的增收（减贫）效应凸显出来，需要尽快实现新农保的全覆盖。

表6　新农保政策对贵州农民纯收入的影响

解释变量	系数	标准误	t统计量	P值	可决定系数R_2
人均GDP	0.065	0.030	2.186	0.035	0.103
政策虚拟变量	244.209	262.122	0.932	0.357	

三、基于农户视角的新农保减贫效应评估

（一）数据来源

下文分析中的数据来自本课题组于2012年7月对贵州省黔西南布依族苗族自治州兴仁县、黔东南苗族侗族自治州凯里市的农户进行问卷数据调查。作为贵州省首批新农保的试点，兴仁县和凯里市的开始时间为2010年1月。为了便于与试点地区进行对比，我们选择2012年7月尚未开展新农保试点的黔南布依族苗族自治州贵定县作为参照组。兴仁县、凯里市和贵定县是典型的农业县市，在兴仁县，笔者所在的课题组共调查了4个村，获得有205份有效问卷，在凯里市，课题组调查了6个村，获得280份有效问卷，在贵定县，课题组调查了5个村，获得230份有效问卷。

本调查选取了较有代表性的几个自然村，在当地工作人员的带领下，调查员找到主要村干部获取本村的常住居民名单，再按照等距法对调查对象抽样，每个村抽取45~55户，最后在试点地区获得有效问卷485份，未试点地区获得有效问卷230份，这里仍然以增收效应代替减贫效应。下面分别分析新农保对60岁以上农村老年居民以及对整个农户家庭的增收（减贫）效应。在分析

新农保对 60 岁以上农村老年居民的增收（减贫）效应时，主要采用试点县的调研数据；在分析新农保对农户的增收（减贫）效应时，将同时采用试点县和非试点县的数据。

（二）新农保对农村老年居民的减贫效应评估

1. 新农保对农村老年居民收入的影响

这里的农村老年居民是指 60 岁以上的农村居民。从调研数据中发现，60 岁以上的农村老年居民共有 204 人，均已开始领取养老金。从农村老年居民领取的养老金待遇标准上来看，领取 55 元/月的农村老年居民占调查人口的 39.4%，领取 60 元/月的老年居民占调查总人口的 37.9%，每月领取 60 元以上的老年居民占总调查人口的 22.7%，而养老金的最高金额能达到 600 元。通过综合分析发现，老年居民领取养老金的平均值为 67.07 元/月（见表 7）。可见，农村老年居民日前领取的养老金水平非常低。

表 7　目前 60 岁以上老人领取的养老金待遇

	月养老金待遇	频数	有效百分比	累计百分比	最大值	平均值
有效	55 元	80	39.4%	39.4%	600 元	67.07 元
	60 元	77	37.9%	77.3%		
	60 元以上	46	22.7%	100%		
缺失	系统	1				
合计		204				

在问及领取的养老金待遇能否满足其基本生活需要时，回答的选项有 5 种，分别是“远远不能满足”“稍微不能满足”“对生活影响不大”和“基本能满足”“完全能满足”，而居民的回答比率也从 34% 向 0.5% 依次递减（见表 8）。可见，绝大多数农村老年居民（78.8%）认为其目前领取的养老金不能满足其基本生活需要或对其生活改善不大。

表 8　领取的老年金待遇能否满足老年居民的基本生活需要情况

	能否满足基本生活需要	频率	有效百分比（%）	累积百分比（%）
有效	远远不能满足	69	34.0	34.0
	稍微不能满足	64	31.5	65.5
	对生活影响不大	27	13.3	78.8
	基本能满足	42	20.7	99.5
	完全能满足	1	0.5	100.0
缺失	系统	1		
合计		204		

在问及“您或周边达到领取标准的人，是否每月都能按时足额领到养老金”时，有93.6%的受访居民都给出了肯定的答复。可见，目前基本能保证新农保养老金的按时足额发放。

从以上分析数据中发现，目前农村老年居民领取的养老金偏低，平均仅为67元，还不能满足大多数农村老年居民的基本生活需要，其减贫效应还十分有限。老年农民领取的养老金比较低的主要原因在于，目前领取养老金的人员大都是“老人”（新农保制度实施时已年满60岁的人员），以前曾经参加过“老农保”或补缴养老保险费至15年的“老人”还不多，基础养老金的低水平是导致当前农村老年居民领取到的养老金待遇水平低的主要原因。

调查中，当被问及“您对现在发放的新农保基础养老金满意吗”时，有13.7%的农村老年居民选择很满意，49.5%选择比较满意，22.1%选择一般，还有14.7%的农村老年居民选择不太满意或不满意（见表9）。可见，新农保制度从无到有，对农民来说是个巨大的福祉，以至于那些从未缴纳过养老金的老人也可以在每月领取到≥50元的现金补贴，使得农村老年居民对党和政府心存感激，但由于基础养老金水平较低，部分农村老年居民还是不太满意。

表9 农村老年居民对现在发放的新农保基础养老金的满意度

满意度	频率	有效百分比（%）	累积百分比（%）
很满意	28	13.7	13.7
比较满意	101	49.5	63.2
一般	45	22.1	85.3
不太满意	27	13.2	98.5
很不满意	3	1.5	100.0
合计	204	100.0	

2. 参保前后农村老年居民收入是否够花销的对比

收入是决定消费的最重要的因素，新农保对农村老年居民的增收（减贫）效应可以部分地从其参保前后的收入是否够其花销中看出。根据调研数据，在平日用度上，未参保前，55.7%的居民都会出现收入小于花销支出的现象，且还有35%的居民会迫于花销压力而主动向子女寻求资助。参保后，收入小于花销支出的居民百分比出现了6.2个点的下降，而主动向子女寻求资助的居民的百分比也出现了1.1个点的下降。也就是说，参加新农保之后，收入不够花销以及主动找子女要的农村老年居民的百分比都有所下降。虽然新农保的保障水平不高，但就调查结果来看，新农保的实施还是无疑于给农村的老年居民增加了经济上的收入，并对农村老年居民的日常花销产生了影响（见表10）。

表10 参保前后农村老年居民收入是否够花销的对比

	收入是否够花销	有效百分比（%）	是否主动找子女要钱	有效百分比（%）
参保之前	是	44.3	是	35.0
	否	55.7	否	58.5
参保之后	是	50.5	是	33.9
	否	49.5	否	59.6

3. 新农保对农民家庭关系带来的影响

从调查结果看，7.6%的受访对象认为新农保的实施对其家庭关系的改善较大，24.2%的受访对象表示家庭关系有所改善。究其原因在于，60岁以上的老年人每月可以领取到基础养老金（不低于55元），收入增加，不但向子女伸手要钱的少了，而且还有余钱给孙辈买零食和玩具，这有效地改善了婆媳、父子、爷孙等关系。这从侧面反映了新农保对农村老年居民具有一定的增收（减贫）效应。

4. 新农保对老年居民劳作时间带来的影响

新农保对农村老年居民参加农业劳动时间的影响一般而言，若新农保能给农村老年居民提供一个基本的生活保障，会促使农村老年居民缩短农业劳动时间，甚至会提前退出农业生产劳动。因此，下面通过分析新农保对农村老年居民参加农业劳动时间的影响，以此来评估新农保的增收（减贫）效应。

依据调研数据，新农保对农村老年居民的年参加劳动时间的缩短也起到了积极的作用，表现在领取养老金之前的6.89个月和领取养老金之后的5.86个月。此外，新农保也缩短了16.8%的老年受访者的农业劳动时间，充分的证明了新农保在农村老年生活保障方面的优势与益处（具体结果见表11）。也就是说，新农保缩短了农村老年居民参加农业劳动的时间，这也进一步说明新农保对农村老年居民来说具有一定的增收（减贫）效应。

表 11 领取老年金前后老年居民参加农业劳动时间均值结果

	成对差分					t	df	Sig.（双侧）
	均值	标准差	均值的标准误	差分的 95% 置信区间				
				下限	上限			
领取养老金后参加农业劳动的时间——领取养老金前参加农业劳动的时间	-1.422	3.639	0.287	-1.989	-0.856	-4.959	160	0.000

5. 新农保对农村老年人口土地转包行为的影响

在农村地区，土地养老和养儿防老是老年人重要的养老方式，新农保实施以后可能会对土地养老产生一定的替代效应。下面运用调研数据进行验证，结果发现，在开始领取养老金之后，一部分老年居民开始转变观念，并自愿将自己名下的土地转包出去，这一事实证明了新农保在土地保障方面也有影响，同时也从侧面证明了新农保对农村老年居民具有一定的增收、减贫效应。

（三）新农保对农户的减贫效应评估

1. 新农保对农户收入的影响

由于针对试点地区的问卷中，仅设置了有关“您家去年（2010 年）收入”的问题，未设置“您家参保前一年（2009）收入”的问题，因此无法进行配对均值比较，这里我们将试点地区（处理组）和未试点地区（参照组）进行比较。

查阅《贵州统计年鉴 2010》的数据，在这里我们的农民家庭人均纯收入计算方法与统计年鉴上的略有差别，农民家庭人均纯收入：（去年家庭总收入 -/t 业生产资料支出）/家庭常住人数口。根据调研数据，剔除部分缺失值，经计算发现 2010 年兴仁县和贵定县的农民家庭人均纯收入分别为 3490 元和 3755 元。此时，对兴仁县农民家庭人均纯收入和贵定县农民家庭人均纯收入为变量进行独立样本实验，在 95% 的置信水平下，得出 2010 年兴仁县和贵定县的农民家庭人均纯收入不存在显著性差异（Sig. >0.05），具体检验结果见表 12。由此可见，对整个农户家庭而言，新农保的增收（减贫）效应并不明显。

表12　参保地区和未参保地区农民家庭人均纯收入比较

	均值方程的 t 检验						
	均值差值	标准误差值	差分的95%置信区间		t	df	Sig.（双侧）
			下限	上限			
参保地区农民家庭人均纯收入－未参保地区农民家庭人均纯收入	-64.009	638.971	-1318.494	1190.476	-0.100	715	0.920

2. 新农保对农户消费水平的影响

收入是决定消费的重要因素，农户参保后，对于年轻人来说，会产生未来养老收入增加的预期，因此会加大当期的消费；对于老年人而言，参保后每月会定期获得一笔养老金收入，这笔增加的收入会对老年人及其所在的家庭产生一定的消费促进作用，因此，从理论上来讲，新农保会通过增加年轻人未来养老收入和老年人当期养老收入的方式间接地对农户的消费产生促进作用。

通过对试点地区参保前和参保后农户平均每月家庭消费支出进行频数分析后得出如下结论，即参保前后，农户平均每月的家庭消费在保持990.77元的基础上有所增加，虽然额度不大，但也已经是一个很大的进步了。进一步对比发现，参保后每月平均消费为1000元的家庭增加了0.1个百分点，而每月消费1000元以下的农户则减少了2.3个百分点，每月平均消费为2000元的农户也有所减少，减少了0.4个百分点。

同时，对参保前后家庭平均每月的消费情况为变量进行配对样本t检验，得出了表13中的结论，并使参保后的农户平均每月比参保前增加了一定的补贴金额。

表13　参保前后农户家庭每月平均消费均值比较结果

	成对差分					t	f	Sig.（双侧）
	均值	标准差	均值的标准误	差分的95%置信区间				
				下限	上限			
参保后家庭月均消费－参保前家庭月均消费	29.393	145.949	6.124	17.364	41.421	4.800	67	0.000

通过对试点地区的调研数据分析，虽然从统计上来看，参保前后农户家庭的月平均消费水平发生了显著的变化，但是参保后家庭月均消费平均增加不到

30 元，这不到 30 元的绝对增加值在物价水平较高的今天，是否显著地提升了农户家庭的消费水平还有待于进一步研究，因此，统计上的影响显著并不能代表实际意义的显著，从调查分析结果来看，新农保对于农户家庭消费的促进作用不大。这间接地反映出新农保对农户的增收（减贫）效应不大。

小 结

（1）从理论上分析，对于处于缴费阶段（16～59 岁）的农民来说，新农保不具有减贫效应，或者可能存在负的减贫效应；对于处于领取阶段（60 岁及以上）的农民来说，新农保具有正的减贫效应。

（2）通过构建倍差法计量模型对贵州省 10 个县域经济数据进行实证分析，发现新农保政策具有显著的增收、减贫效应，但由于新农保的覆盖面还不大，其对贵州省整体农民人均纯收入的影响还没有体现出来。另外，新农保政策不会因为农民缴费而致使其生活变得贫困，即对于处于缴费阶段的农民来说，新农保不会产生负的减贫效应。

（3）根据调研数据分析新农保对农村老年居民以及整个农户家庭的减贫（增收）效应，发现：新农保对农村老年居民而言产生了一定的减贫（增收）效应，它使得农村老年居民的收入平均每月增加了 67 元，收入够花销的农村老年居民的比例上升，家庭关系得到了一定的改善，农村老年居民参加农业劳动的时间缩短，并使得一定比例的农村老年居民愿意将土地转包出去，但由于农村老年居民领取的养老金水平偏低，其减贫效应还十分有限；对农户家庭而言，已参保和未参保地区的农民家庭人均纯收入不存在显著性差异，这说明对农户而言，新农保的减贫（增收）效应不明显；另外，新农保虽然增加了农户家庭的消费，但增加的数额非常小（每月不到 30 元），这从侧面反映出，对整个农户家庭而言，新农保的减贫（增收）效应并不明显。

社会建设视域下产业扶贫开发的地方经验及创新研究

曾　芸*

“国发［2012］2 号文件”及“武陵山片区区域发展与扶贫攻坚规划（2011—2020）”的出台，使贵州历史性地成为国家新一轮扶贫攻坚示范区的重中之重，这对于地处武陵山主峰区及苗岭、乌蒙两大山脉连片特殊贫困地区的贵州，无疑是一次难得的历史性发展机遇。贵州省扶贫开发不仅事关全省经济社会发展的全局，并对维系全国和谐稳定的局面有着十分重要的战略地位。目前，产业发展的扶贫模式在扶贫工作中取得了较为显著的成绩，特别对欠发达地区的跨越发展和贫困群众的稳定增收带来了较为深刻的影响。然而，贵州扶贫发展事业有其艰巨性和特殊性，要打开这一区域扶贫开发的新局面，需要新的思路、策略。特别是产业扶贫在贵州省的展开过程中，在拥有发展机遇的同时，也面临着一些困境和问题，亟待深入了解基层工作的现实情况，来系统地总结扶贫工作中的各种经验，从而对相关政策的调整提出一些建议。

2012 年 5 月 9 日至 5 月 24 日，由贵州省人大和省扶贫办组建调研组，深入武陵山区（贵州）道真、务川、印江、湄潭四县，就扶贫开发现状、经验与问题进行实地调研，在此基础上，撰写出调研总报告。经过前期准备，课题调研组分为两个大组、6 个小组，在 4 个县，8 个乡镇，18 个村，30 多个考察点进行了 16 天的实地调查。通过座谈会、个别访谈、收集资料、现场考察等方式，对县、乡镇、村三级领导、职能部门负责人，村民、返乡创业者、外来投资者、留守老人、留守妇女、留守儿童、返乡农民工、残疾人、村医、村校

* 曾芸，贵州大学副教授，博士，主要研究方向：农村社会学。

教师、民办学校校长、领办企业干部、科技人员、挂职干部等约200人次进行访谈，与300余名干部、群众、科技人员进行座谈，获得访谈录音文字整理资料30余万字，电子资料400余份，文字资料105份。被访者的智慧，无疑成为了本文的坚实基础。

一、产业扶贫开发的经验总结

（一）生产性公共服务的社会化

孵化和推进产业扶贫中技术支持体系的公共服务专门化平台的建立，在务川县的扶贫实践探索中已经显示出它的生命力和重大价值。2007年开始，围绕省里建立生态畜牧业大省的目标，务川县成立草地生态畜牧业发展中心。以四大体系的建设为载体，推进产业的快速发展（见表1）。

第一，良种繁育体系建设。2010年务川县整合资金1200万元，建成了3000只规模的县级山羊原种场；投入938万元在14个乡（镇）建立了300只规模的二级扩繁场；建立了110个羊品改点。解决和缓解了项目建设中引种难和引种应急反应造成引种死亡的问题。

第二，饲草饲料种植体系建设。一方面结合扶贫项目实施坡地、林下种草、牧草地改良的同时，推行好田好土种植优质高产牧草，提高饲料单产亩产达3万斤；另一方面充分利用秸秆资源，投入200多万元秸秆养畜农机具配套补贴资金，推广机械粉碎农作物秸秆开展饲料青贮、微贮1200吨，成功解决了规模养羊的饲料紧缺问题。

第三，疫病防治体系建设。一是改春、秋两防为常年防疫，县级财政投入56万元常年防疫工作经费，并增加100万元预算用于解决防疫员报酬低的问题；二是为解决基层技术力量问题，从华中农大、西南农大、贵州大学等高校引进畜牧专业17名本科生充实基层畜牧站，同时实施配备了250名村专职畜牧防疫人员；三是建立7个动物边境消毒检查站和15个乡（镇）报检点，加强疫情的监测检测工作。

第四，产业服务体系建设。县级财政解决启动资金40万元，成立务川自治县草地生态畜牧业农民专业合作社，15个乡（镇）分别成立分社。合作社实行自我管理、自我发展、自主经营的企业化运作，进行产前、产中、产后服务，合作社技术人员与村级防疫员整合承担后续服务，建立了广泛的利益连接机制。并且，制定了专业技术管理人员考核办法。其中，在职（县、乡两级）

专业技术人员通过申请可加入合作社，与招聘的技术人员同奖同惩，实行基础工资加效益工资制。根据绩效考评结果，每年评选前15名招聘的优秀技术人员进行奖励，由合作社根据相关法规为其提供社会保险。

表1　务川自治县草地生态畜牧业三级四大体系建设一览表

三级良种繁育体系	三级饲草饲料体系	三级防疫治病体系	三级技术服务体系
县级山羊原种场	县级有机饲料厂	县级动物疫病控制中心、卫生监督所及化验室建设	县级龙头企业（合作社）的服务带动作用
乡镇二级繁育场	乡镇饲料加工收储站	乡镇畜牧兽医站、动物检疫报检点、边检消毒检查站建设	乡镇合作社产前、产中、产后服务作用
项目小区（户）杂交改良优质肉羊生产	项目小区（户）饲料种植、生产加工及利用	村级兽医室和村级防疫员建设	合作社辅导员、民选村干部、村级防疫员有机整合的项目小区（户）生产服务

生产性公共服务范围包括科技服务、就业培训服务、信息服务、市场服务、风险防范服务、质量安全服务、金融服务、组织化服务等方面。从理论上说，参与经济发展的主体是企业、个人、市场，而政府则是经济发展的服务者和监管者，并不是直接经营者和参与者；从实践上看，政府做好生产性公共服务是确保经济良性、可持续发展的保证。务川县养羊案例已充分说明了这一点。

此外，技术系统与产业主体的需求之间，本质上是一种利益相关的关系。即服务好，农户和技术人员收益同步增加；服务不好，双方损失。由社会提供生产性技术公共服务，超越了政府原有体制中在技术支持方面什么都“该”管，什么都“管不到位”的问题，例如，只有行政经费，没有技术服务、管理经费的制度空档问题。而政府通过购买生产性技术服务的方式，使技术服务按市场经济的规律实现社会化服务，推动了产业的社会性成长。其关键点在于：一是建立独立的公共技术服务体系；二是这个服务体系是社会化的；三是政府要为此体系的建立提供孵化机制和资源。

（二）技术民间传递和能力提升

当产业发展到成熟阶段，即使由政府主导的产业扶贫，也能发现社区主体性的积极作用。例如，湄潭县核桃坝村建有贵州省第一个茶叶良种繁育场，生产的茶苗卖到湖北恩施、四川雅安等附近省市，还有全省的茶苗也都在这里采购。当地村民现在都在从事产业链上游的工作，如茶叶加工、销售以及茶叶技术指导等，收入都很高。比如，当地一村民在黔西县指导种茶，包吃住，4000元/月，还给配车。当地茶叶种植技术、信息经验的交流，主要是在村民亲戚之间、交往的村落之间进行。由于劳动力短缺，当地采取直接流转茶园方式，租金年年定、年年付。主要是公司流转老百姓的茶园，也有农户之间的流转，如德江、思南的老百姓来湄潭承包茶园。对于外地人来村里学习种茶技术，一般是由当地妇女进行培训授课。

应该说，湄潭核桃坝茶产业有着独特的发展历程，在发展之初与产业扶贫也无关，其中许多经验都是无法复制的。但是培育村庄主体性、合作能力、学习能力等方面的民间智慧，为扶贫开发新模式的探索奠定了良好的实践基础：（1）以茶叶种植技术的经验为基础，由于技术的获得需要经过长时期的学习和积累，具有较高的不可替代性，因此农户获得了可持续发展的能力。并且，利用社会关系网络，有效推进了社区技术的传递。（2）在市场实践中农户增加了科技知识，并在民间传递知识过程中增加了社区认同与团结的社会共识，个别技术和知识也在此传递中积淀为地方性生产知识，积累了社会资本。（3）技术分层在市场实践中实现，在农户成为内行的前提下，高层技术需要凸显，尤其是专业技术人员的价值凸显，社会需求的深度与产业发展的速度无缝对接，社会化的科技能力得到了全面提升。

（三）适度规模的生态农业

新时代中国小农场仍然是主要的生产单位，原因部分是我国独特的承包地制度，另外就是其自身的经济优越性。例如，龙凤村位于湄潭县兴隆镇东北面，全村共有2580人，672户，拥有耕地面积3078亩，茶园5376亩。全村共有茶叶加工点35个，有中型企业3个，每天可加工茶青9000余斤，有一个茶青市场，带动了兴隆镇居委会、兴隆村、太平村等茶叶种植。

当地农户种茶人均面积大多未超过5亩，即使家中有人外出打工，也会把多余的茶园转包出去。龙凤村并没有采取与全国许多地方一样的“公司+农户”模式。据村长介绍，他们发现由于公司都有几千亩的茶园基地，造成管理成本和质量监控的巨大难题。通过土地流转的茶园，农民自然不会像照顾自家茶园那样上心，在采摘期公司每天需要支付村民60~80元工钱，村民们只顾多收茶叶，不管采摘质量，对茶园实际上造成了很大的破坏和浪费。即使是返包给村民的茶园，也很难对其滥施农药、化肥等短期行为进行有效监管。相反，每户种一亩茶的纯收益可以达到4000～5000元/亩，一般是1亩茶=2亩水稻=3亩玉米的收益，而且比种烤烟的收益高（250～300斤/亩×10元/斤=2500～3000元/亩）。因此，村民都走上了散户经营的道路，大多都是每个农户种植2～3亩茶，一年能有2万～3万元收入。

调查中还发现，龙凤村对于引进先进技术和新品种的积极性很高，如率先采用平整式杀虫灯，杜绝滥施杀虫剂，既大大减少了茶园虫害，提升了茶叶品质，增加产量，又进一步提高了茶青价格。可见，龙凤村生态茶业已超越传统农业社会的精耕细作，是基于现代农业保障体系的精细管理。

这种中国式的、小规模的、高附加值的、使用新时代技术的发展模式，无疑给正处于十字路口的中国农业提供了新的实践经验。小户经营的优势就在于发展速度快、管理精致，能有效缓解劳动力紧缺的矛盾。并且，通过专业化市场与全国对接，实现规模化生产经营。舒尔茨（T. W. Schultz）认为，传统农业制度下的小农是理性的“经济人”。他们所组织的经济活动是有效率的，资源配置也是合理的。但由于他们无法获得更多的、必需的现代生产要素，造成他们一直处在贫困的状态，亦即是说“贫穷但却有效”。从龙凤村发展经验来看，的确也是走每家每户生产或加工茶的道路。

生产环境的纯净是支撑有机农业的命脉。贵州在工业化上的落后，恰好使其保留了大片原生态、无污染的农业资源，发展有机农业的生态优势明显。根据裕定农业有限公司在全国部分地区的对比测试，同样的生产条件，贵州所出产的果蔬含糖度在9～11度，而北京、广东等其他地区所生产的含糖度仅在3～5度。贵州生态环境得天独厚，与珠三角之间交通便利，发展有机农业拥有其他地区难以比拟的天然优势。由于精品生态农业首先考虑农产品的差异化、生长条件的特殊性及不可替代性、地方优质种质资源等因素，从市场定位上也主要以国内外市场或者是特定消费者市场为主，因此对于规模化的发展应保持谨慎的态度。

（四）生产性合作组织内部分工与产业升级

在实践中，有些项目通过产业链联结利益相关者，按照市场经济规律，建立生产性合作组织，形成了完善的产业分工体系，促进了产业升级，蕴含着丰富的地方性智慧。

例如，“印江洋溪茶叶专业”合作社于2010年11月在县工商局注册成立，一年多时间里，社员从15人发展到165人，其中茶农151人，茶园面积从注册时的400来亩发展到现在的2300多亩，社员出资额从15万元增加到75万元。值得注意的是，合作社建立了规范透明的财务和利益分配制度。(1) 在利益捆绑的资本投入方面，合作社规定以有茶园的茶农为主当股东，种茶户只要出资 100 元就能成为社员。为解决融资问题，向社会进行选择性融资，只要认可合作社章程且有技术或善经营的非茶农人士按比例吸收，但个人出资额不能超过总出资额的 10%，以保证茶农社员的话语权和表决权。(2) 在利益捆绑的利润分配方面，合作社把当年加工、销售等经营所得纯利润按 6∶4 进行返利分红，即当年纯利润 60% 用于社员交售茶青量的二次返利，40% 作为社员出资额的分红。2011 年社员茶青返利 4.8 万元，出资分红 3.2 万元。(3) 在利益共享基础上，合作社的发展目标定位为产、加、销一体化发展思路，用 3～5 年时间发展为省级龙头企业。目前合作社已建成加工厂房 960 平方米，购置机器 32 台（套），年加工能力可达 100 吨。合作社的主要工作是抓管理，强服务，实现统一技术培训，统一收购加工，统一品牌，统一销售，统一物资采购。

洋溪茶叶专业合作社的价值在于：

第一，打破以往“能人”带动，“资本优先”发展农业产业的神话，定义出“能人”带动不是能人当老板，以“资本”优势遮蔽其他生产和经济要素公平、正义的增值权益。而是以“经理人”的利益界定，在社会经济合作组织中充分发挥出“能人”独特的智慧和能力，带领大家共同致富。在此过程中，“能人”不仅收获合理的经济收益，更收获了社会认同和受人尊重的成就感。

第二，以社会化的、以农户利益为主的合作组织，避免完全依赖龙头企业所附带的向资本所有者和无产农业工人两端的社会分化导向。未来建立在利益公平、正义、共享基础上的合作组织，将是农业产业化快速发展的引擎，政府的公共资源和服务应大力向这类组织倾斜，而不是向损害社会共同利益的组织倾斜。在此，市场规则与利益共享规则并不冲突。

第三，合作组织让政府资源有公平合理的平台注入到茶产业的发展中来，同时遵循产业发展内在规律，实现产业从种植到初级加工的捆绑（资源、利益）式提升，通过广泛的社会合作促进产业升级。

第四，农业产业化内涵的规模化、专业化、现代化，并不必然要求资本垄断和集中化，也可以是基于社区合作而形成的规模化。在精细化管理和农业产业经营中，千家万户的散户才是产业得以发展的最根本条件。

第五，基于社区合作的“小户种植＋规模化的加工＋规模化的销售”模式，有利于增加社区的劳动时间，即社区就业。从市场风险的角度来说，扩大了参与群体的范围，实现规模扩大更容易，同时市场风险有了分担，保证了产品质量，风险也变小了。

二、产业扶贫开发的创新研究

（一）产业扶贫开发与生态农业

速水佑次郎（Yujiro Hayami）和弗农·拉坦（Vemon W. Ruttan）的诱导性创新理论认为，尽管不同的国家具有不同的自然资源条件，但通过不同的技术选择都可达到同样高水平的农业生产率。生态农业是传统精耕细作技术和现代农业技术在保持生态良性循环下的有机结合。发展生态农业不仅能促进贫困山区建立适合于当地人与环境可持续协调发展的农业发展模式，而且还将带动贫困山区的农民增收。并且，通过扶贫资源发展精品生态农业的政策性出口，为在产业化发展过程中，培育无公害、绿色、有机农产品消费市场提供了帮助，也为中国食品安全问题解决建构了真正有效的模式。

而从贵州发展经验看，精品生态农业是更适合的发展路径。一方面，它能较好地适应当地的山地生态环境，同时符合现代人对绿色、环保、健康理念的追求；另一方面，可将主要收益留在产业链中的农业生产环节，压缩加工、销售环节的利润空间。

（二）社会合作生产组织方式

武陵山区农业产业化的基础在于种植业、养殖业等产业链条的最低端的建设，其内在机制则是小农家庭普遍参与的小规模、精细化经营，关键是要求利益捆绑的合作方式构成特有的生产和社会组织，作为产业发展的平台和坚实基础。因此，以社会建设解决产业发展的社会基础即生产组织与控制问题，以社会合作解决散户经营组织化、集约化问题；以社会企业运营解决公司与农户合作关系建构问题，以连锁专销网络化解农产品市场风险及解决地方产业收益最大化问题；以政府统一打造品牌解决农民与市场间的通道问题；以利益联结机制解决分享共赢的问题。

第一，以农民自律与互律机制及农民履约能力建设为途径，建立生态农业质量控制机制，为生态农产品的品牌建设打下品质保障的核心基础。主要思路为：①以村或自然寨为单位，推进村庄社会建设，促进农民在合作基础上发展生态农业，通过合作社安排农民合作生产、提供技术服务以及质量管控。②跨村生态农业协会以行政村、自然寨为基础的各类合作社作为主要参与单位，同时也吸纳农民个体及微小企业参与，形成产业协会的生态产品标准，实现信息、技术、人才的自由传递，促进区域内同质、同类产品规模化开发。③推动生态农业协会与涉农企业、管理部门、中介服务组织等合作，形成不同利益主体间的合作共利机制，实现从社区参与到社会参与的转变；④以生态农业发展促进农户自我发展能力提升和当地产业发展品牌建设，实现地方产业经济与扶贫开发的有机统一。

第二，由社会企业组建专业运营管理团队及市场团队，与生态农业协会对接并建立市场终端，通过连锁专销网络形式，降低市场风险。社会企业不属于营利性公司范畴，其目标是利用企业模式——包括生产和销售产品或服务来解决社会发展及公共利益问题。

第三，生态品牌可以对农业产业化发展产生集聚资本、扩大规模、提升品质、引导消费、增加利润等多重效应。贵州省农产品要参与国内外市场竞争，就必须拥有一定知名度和美誉度的品牌，走从低附加值的产品变为自立品牌的发展道路。充分发挥政府的积极作用，以健康需求为切入点，倾全省之力打造生态农产品品牌。通过统一标识、统一配属、统一开发、统一定价的标准化建设，把品牌推广、产品销售、信息服务、营销网络等结合起来，使贵州生态农产品品牌在海内外市场得到广泛推广。并且，在产品内涵、形象设计、商标、广告、营销等方面，注入生态、健康、环保的元素，充分提升贵州农产品的附加值和品牌影响力，将品牌所蕴含的生态特色有效传播出去。

第四，在遵循市场规律的基础上，亟须建立一种兼具合理性、合法性、公正性的可持续、多赢发展方式。构建生态农业产业化体系内部利益联结机制，实现“风险共担、分享共赢”。其中，根据实际需要扶贫对象（贫困农户）掌握确实能在“发展”中起到发挥“可持续”作用的生产技术，是实现合作共赢的基础；与政府、企业、大户进行利益捆绑，并以合同契约方式分配各参与主体利益，是实现合作共赢的保证；政府通过项目支持和品牌打造，推动社会主体性建设和创造市场机会，是实现合作共赢的保障。

（三）生产性服务体系构建

与生态环境相适应的小规模、多样性、高质量农业的产业化生产，既符合武陵山区自然资源的丰富性、多层次性特点，也符合耕地偏少前提下，立体开发、合理利用资源的可持续发展战略。由此，对相应的农业现代化提出较为严酷的体系化生产性公共服务的要求。

在目前的调查中，我们看到的是凡是成功的项目，一个关键因素是搞好生产性服务体系建设，但是在许多情况下，一些地方政府只关注上项目、抓投入，忽略其他方面的作为。事实上，小户经营模式必须是基于完善的现代农业支撑体系，政府在经济发展和建设的合理角色应该是发展和提供生产性公共服务。生产性公共服务范围包括社会性和社区性两类，内容包括科技服务、就业培训服务、信息服务、市场服务、风险防范服务、质量安全服务、金融服务、组织化服务等方面。从理论上说，参与经济发展的主体是企业、个人、市场，而政府则是经济发展的服务者和监管者，而不是直接经营者和参与者；从实践上看，政府做好生产性公共服务是确保经济良性、可持续发展的保证。从贵州的扶贫开发和经济建设来看，目前缺乏的不仅仅是资金问题，更为紧迫的是生产性公共服务缺乏的问题。

此外，从长远来看，产业扶贫还与发展型公共服务密切相关的，比如，教育、医疗、就业、养老、社会组织建设、社会诚信构建以及社会参与等内容。因为，即使产业扶贫在短期内是有效的，但如果贫困群体自身的综合能力没有得到提高，依然可能会出现返贫的问题。

1. 社会性公共服务体系

第一，构建强大的信息网络平台。信息网络平台的基本功能主要是：市场信息采集和传播；扶贫政策传递；新技术介绍；市场交易情况；外出务工人员交流园地，等等。与此同时，通过建立社区协同成长支持平台，支持不同村庄的工作经验在这一网络平台上共享，使有价值的个体经验能迅速成为共同经验，甚至成为贫困地区扶贫开发的整体经验。此外，通过一系列的信息传递手段（通信、手机信息平台、互联网，电视台等），将网络平台相关信息传递到每个村，建设农产品动态电子地图，建立农产品生产预警机制，解决信息传递及农产品生产与市场对接的技术与渠道问题。

第二，建立农村联合保险机制。（1）为农民建立联合保险机制。前期由政府出资，随着推进参与农户共识，以后农户按一定标准进入联保。联保管理机构由产销联合会、合作企业、信用社、政府部门人员共同组建，并建立风险评估机制。在农业生产中，如果出现自然灾害等因素减产或者绝收，新技术推广、试验带来损失，或者是病虫害等问题不能违规使用农药必须毁损而导致损失时，通过联合保险予以赔付。（2）成立专门的政策性农业保险公司。对农民、农村企业所交纳的保费以及农业保险公司的经营亏损提供适当补贴。并通过政府补贴或委托代理的方式，鼓励商业性保险公司进入农业保险市场为农业原保险提供再保险支持。

第三，建立多方参与的农业产业化融资机制。县域内商业银行新吸收的存款，主要用于当地发放贷款；扩大村镇银行等新型农村金融机构试点，接纳承包地权作为抵押而为农民合作组织提供信贷，或根据合作资本以及经营经验或潜力而为合作组织提供信贷；扩大小额贷款公司试点；规范发展民间融资，建立多层次信贷供给市场；扩大邮政储蓄银行涉农业务范围。此外，构建农业保险、大宗农产品期货和信用登记系统，降低农村金融机构的贷款风险。

2. 社区性公共服务

第一，政府与大户、企业（龙头、微小、合伙等）签订协议书，购买由大户、企业提供的相关服务，解决贫困群体在知识、信息、技术、市场等方面的问题，并通过贡献来进行分配利益，将个人社会资本转化为社区社会资本。即使少量由财政提供的金融、信贷方面的扶持，也还需要建立确保其未来能将收益回馈所在村庄的机制。在村庄合作的框架中，其意义在于通过国家外部资源杠杆撬动社区能力较弱群体发展，消解市场和政策之间的张力。实现社区内分工，使村庄能人转化为地方发展的力量，实现产业可持续发展。重新理顺政府、大户、企业关系，将合谋关系转化为合作关系，交易关系转化为契约、合同关系。并且，发动社会力量参与到本地建设中来，提高社会整合，消除社会矛盾，加强社会稳定。

第二，产业发展中推行社区辅导员制度。辅导员可以通过招聘，其工资报酬可以由财政支持一部分，从项目管理费中提取一部分。辅导员主要以当地种养殖能人、大户为主，也可向社会招聘有技术专长的人员，由服务对象对其进行绩效考核。通过农业科技特派员培训基层技术服务人员，基层技术服务人员再培训辅导员，最后由辅导员来培训农户。并且，利用社区社会关系网络，有效推进技术和信息的传递。

第三，建立社区信贷基金。借鉴贵州省毕节市威宁县的经验，社区选举产生“发展基金”管理小组，由社区自我评估，自收自贷，自我管理账务。将社区的农户按照相同的贷款需求时间编成若干个五户小组（不需抵押，但小组成员责任利益关联），不同社区依据自己的特点制定不同的收放贷款日期。贷款主要用于种养殖发展。“五户联保”机制主要是强调社区内互帮互助，降低借贷风险，其作用在于：相互帮助制定和实施家庭发展计划，增强家庭经济发展和抵抗市场风险的能力；简化贷款审批过程、增强民主管理和监督的力度，四户只要同意给一户贷款，就可以贷到款；通过联保促进社员之间的相互帮助和学习，从而增强社区的合作精神和凝聚力。

总的来说，武陵山区的产业扶贫需要纳入社会建设，以社会建设巩固产业扶贫的基础，实现产业扶贫的可持续性，反过来又能提高社会建设水平，形成社会建设与产业扶贫的良性促进机制。

贵州省扶贫到户和建立健全扶贫对象利益联结机制研究

吴　杰*

摘　要

扶贫到户，建立健全扶贫对象利益联结机制，是党的十八大精神和习近平总书记在河北、甘肃等省考察扶贫开发工作时的重要指示。2013年，贵州省扶贫办在全省扶贫系统组织开展扶贫到户和建立健全扶贫对象利益联结机制调研活动，共形成市（州）调研报告3份，县调研报告1份，专题调研报告5份，典型调研数据4个县20个村629户。本研究通过对典型数据、调研报告进行分析，总结了贵州扶贫到户和建立健全扶贫对象利益联结机制的主要做法、经验、成效、主要困难和问题，提出了贵州扶贫到户和建立健全扶贫对象利益联结机制的对策建议。

关键词

扶贫到户　扶贫对象　利益联结机制

一、主要做法和经验

（一）主要做法

1. 以产业扶贫带动扶贫到户并联结扶贫对象

贵州按照“调整结构、突出重点、规模发展、推进产业化”的要求和

* 吴杰，贵州省社科院区域经济所副研究员，研究方向：农村区域经济。

“东油西薯、南药北茶、中部蔬菜、面上干果牛羊”的扶贫产业格局，着力打造蔬菜、马铃薯、精品水果、油茶、核桃、中药材、茶叶、草地畜牧、乡村旅游、农产品加工等十大扶贫特色产业。在产业扶贫中，通过“公司+基地+合作社+农户”“基地+合作社+农户”等模式，带动贫困农户发展，通过购销协议等明确农户和企业职责，贫困农户围绕企业发展需求开展种养殖业，企业向实施农户收购，进行加工销售，打造企业、合作社、贫困农户利益联合体，建立完善扶贫对象利益联结机制。例如，印江县采取“合作社、协会组织+基地+农户”的经营模式，进行合股生产、技术合作、产销合作三种模式共同发展。采取现金入股方式筹资300万元，其中浙商入股资金40%，菌农入股资金60%，成立了食用菌专业合作社，把浙商利益与菌农利益捆绑在一起，促使浙商“安营扎寨”，引领菌农发展食用菌产业，并通过浙商带动了菌农转变发展思路、提高生产技术、拓宽销售市场，真正实现了抱团发展、合作共赢。全县8个乡镇已新建生产基地13个，建立菌棒集中生产加工厂房12个，贮藏冷库8座，菌种厂1个，建立食用菌专业合作社3个，微型企业9个，年生产规模已达2000万棒（袋）。基地涉及8个乡镇，26个村，135个村民组、485户，项目辐射带动参与农户6000户，近20000多人参与生产加工管理，户均种植2.4万棒，种植10万~40万棒大户12户。2012年度全县种植香菇、黑木耳2268万棒，产量达到17010吨以上，销售额达10886万元。榕江县州级扶贫龙头企业盛源天然食品开发有限公司，其2011年到2012年就是采取订单生产、保底收购的合同形式，建设原料基地1.5万亩，标准化种植面积2000余亩，每年产出葛根2万吨。覆盖该县19个乡镇和周边的四县六乡镇。带动农户8000户，其中贫困户5130户，使近2万个富余劳动力实现了就近就业。

2. 以“雨露计划”为主的农民培训直接瞄准贫困农户

贵州“雨露计划”培训工作，以提高农村扶贫对象素质、促进脱贫致富为目标，以“三片六山”（武陵山区、乌蒙山区、滇黔桂石漠化集中连片特困地区，麻山、瑶山、雷公山、月亮山、大娄山、乌蒙山）为扶贫重点区域，按照锁定一个目标、抓住两大重点、推进“三个一细胞工程”、坚持四个结合、创新五个机制的工作思路开展工作。“雨露计划·圆梦行动”和“雨露计划·助学工程”，直接瞄准资助考入二本以上农村贫困家庭子女上大学和农村贫困学生接受职业教育。2012年，“雨露计划”培训20万名农村贫困劳动力，其中转移就业10万人的目标任务全面完成。“雨露计划·圆梦行动”投入2000万元，全省共有5111名符合资助条件的农村贫困学生确定为全年资助对象，“雨露计划·助学工程”投入2000万元，符合资助条件的学生共2065人获得资助。

3. 扶贫生态移民搬迁等重大民生工程直接瞄准和覆盖贫困农户

2012年贵州启动了直接扶贫到户的扶贫生态移民搬迁工程，计划用9年时间将深山中的200万名农村贫困群众搬出来，集中安置在小城镇和产业园区，并解决就业、社会保障等长远生计问题。2012年扶贫生态移民工程投入18亿元，搬迁贫困移民10万人。2009贵州全面启动农村危房改造工程，到2012年底，已改造完成144万户，占全省农村危房的70%以上，极大改善了贫困农民的居住条件。2012年，贵州新农合参合率达到97.56%，基本实现了贫困农户全覆盖。

4. 贫困村互助资金等信贷资金直接瞄准贫困农户

自2006年开展贫困村互助资金试点以来，截至2011年底，全省41个县（市、区、特区）共有297个贫困村开展了互助资金试点，共组建了2653个互助小组，累计入社农户4.27万户，其中贫困户2.26万户，占52.93%；累计借款1.71万户次，其中贫困户1.07万户次，占62.57%；累计发放借款9047.6万元，其中贫困户3969.48万元，占43.87%；累计还款额6440.78万元，借款归还率71.18%。2012年，贵州投入财政扶贫资金1000万元，安排了66个贫困村省级互助金试点，试点村总数达到363个。

（二）主要经验

1. 完善扶贫工作的管理、责任、激励机制

按照“中央统筹、省负总责、县抓落实”的管理体制要求，贵州建立了“省委省政府负总责、省扶贫开发领导小组统筹协调、省分管领导牵头负责、各厅局各司其职、市州具体负责、县乡狠抓落实、实施扶贫绩效考评挂钩、群众主体参与”连片特困地区工作管理体制，对省直部门、市（州）、县实行以“双线”量化考核为主要内容的“定部门、定目标、定任务、定时限、定奖惩”的责任机制，全面推行扶贫开发工作绩效考评制度，同时各级政府把产业发展、减贫人口、农民增收指标作为约束性指标，纳入国民经济和社会发展规划和年度计划。例如，铜仁市明确以提高贫困人口的收入水平和生活质量为主要目的，培育主导产业和增强发展能力为中心任务，提高贫困人口的基本素质和能力为重要手段，加大扶贫开发投入和工作力度，实现贫困人口增收致富为指导思想。明确遵循以人为本、科学发展，政府主导、社会参与，因地制宜、分类指导，自力更生、政府扶持的工作原则。每年初，明确当年要减少贫困人口数和农民人均纯收入增加值等工作目标。通过“三个明确”，保证扶贫

工作有序开展。

2. 形成“领导联系、部门负责、社会参与”的多层次集团帮扶模式

在省级层面上，贵州形成了“省领导联系、省直部门牵头负责、县乡组织实施”的集团帮扶模式，整合资源，整合力量，实施集中攻坚。在市（州）、县层次上，集团帮扶模式也促进了扶贫到户和利益联结机制的形成，例如，铜仁市初步形成了“市县领导联系、区县负责落实、帮扶单位牵头、乡村组织实施、社会力量参与”的扶贫工作格局，建立了全市各级机关、企事业单位、人民团体、省驻铜单位、军队、武警、消防部队等联系贫困县、贫困乡、贫困村定点扶贫制度。通过深入推进“四帮四促”活动，对市县区所有机关党支部采取党支部“1+1”结对、城乡党员“N+1”等办法，形成“千个支部结对、万名党员帮扶”贫困村、贫困群众，确保扶贫帮困覆盖到每一个贫困乡村、每一个农村贫困户，扶贫联系点一定四年不变。并结合干部驻村工作，落实各项对口帮扶措施，要求帮扶单位驻村干部在深入了解、掌握情况的基础上为重点村制定长远的发展规划，引进、整合项目资金切实为农户办好事办实事，并将帮扶工作纳入年度考评内容。

二、工作成效

（一）扶贫到户率高，农民收入增加

来自石阡、沿河、锦屏、玉屏4县20村的村级调查数据显示，2012年，4县20村共获得扶贫项目58个，扶贫到户项目36个，占62.1%；共有识别扶贫对象2311户，8486人，扶贫到户项目覆盖扶贫对象1467户，占识别扶持对象户数的63.5%，覆盖5564人，占扶持对象人数的65.6%；其中石阡、沿河、锦屏、玉屏3县20村共获得扶贫资金1424.31万元（玉屏县5村数据缺失），直接到户扶贫资金879.37万元，占扶贫资金的61.74%。来自黔南州的调研报告也显示，除个别农户因主要劳动力外出务工，家中仅剩老人和小孩，无力实施扶贫产业项目，或因病无法从事体力劳动或从事其他副业，将土地流转他人而没有申请扶持项目（约占5%～8%）外，其他无特殊困难农户均给予项目和资金的扶持。

同时，贫困农民收入增加效果明显。来自石阡、沿河、锦屏、玉屏4县20村的村级调查数据显示，2012年，20村的平均农民人均纯收入为3087.1元，比2011年增加了485.45元，其中增加最高的到达了1004元，最低的也

增加了100元。来自铜仁市和黔东南州的调研报告也显示，2012年，铜仁市农民人均纯收入增加到4802元，增长20%，农民人均纯收入达到4625元，比2005年的1728元增加了2867元。

（二）贫困农户生活环境改善，各项社会事业发展

来自石阡、沿河、锦屏、玉屏4县20村的村级调查数据显示，2012年，20村农户户均住房面积108.12平方米，人均住房面积27平方米。村、村民组和农户100%通电，629户农户2509人中，共2462人参加了新农合，参合率98.13%。20村共35个村民组中，29个村民组是饮用自来水，占82.86%。来自铜仁市、黔东南州、黔南州的调研报告也显示，铜仁市全市城镇新增就业达4.5万人，同比增长80.32%；农村低保年保障标准从1338元提高到1497元，年人均综合补助从720.56元提高到874.3元，增幅11.4%；完成农村危房改造43263户；启动实施“教育三项突破工程”55个，实施2245所农村义务教育学校学生营养改善计划，惠及学生50.38万人。玉屏县大力推进生态工程建设，截至2012年，已累计实施“三改一建”生态家园致富工程1万余户，农村村容村貌得到了净化、绿化、美化、亮化。黔东南州农村通电率达到100%，农村沼气使用率大幅推广提高，修建沼气池21万口，普及率达到33%。黔南州长顺县通村公路硬化率已达80%，通组道路硬化率达35%，目前有水源保障的村寨基本上都通过扶贫项目资金的投入建设，满足了人畜饮水的需要，对旱土较多的地区，采取修建小水池集雨蓄水的方式，基本解决了季节性和工程性缺水问题。在调查的8个村中，全部实现了道路、电网、通信、广播电视的“村村通”。

（三）培训力度不断加强，劳动力转移不断扩大

来自石阡、沿河、锦屏、玉屏4县20村629户农户的调查数据显示，629户农户共有624人外出打工，基本达到户均1人。来自铜仁市、黔东南州、黔南州的调研报告也显示，铜仁市2012年就举办农业技术培训4075期，培训45.16万人次。资助2350人接受职业教育，占计划的100%；完成“雨露计划”33250人，占省定目标的145%。统筹城乡培训2.4万人，占计划的160%；安排转移农村劳动力就业7.1万人，占计划的118%。并利用各级党校、行政学院、培训中心和现场培训等形式，对所有贫困乡镇党政领导、村党支部书记、村主任开展了扶贫攻坚专题培训和农村致富带头人相关业务技能培训。黔东南州到2012年累计投入各类扶贫培训资金6325.7万元，培训农村劳动力164.2万人（次），实现农村劳动力转产就业27万人以上，外出务工劳动力达76.98万人。通过农技培训和开展“一户一技能”活动，农村劳动力素质不断提高，基本实现了“培训一人，脱贫一家，带动一片”的目标。黔南州长顺县入户调查发现，凡是有外出打工的家庭，均实现了“一人打工，全家脱贫”，外出打工人数越多，家庭人均收入就越高。

三、主要困难和问题

（一）瞄准机制不健全

当前扶贫开发方针虽然要求的是“工作到村、扶贫到户”，可由于受多方面因素的影响，在落实上存在各种困难，到重点村的资金主要是用在基础设施建设上，没有具体到户。例如，来自部分地区的调研报告发现，从近几年来看，一些地区实施产业扶贫项目的贫困户较少，得到扶持的是非贫困户。因为无论是生产发展还是基础设施建设都需要贫困户自己配套一部分，这些农户无力配套，到户政策就变成“空文”了。如扶贫贷款贴息，真正的贫困户在银行是贷不到款的。同时，在现行的整村推进项目选择操作过程中，很多真正的贫困人口就因参与项目的门槛过高而被排斥在外，受益率相当低，而中等户与富裕户在很大程度上优先占用了扶贫资源。扶贫到户的瞄准机制不健全，平均分配吃“大锅饭”现象严重。调研也发现，部分地方多数项目物资乡镇基本上没有按照贫困差异，贫困户优先、多扶的原则扶持到户，通常是按人口和土地面积核算物资补助到户。甚至有的家庭经济状况好、劳动力、土地面积多的农户，扶贫项目物资补足就分配得越多，家境差、较贫困的农户，因担心其项目失败，物资分配就越少。部分小额贷款，助学贷款给了低保对象而不是贫困户，有些人甚至将扶贫资金作为救济下普雨，扶贫资金的投入贫困人口仅占39.7%，贫困户资金入户率为24.5%。

（二）农户与企业的利益联结机制不完善

一是由于龙头企业整体规模小，水平低，抵御风险的能力差，带动辐射能力弱，在运行中往往忽视农户的利益，其联结也是松散的。而绝大多数企业只是从事农产品初级加工，与农户还没有形成稳定的利益联结机制；二是农民组织化程度底，生产能力弱，市场观念普遍淡薄。农户大多处在弱势地位，对与企业的利益联结不重视，缺乏与企业同风雨共命运的意识；三是利益联结关系不够紧密，产业组织形式有待完善。订单遇到市场波动违约现象时有发生，缺乏有效的约束。联结企业与农户的运作管理不规范，服务功能还不强；四是利益联结关系较紧密的机制大多处在探索阶段。进展较慢的原因一方面是企业的观念陈旧，以我为大的思想意识根深蒂固，不愿与农户建议股份合作关系；另一方面是农民思想守旧，没意识到与企业深度联结的优越性，同时也有对企业经营能力的担忧。

（三）贫困户识别不完善

调查显示，一些地方由于扶贫项目物资补助贫困户与一般户没有差别，是不是贫困户就显得不那么重要，而当上低保户有直接的现金补助很实惠，因此，推荐认定低保户就比评议贫困户要认真得多，所谓的贫困户识别和认定也只是顺路搭车，走走过场，搞个形式而已。同时，由于贫困人口均由乡扶贫工作站统一管理，村、组干部并不十分清楚。每年贫困人口的变动，乡镇扶贫工作站亦没有建立信息台账，谁得到扶持，发生了什么变化，谁是新增贫困人口，谁脱了贫等相关档案资料不全。贫困户信息缺乏统一的法定共享扶贫机制，如县扶贫办建档立卡贫困人口信息没有在民政、教育、卫生等有关扶贫职能的行业中得到有效的运用。

（四）农户实施项目的能力较弱

随着工业化、城镇化步伐的加快，大量的农村人口向城镇转移到外务工。长驻农村人口逐渐减少，农村老龄化、空心化的情况开始出现。在家的基本都是妇女儿童和老弱病残者，实施项目和自我发展的能力都比较弱。同时，随着国家农村社会保障制度的不断完善，也导致部分农民“等、靠、要”的依赖思想越来越严重。并且扶贫项目物资都是无偿发放，部分农户疏于管理，导致项目实施质量不高，“滚动发展模式”难以持续发展。

（五）到户项目实施后管理不善

调查发现，有部分实施的项目现状令人担忧。栽种了两年的核桃、苹果树，地块里杂草丛生，从未中耕，病虫肆虐、从未打药、苗架瘦弱、任其死活。同时，田间地野未见到群众养殖的鸡、鹅，乡村干部解释说大部分群众未到出售时间都拿去卖了或杀了吃了，卖得的钱群众又不愿拿出来买鸡、鹅苗，不愿滚动发展，仍然等靠国家发送。一些产业项目，本来成活率高，长势良好，但因后续管理措施跟不上，不能解决农户的后顾之忧，当年又见不到效益，生活困难的农户就将果苗拔掉种粮食，这种情况不仅资金受损失，扶贫的目的也未达到。

（六）村、支两委村干部责任有待加强

村、组干部是扶贫政策的最终落实者，是第一责任人。有的村干部对村内情况了解甚少，近几年得到什么项目扶持、哪户得了多少物资等情况一问三不知。但提示盘问了解后，这些村组干部得到的项目和物资补助最多。

四、对策建议

（一）进一步建立健全贫困农户识别机制和管理机制

贫困农户识别问题是扶贫资金能不能瞄准贫困农户的基础。目前，贵州基本上建立了贫困户信息管理系统，下一步应该不断完善贫困户的识别标志（如家庭挂牌）、更改时间（如一年一更改）和动态监测等管理办法和制度，由县乡扶贫部门具体操作和实施。每年的减贫人口数应采取至下而上的程序，即由村级针对贫困户当年采取的扶持措施及其收入情况进行核定是否达到脱贫标准，然后再上报到县复核，最终报送到市州进行汇总，得出当年减贫摘帽的农户和人口数。对已核定摘帽脱贫的农户，由县扶贫部门及时在贫困户档案中删除，实现适时更新和动态管理。并且切实做好农村最低生活保障制度和扶贫开发政策的有效衔接。对因病、因残、年老体弱、丧失劳动能力以及生存条件恶劣等原因造成生活常年困难的贫困农户，纳入民政救济对象，而使扶贫项目更有效更集中地瞄准有能力发展的贫困农户。

（二）建立健全扶贫到户瞄准机制

在扶贫到户和建立健全扶贫对象利益联结机制工作中，一定要坚持扶贫项目的瞄准机制，在首先满足贫困户所需的基础上，适当扶持一定数量的能人带动户和科技示范户，杜绝平均分配甚至贫富倒挂的现象发生。同时，要根据建设需求适当提高补助标准，降低农户配套要求，以便让更多贫困群众有能力参与扶贫开发项目的实施，让扶贫项目真正覆盖贫困户。

（三）探索创新扶贫对象利益联结新模式

一是加强扶持和培育农产品加工扶贫龙头企业，建立特色优势农产品加工基地，延长产业链，提升企业实力，提高企业、基地对农民的吸纳能力。同时，帮助和指导重点县的贫困乡、村建立并逐步完善村级农民专业合作组织，以其为纽带，把广大农户与龙头企业连接起来，引导贫困农户进入市场，让农

户享受加工、销售环节利益，促进农户增收。二是不断探索企业与贫困村利益互联、风险共担、收益共享、发展共赢的“村企共建扶贫产业”新机制。一方面是制定企业与农户利益联结机制的保障措施和办法。在贫困农户代表、企业代表、乡镇政府代表、县扶贫办代表、法律工作人员的参与下，将农户与企业或合作组织的利益联结机制写入规范的合同文本，明确扶贫户、企业（或农民专业合作组织、大户）、当地乡镇政府的权利与义务。另一方面是建立有效的监督、执行机制。建立可查询、可追溯、可执行的机制，将农户与企业或合作组织利益的执行情况作为第三方重点监督内容，切实保障各方利益特别是贫困户的利益实现和各方义务的履行。

（四）加强项目监管，提供优质技术服务

在农村，往往贫困户属于弱势群体，他们在文化素质、思想观念、劳动技能、经济条件等各个方面与其他农户相比存在较大的差距。扶贫项目实施的成功与否，对于他们在改善生活水平、经济积累、扩大生产等至关重要，在某种程度上讲是只许成功、不许失败。对此，要求县、乡镇的农业、畜牧部门、技术干部对贫困户实施的扶贫项目实行定期检查，加强监管，提供后续的技术跟踪服务和指导，确保项目取得成功，获及效益，以增强贫困农户通过自己的勤奋劳动脱贫致富的信心。同时，在加强职业技能和劳务输出技能的培训力度的同时，还要重视农村实用技术的培训，在扶智的同时也要扶志。

（五）建立健全扶贫到户和扶贫对象利益联结的运行保障机制

一是建立健全扶贫到户和利益联结扶贫对象的组织保障机制。省、市、县各级要统筹协调，形成“以县各政府为主导、扶贫开发部门协调、相关部门配合、农村基层为实施载体”的扶贫到户和扶贫对象利益联结组织保障机制。二是建立健全扶贫到户和扶贫对象利益联结的群众监督机制。完善扶贫资金项目公示制度，全面推行扶贫项目资金和享受政策的贫困户名单网络公示制度，公布监督举报电话和查处督办机制，打造阳光扶持平台。三是建立健全扶贫到户和扶贫对象利益联结工作的考核评估机制。特别是在县级及以下把扶贫到户和扶贫对象利益联结工作内容纳入扶贫考核的目标体系中。

（六）加强村级组织建设

县、乡（镇）两级组织人事管理部门对村级干部的工作能力要进行常态化考察，要定期听取群众对村干部的民主评议情况，对那些私心严重、工作能力低下、不秉公办事的村干部坚决不能续用。

贵州省边远贫困落后地区及少数民族地区科技型农业发展模式研究*

王　前**

摘　要

发展科技型农业，充分发挥其在贵州省农业发展中的示范引导、科技创新、龙头带动、市场开拓作用，对推进贵州省边远贫困落后地区及少数民族地区农业发展，实现农业现代化将起着极其关键的作用。本文通过对贵州省边远贫困落后地区及少数民族地区科技型农业的发展历程、存在问题、发展意义、条件与前景等进行分析，总结和提出边远贫困落后地区及少数民族地区科技型农业发展模式的分析与选择。

关键词

边远贫困落后地区　少数民族地区　科技型农业

一、前　言

农业发展滞后是贵州省国民经济发展的薄弱环节，全省农业物质基础落后，技术条件差，科技进步对农业发展的贡献率比较低，资源利用率、土地产出率和劳动生产率也很低下，农业综合经济效益不高，农产品市场竞争力不强。边远贫困落后地区及少数民族地区农业发展更为滞后，主要以人力畜力耕种、粗放经营、技术水平低的传统农业为主，而技术先进创新能力强的现代科

* 基金项目：2008 年度贵州省软科学研究项目，黔科合体 R（2008）2018。

** 王前，贵州省社科院区域经济所助理研究员，研究方向：区域经济。

技型农业，尚处于发展的起步初期，数量少、发展慢、规模小。发展科技型农业，充分发挥其在贵州省农业发展中的示范引导、科技创新、龙头带动、市场开拓作用，对推进贵州省边远贫困落后地区及少数民族地区农业发展，实现农业现代化将起着极其关键的作用，是实现贵州省边远贫困落后地区及少数民族地区农村经济快速发展的根本途径。因此，做好边远贫困落后地区及少数民族地区科技型农业发展模式研究，探索出一个适合这些地区科技型农业发展的科学发展模式，对提升这些地区农业自身竞争力，充分发掘潜力，缩小与发达地区的差距，促进这些地区农业现代化的发展和社会主义新农村的建设，实现经济社会历史性跨越都有着极为重要的意义。

二、发展历程

1. 农业科技推广、科技兴农战略为科技型农业发展打下坚实基础

从20世纪50年代初期，贵州就开始了农业实用技术的推广应用，主要是选育推广优良品种，实行先进的耕作制度和栽培技术，改造中低产田土和进行病虫害防治。党的十一届三中全会后，全省农业技术的推广得到进一步加强，特别是“七五”时期，中共贵州省委、贵州省人民政府提出“向科学要粮”，实施“科技兴农”战略后，加快了农业科技推广的步伐，科技兴农受到各级党委和政府的重视，广大农民的科技意识增强，科学技术在农业中得到了较为广泛的运用。

“九五”时期，按照省科委、省农业厅关于《贵州省“九五”期间普及推广农业实用技术的实施意见》，贵州省边远贫困落后地区及少数民族地区农业实用技术的推广进入一个新的发展时期。杂交玉米、杂交水稻的推广面积大幅度上升，重点推广了畜禽品种改良及配套饲养技术，秸秆氨化微贮技术，对猪、羊、牛、鸡等畜禽进行了良种引进、品种改良及推广配套饲养技术；开展了池塘、流水、网箱、稻田养鱼等水产养殖高产示范工程，推行了防疫治病工作，大面积推广速生丰产技术、飞播造林技术、森林保护和林产品加工技术，效果十分显著。

“十五”期间，贵州省边远贫困落后地区及少数民族地区农业科技推广进一步取得突破，主要有以下几个方面：一是以良种良法栽培和设施农业技术推广的科技型农业，主要有粮、油、烟作物优良品种及其丰产栽培，农作物地膜育苗、反季节蔬菜地膜覆盖生产、烤烟烘烤技术等；二是优势农作物、经济林

木、干水果、中草药、珍稀动物栽培（饲养）管理、加工、贮运、保鲜等特色农业资源开发；三是科学补水灌溉、微流域综合治理、节肥型种植、土壤改良与水土保持耕作等资源节约型配套技术利用；四是沼气开发利用、农村生物秸秆多次综合利用等农村清洁能源技术推广；五是农产品产销市场信息收集、整理、加工、传播、吸收、应用等农业经营管理技术运用。

"十一五"期间，全省农业科技工作重心将围绕粮食安全、农业增效和农民增收及发展生态畜牧业和精品特色农业，重点突出"六个加强"，实施"五个重大农业科技行动"。"六个加强"即加强农业科技自主创新、加强农业科技成果转化、加强高新技术的应用、加强农业科技投入、加强农业科技队伍建设、加强农业科技平台和基础设施建设。"五个重大农业科技行动"即农业种质资源创新科技行动，粮、油、烤烟优质丰产科技行动，生态畜牧业发展科技行动，精品特色农业发展科技行动，新型农民科技培训行动。这些措施有力地推动了贵州省边远贫困落后地区及少数民族地区科技型农业的发展。

2. "星火计划"、科技扶贫为科技型农业发展注入了新活力

1986年实施的"星火计划"和1990年实施的"丰收计划"，紧紧围绕增加农民收入这一中心任务，按照"依靠科技、服务三农、推进四化、建设小康"的总体思路，结合贵州省实际，坚持科技创新，把先进适用的科技成果应用于农业、推广到农村，开创了农业科技进入农村经济主战场的新局面，取得了较大的经济效益和社会效益。1986年至1998年，全省共实施多级"星火计划"418项，累计投资13.4亿元，新增产值52.3亿元，上缴税金4.12亿元，利润11.6亿元；建立了6个星火技术密集区，5个山区开发县，培训技术人才达145万人次。星火计划的实施为贵州省边远贫困落后地区及少数民族地区科技型农业的发展、传统农业的改造、农民脱贫和城镇化发展注入了新的活力。

2002年6月28日，《贵州省"十五"科技扶贫若干意见》把科技扶贫作为贵州省扶贫开发工作的重要组成部分，指出科学技术是第一生产力，为了摆脱贫困，需要进一步大力提高贫困地区农业及农村经济发展的科学技术水平，需要通过把科学理念、科学知识、科学方法、科学技术送到贫困山区，送到广大贫困农户手中，以引导千百万贫困农民依靠科技破除迷信、发展生产、发展经济、由贫困走向富裕。省有关科技计划，特别是农业攻关、星火计划、863农业专家信息系统、生物技术、科学普及等向科技扶贫工作倾斜，解决科技扶贫的关键瓶颈技术。通过各种方式鼓励和倡导全社会共同参与科技扶贫，营造

政府引导、企业和农民参与、市场调节的社会化环境，努力创新科技扶贫的运行和管理机制。将科技计划、人才、资金与省扶贫开发任务和各地区扶贫开发重点有机结合，为科技有效长入贫困地区经济创造环境和条件。

新阶段围绕《贵州省中长期科学技术发展规划纲要》和《贵州省“十一五”农业科技发展规划》，贵州省边远贫困落后地区及少数民族地区正在进一步加大推进科技扶贫和新农村科技示范工作。

3. 科技特派员试点工作、科技入户示范工程进一步推动科技型农业发展

2003 年，贵州省被科技部、人事部批准为第二批科技特派员试点地区。至 2005 年底，11 个试点县（市、区）共选派了 718 名科技特派员，下乡驻村和农民零距离开展农业科技服务创新、创业行动，科技特派员制度的实施，发展了一批优势特色产业，推广了一批先进实用技术，壮大了一批骨干龙头企业，培育了一批科技致富典型、孵化建立了一批科技明星企业，改造、组建了一批营销协会、专业协会、科技服务协会等合作经济组织，造就了一批乡土人才和新型劳动者，推动了农业产业结构调整，提高了农产品的附加值和市场竞争能力；提高了科技进步对农业的贡献率和投入产出率，促进了农民收入的稳定增长，通过科技创新使试点的县能形成一批新的经济增长点。

2005 年农业部在全国启动实施农业科技入户示范工程。为扩大工程项目的实施规模，贵州省每年安排省级农业科技入户示范工程 200 万元，示范项目县 12 个以上，累计实施的省级示范县达到 49 个，包括边远贫困落后地区及少数民族地区，确保了科技入户示范工程的覆盖面。

4. 农业科技园区建设使科技型农业呈蓬勃发展之势

农业科技园区是 20 世纪 90 年代我国农业现代化建设中出的一种新型农业发展模式。2002 年 5 月，经国家科技部、农业部、国土资源部等六部委批准，贵州省建立了第一个国家级农业科技园区——贵州贵阳农业科技园区。园区的建立，为贵州省农作物、蔬菜、瓜果、花卉的高科技种植做出了重大的示范作用，带动了贵州省边远贫困落后地区及少数民族地区农业科技园区的建设。2005 年以来，经省科技厅组织专家评审立项的省级农业科技园区有：贵州水城矿区无公害蔬菜农业科技园、贵州兴义特色农产品工厂化生产及加工农业科技园区、安顺绿色生态畜禽农业科技园区、贵州榕江现代农业科技示范园、贵州独山外向型特色蔬菜农业科技园区等。

2013 年，贵州省政府提出，将大力推进“5 个 100 工程”重点发展平台建设，为全省发展集聚更多要素、积蓄更多能量。在全省 32 个省级农业科技重

点园区的基础上，重点打造100个现代高效农业示范园区，到2017年示范园区将成为贵州做大产业规模、提升产业水平、促进农民增收、推动经济发展的推进器和发动机。目前，政府有关部门正在抓紧制定示范园区总体规划和政策意见，通过“以点带面，典型引路”，农业示范园区建设已全面有序地开展开。

三、边远贫困落后地区及少数民族地区科技型农业发展中存在的问题

1. 科技型农业发展起步晚、开发迟、数量少

贵州省边远贫困落后地区及少数民族地区，由于历史、自然地理等多方面的原因和受科学技术的限制，多数地方仍以传统农业为主，其主要特征是农业仍然处于粗放、传统的生产方式，以畜力、人力、物力作为生产动力，以田间经营管理为主的农耕经营方式；产业结构仍以种养业为主，加工、服务行业发展缓慢；生产手段以手工劳动为主，机械化作业、新技术应用较少；生产经营方式以传统的小农分散经营为主，组织化、产业化程度较低，应对市场变化的能力较弱；农村劳动力集中在农业生产环节，农民收入主要依靠种养业收入，增收空间有限。

2. 科技型农业发展期望高、难度大、发展慢、规模小

由于贵州省边远贫困落后地区及少数民族地区农业科学技术发展相对滞后，导致科技型农业发展缓慢、规模较小。科技发展滞后，最明显的表现是劳动者科技文化素质低下，科技投入长期严重不足，科技发展基础十分脆弱，导致技术推广难度很大，新技术、新品种的引进和转化速度慢，科技难以到村到户，贫困地区、贫困农民依靠科技实现自我发展的能力难以形成。科学技术的滞后，除了严重地制约贵州省边远贫困落后地区及少数民族地区科技型农业的发展，同样也严重制约了其他产业的发展。因科技水平不高，其他新兴产业很难得到有效发展。

边远贫困落后地区及少数民族地区又是贵州省农业生态环境最脆弱的地区，水土流失、土地石漠化、水资源短缺、环境污染等问题十分突出，农业土壤肥力下降，高产稳产农田比重小。又多是喀斯特岩溶地貌的深山区、石山区，溶蚀面积大，由于人为侵害，植被稀少，土壤瘠薄干燥，水土流失严重，多数地方已形成石牙、石峰、石林，岩石裸露。土地多为坡地，山高坝少，无

法进行大面积的机耕作业。灌溉条件很差，水利设施不足，每遇干旱就造成歉收，极大地影响了农业生产的持续稳定发展。而且农业种植技术偏低，不利于产量的提高。又由于地域边缘性，山高路远，交通不便，不利于农产品运输外售。科技水平较低，科技型农业没有得到很好的发展，使农产品储藏、保鲜技术不到位，因销售不及时每年霉烂的农产品数量十分惊人。因农产品深加工技术不足，增加了农产品的浪费，削弱了边远贫困落后地区及少数民族地区农业竞争力。由于没有高效、节能技术，不能对资源进行精加工，农产品销售价格较低，利润不高。乡镇企业技术推动的发展后劲不足，企业的创利和增值能力低下。因此，科技型农业在这些地区期望高、难度大、发展慢、规模小，就目前来说还只是在一些科技示范点和农业科技园区得到发展。

3. 科技型农业发展存在明显的差距

就全省而言，贵州省农业科技虽取得了明显的进步，但总体上研究开发能力薄弱、成果整体水平低、部分成果实用性不强、生物技术和信息技术的应用未获得重大突破；农业科技推广体系不健全，科技对农业增长的贡献率较低。至20世纪末，贵州省农业增长中科技进步的贡献率低于全国平均水平10～12个百分点，技术含量不高是农业增长缺乏后劲的重要表现。根据《贵州统计年鉴（2006）》提供的资料，“六五”、“七五”期间，科技进步对贵州农业增长的贡献率是28%左右，全国同期是34%左右，差距是5～6个百分点；“八五”、“九五”期间，贵州提高到34%左右，全国同期是42%左右，差距是7～8个百分点；“十五”期末贵州达到37%左右，全国同期达到48%，差距是10～11个百分点。据《中国农业年鉴》统计数据表明，全国农作物平均每亩农机总动力为0.18千瓦，贵州为0.07千瓦，贵州仅为全国平均水平的38.9%；全国农田有效灌溉面积占耕地面积比例的平均数为47.6%，贵州仅为33.6%；按农作物总播种面积计，全国每亩农作物施化肥（纯量）17.23公斤，贵州仅为9.62公斤，贵州是全国平均水平的55.83%；全国农民人均纯收入为2653元，贵州仅为1560元，贵州是全国的59%；贵州农作物受灾面积占23.58%，成灾面积为11.97%。

贵州省边远贫困落后地区和少数民族地区由于农业科技进步贡献率在全省又属于最低，所以，总体上农业和科技的投入不足，基本农田建设滞后，抗灾能力弱，农民贫困，再投入能力低下，综合形成农业生产发展后劲不足、稳定性差、粮食单位面积产量提高难度大等难题。实践表明，农业发展一靠政策、二靠科技、三靠投入，在这样的基础上科技型农业发展困难较多，与全国其他地区差距明显。

4. 科技型农业发展中亟待解决的问题

一是贵州省边远贫困落后地区和少数民族地区农业基础薄弱，基础设施和技术装备落后，“靠天吃饭”的局面还没有根本转变，农业综合生产能力还需要进一步提高，农田基本建设和科技型农业发展任务十分繁重。

二是科教体制不适应当前农村社会主义市场经济发展和科技型农业发展的客观需要。现代科学技术推广社会化服务体系较薄弱，科技成果转化为现实生产力的机制不够活，农科教结合不紧，影响了科技型农业的深入发展。

三是科技型农业发展的总体水平不够高。由于统分结合的双层经营体制尚不完善，政、技、财、物综合配套投入不足，在一定程度上制约了科技型农业示范效应和规模效益的发挥。

四是发展不平衡，与其他地区的差距较大。由于受自然条件和社会经济条件等诸多因素限制，信息闭塞，交通不便，边远贫困落后地区及少数民族地区对科技的吸纳能力较弱，科技型农业难以开展起来。交通不便，运输成本增加降低了这些地区农产品的竞争优势。因为国际经济渗透和扩展的难度相对增加降低了经济发展的速度，导致这些地区经济发展相对落后，改革开放的步伐总是慢于其他地区，发展很不平衡，而且与发达地区的差距在不断扩大。

五是农业科技人员较少，分布和结构不合理，队伍不稳，后劲不足。科技人才、管理人才缺乏，农民自身素质偏低，在发展科技型农业过程中，不能使产业中各部门很好协调，从而造成产品流通不畅等，制约着科技的开发与储备，增大科技型农业发展难度。

六是农民整体文化素质低，接纳新技术的能力差。边远贫困落后地区及少数民族地区普遍平均受教育水平不高，文盲、半文盲人口占劳动力比重大，受过高等教育人口的比重更是少。而且观念落后，小农经济意识较强，因循守旧，墨守成规的传统思维习惯普遍存在，缺乏开拓进取的意识和开放的意识。农民的整体文化素质较低，使农业科技成果很难直接通过农民之手顺利地吸收转化。

七是科技型农业龙头企业与农村合作经济组织发展薄弱。发展市场农业主要靠“两腿”支撑，一靠龙头企业，二靠合作经济组织。贵州省边远贫困落后地区及少数民族地区农业的这两条腿明显偏短，支撑力不够。科技型农业龙头企业（公司）少，大的更少，带动作用不够。与农业科技型龙头企业相比，农村合作经济组织发展更加滞后，各种农民协会、专业合作社很多地方没有建立，建立了的能进行规范运作、有效运转的很少；社会合作社、股份合作社则更少。农民进入市场的组织程度太低，使贵州省边远贫困落后地区及少数民族地区农产品和农民缺乏市场竞争力和自我保护能力。

四、意义重大

边远贫困落后地区及少数民族地区科技型农业发展是新阶段农民增收的新要求。新阶段提高农民的生产经营水平是解决农民增收问题的核心，它包括农民生产经营的科技水平、规模水平、结构调整水平、产业化水平、适应市场和市场竞争的水平，最终的落脚点是效益水平。由于历史、地理、社会经济等多方面的原因，要改变贵州省边远贫困落后地区及少数民族地区农村落后面貌，必须大力依靠科技进步与创新。当前，农业正面临着新技术革命的挑战。以农业生物技术和农业信息技术为主导技术的农业高新技术革命，正使未来农业面临着观念更新、内涵深化、外延扩大的挑战。贵州省边远贫困落后地区及少数民族地区要想改变粗放落后的农业发展状况，切实按照“以现代发展理念来引领农业，以培养新型农民来发展农业，以现代物质条件来武装农业，以现代科学技术来改造农业，以现代产业体系来提升农业，以现代经营方式来推进农业，以现代经营模式来运作农业，不断提高农业水利化、机械化和信息化水平，不断提高土地产出率、资源利用率和农业劳动生产率，不断提高农业素质、效益和竞争力”的现代农业发展思路和目标，找到自身社会经济条件与现代农业科技相对接的正确路径，在科技型农业发展上下功夫，才能改变贫穷落后的面貌。

1. 发展科技型农业是推进边远贫困落后地区及少数民族地区现代农业发展的强大动力

在全面建设社会主义新农村的新历史时期，要改变贵州省边远贫困落后地区及少数民族地区农业和农村经济发展滞后、农民收入增长缓慢的状况，就必须加强农业基础设施建设，调整农业生产结构，转变农业增长方式，推广农业新科技，提高农民整体素质，提升农业综合生产能力，加快发展现代科技型农业。贵州省边远贫困落后地区及少数民族地区基础差、经济社会发展缓慢，许多地区水土流失严重，干旱缺水，自然灾害频繁，甚至形成石漠化、荒漠化，使农业可持续发展十分艰难。大力发展科技型农业，可以使农业的发展转移到依靠科技进步上来，促使农业由“资源依存型”向“科技依存型”转变，由

“传统农业”向“现代农业”转变。减轻农业对自然环境的依赖，降低农业再生产的自然风险；减少农业对自然生态环境的不利影响，使农业系统的可控性增强，建立人与自然的和谐关系，让人们更加重视各种农业科学技术的作用，进一步推进科学发展。

2. 边远贫困落后地区及少数民族地区科技型农业将极大地提高地区农业生产效率

一是促使边远贫困落后地区及少数民族地区农业科研的方式方法改变，大大缩短农业科研的周期，实现现代农业科学技术的推广和普及，加强成果转化，提高农业先进技术的覆盖率和入户率，增强农民的科技意识和自身素质，大幅度提升农业科技对农村社会经济发展的支撑和引领作用，从而提高农业生产效率。

二是促使农业发展方式转变，改变边远贫困落后地区及少数民族地区传统农业生产方式主要是指粗放型的耕作发展方式，提高农业机械化和信息化水平，延长农业产业链，大力提高农民生产经营的科技含量和投入水平，提高农业生产的集约化、规模化程度，不断提高农业劳动生产率。

三是加强农业科技创新与集成应用，不断提高土地产出率和资源利用率。农业资源高效利用与耕作制度的改变和科学技术进步息息相关。发展科技型农业，依靠科技进步和创新充分挖掘农业资源生产潜力，提高农业基础设施和科技装备水平，建立高效可持续发展的耕作制度，是提高土地产出率和农业资源高效利用的必然选择。现代科学技术，特别是高新技术的利用，可以对农业生产的基础要素，如阳光、水分、土壤等进行更加高效、精确地利用。例如，温室的出现不仅为冬天人们带来了夏天的蔬菜，更大意义在于把冬日里闲置的阳光、土壤和水分重新利用起来。今后随着温室规模的不断扩大和对人工环境中农业资源的精细利用，工厂化科技型农业将走向前台。充分发挥资源比较优势，按照优势农产品区域布局，通过科学规划和节约利用耕地，加强耕地保护和合理利用。

四是推动可持续发展，实现人与自然的和谐发展。发展科技型农业，加强科技创新，加速科技成果的转化与推广，积极引进国外成功的管理经验和先进技术，通过外来入侵生物风险评估与防治等关键技术进行科技攻关，着力对农业资源进行节约利用，有效防治农业污染，恢复与重建生态环境，提高贵州省边远贫困落后地区及少数民族地区资源节约利用和环境保护的技术水平。积极发展节地、节水、节肥、节药、节种的科技型节约农业，鼓励生产和使用节电、节油农业机械及农产品加工设备，有效提高农产业投入品的利用效率，从根本上达到节约资源，缓解经济发展与资源不足矛盾的目的。实现农业产业内部物质与能量相互交换、互为原料和废弃物资源化，较大改善了农业生产条件和环境。如发展沼气既能合理整治人畜粪便、秸秆和垃圾，又能提供清洁用能，并减少化肥和农药施用量，可以实现一举多得。土壤改造、植被的恢复与重建、土地退化防治、小流域综合治理等农业工程技术对于缓解生态压力，遏制环境恶化具有重要的作用，等等。科技型农业发展还可以有效促进农村新型能源的开发利用。加快对太阳能、风能、小水能、沼气等可再生能源的开发。其中，沼气在农村原料充足，利用技术成熟，建设和使用成本低，适用广泛，经济和生态效益显著。要进一步加快农村沼气的发展，加大农村沼气建设的力度。

3. 边远贫困落后地区及少数民族地区科技型农业将极大地加快农业产业化进程

一是加快边远贫困落后地区及少数民族地区农产品交易的频率和速度。贫困地区绝大多数地处偏僻边远或内陆腹地，区位优势较差，交通不便，信息不畅，农业基础薄弱，发展科技型农业，充分利用现代化科学信息技术造就的网络体系，能极大地扩大传统农产品的销售规模和交易范围，加快贫困地区农产品交易的频率和速度，降低其销售成本，有效地弥补地理位置、交通和通信所带来的劣势。

二是有力地推动边远贫困落后地区及少数民族地区农业经营管理方式和农业企业组织方式的变革。在贵州省边远贫困落后地区及少数民族地区，农业是最主要的物质生产部门，农业经营管理方式基本上是一家一户的小农经济管理方式，农业企业组织方式大多是集体合作或家族式的组织方式，随着科技型农业发展的推进，农业系统除作为物质生产部门之外，加工、贸易、观赏、服务、环保等复合性功能将会越来越多，农业生产结构也趋向多元化。现代农业科学技术的普遍应用，特别是现代信息技术的应用使得人们收集、处理和使用信息的流程缩短，使企业的资本周转速度普遍提高，“信息（知识）—技术—市场”的链条变得越来越短，政府对农业的管理以及农业企业的组织方式也因此变得更加快捷和多样化。通过科技型农业发展，创新发展机制，在稳定完善土地承包经营制度的基础上，积极培育科技型农业龙头企业、专业合作经济组织、专业大户、批发市场等适应产业化要求的新型农业生产经营主体，创新组织形式，一头对接市场，一头连接农户，形成“龙型”生产经营体系。组建产业协会，提升现代农业综合发展水平，推动从一家一户的小规模经营向家庭式农场经营转变，实现规模化经营。

三是推进边远贫困落后地区及少数民族地区农业综合开发。以发展粮油、畜牧、中药材、蔬菜、茶叶、水产、竹类、马铃薯、花卉苗木、名优果品加工及保鲜和市场建设等为重点，进一步调整产业结构，因地制宜发展种养加为一体的科技型农业，形成一村一品产业发展布局。依靠现代科技，大力发展农产品加工业，通过产业化经营等方式扩大农业内部就业，促进农民增收，增强农业的增收功能。通过农业结构调整进一步挖掘农业内部增收潜力，广泛开发利用各类农业资源，发展“一镇一品”、“一村一品”的特色经济。拓展农业开发领域，发挥边远贫困落后地区及少数民族地区农业的观光休闲功能，充分运用资本、基地、设施、文化和地理等优势，大力发展休闲观光农业、旅游农业、农事体验农业等，美化生态环境，实现农业的生态环境维护与可持续发展。

五、发展条件和前景

1. 新的农业科技发展环境和拥有难得的政策优势

当前，边远贫困落后地区及少数民族地区农业科技创新条件和环境正在得到明显改善，农业科研机构活力空前提高，企业对农业科技投入的热情日益高涨，农民对农业科技的需求日益迫切。这些都为科技型农业的发展创造有利的条件和发展前景。

我国新一届政府已经接连出台了取消农业税等支农惠农政策。中央连续出台了5个指导农村工作的1号文件，均对农业科技进步和创新提出了明确要求，给贵州省边远贫困落后地区及少数民族地区带来了难得的发展机遇。为全面提升贵州农业科技的整体水平和素质，缩小与国内先进省区的差距，贵州省对科技农业的发展进行了积极的部署和安排。

2. 科技型农业发展的基础不断壮大

农业科技投入大幅度提高，农业科技实力不断增强，为新时期贵州省边远贫困落后地区及少数民族地区依靠科技创新，推进农村改革发展奠定了坚实的基础。通过多年的发展，边远贫困落后地区及少数民族地区经济社会发展的条件得到了不断改善，自我发展能力进一步增强，为科技型农业发展创造了良好的基础。

近年来，贵州省边远贫困落后地区及少数民族地区应用高新技术改造传统农业的能力进一步加快，生物技术已逐步应用于农作物品种选育，电脑农业示范成效显著，数字化、信息化技术在减灾防灾方面的应用也初见成效。科技型农业龙头企业（公司）不断发展壮大，科技型农业在一些科技示范点和农业科技园区已呈蓬勃发展之势。

3. 生态环境进一步改善与生物资源多样性的优势

一方面是国家对中西部地区以及粮食主产区的小型水源、渠道、机电泵站的新建、维修和改造进行重点补助，把喀斯特地区石漠化治理、退耕还林列入“十一五”建设规划，在产业配套、生态移民、林草管护、补植补造等方面进一步加大资金投入力度；另一方面是省委、省政府以促进生态与经济协调发展为目标，大力实施生态立省的战略，强调既要金山银山又要绿水青山。经过多年努力，贵州省边远贫困落后地区及少数民族地区喀斯特山区的生态环境已经得到进一步的修复和改善。开始步入了控制人口增长、提高人口素质、保持生态环境、改善人民生活的良性循环轨道。在生态农业建设方面，已成功启动生态农业试点县的工作，初步形成了养殖业、加工业、第三产业全面发展的格局。初步探索以沼气建设为主要内容的科技型生态农业示范村和猪、粮、果、沼（气）等不同类型的科技型生态农业发展模式。

六、发展模式选择

科技型农业的发展模式是对科技型农业发展进行领导、管理、监督的组织形式，是实现科技型农业发展发展目标的方式、方法和途径。一个好的发展模式能对科技型农业的发展起到积极地推动作用。目前，国内外科技型农业发展的模式很多，国外主要有合同制、农业合作社、农工商综合体和联营体等，国内则有契约式、联合农民直接进入市场式和企业组织式等。无论哪一种模式都离不开科技部门（或专家）、农户、企业、基地、市场等产业化发展的基本单位，都是对这些基本单位的一种组合方式。不同地区、不同产业，不同产品，在不同发展阶段，由于自身所处的发展环境、资源、条件、产业基础等不同，对这些基本单位的整合方式就会不同，因而发展模式也就各异。

根据国内外科技型农业发展发展的成功经验和贵州省边远贫困落后地区及少数民族地区的各种条件和特点，科技型农业发展中应该创造性地采用以下较为成熟的发展模式，各县、乡（镇）村应根据当地实际情况，采用一种或多种模式，或者是根据实践发展的需要由一种模式过度到另一种模式，甚至可以根据实践需要，多种发展模式并用，甚至可创造一种全新的发展模式。

1. 农业实用技术组装配套工程与科技型生态农业发展模式

主要指农业实用技术组装配套工程，是贵州省边远贫困落后地区及少数民族地区针对农业生态系统不良、农业经济系统薄弱的状况，对农业实用技术进行优化组合的科技农业发展模式。这一模式主要适合生态环境脆弱、土地贫瘠的山区。如在毕节地区，我们称为“毕节模式”。模式的实施有利于改善农业系统的整体功能，提高农业综合生产力，实现农业可持续发展。主要采取的模式有肥（绿肥）麦包、肥麦烟、肥芋（洋芋）包分带间套作发展模式；杂交玉米良种、绿肥聚垄耕作、地膜覆盖移栽（或营养袋、营养坨育苗单株定向移栽）相互配套发展模式；杂交水稻、两段育秧（或旱育稀植）、半旱式栽培相互组装发展模式；杂交油菜、育苗移栽、秸秆还田相互组装发展模式；扩种绿肥、增施农家肥、合理使用化肥相互配合发展模式；坡改梯、植树造林、兴修水利相互合成发展模式等。

这一模式注重生态、经济、社会三者的协调发展，是贵州省边远贫困落后地区及少数民族地区，通过十多年的实践摸索出来的。它适用于山高坡陡、边远落后、生态环境脆弱山区，贵州省边远贫困落后地区及少数民族地区大都地处这样的地区，可大力推广和实施这一模式。

2. 科技入户示范工程与“科技特派员＋公司＋农户”的发展模式

贵州省边远贫困落后地区及少数民族地区在“星火计划”、科技扶贫、科技特派员试点工作、科技入户示范工程等实践中，逐步探索出“农业科技部门＋科技人员（科技特派员）＋农户”“农业科技部门＋科技人员（科技特派员）科技人员（科技特派员）＋科技示范点（科技扶贫示范点）＋农户”“科技人员（科技特派员）＋公司（企业）＋农户”等科技型农业发展模式。

这一发展模式主要是在政府的主导下，通过开展送科技下乡、科普讲座、举办科技宣传咨询服务活动，开展多类型农业适用技术（含高新技术）示范工程，扶持科技示范户等，不断提高广大群众的农业实用技能、市场意识和科学素质，加速了科学技术在农村的普及和推广。科技人员、科技特派员深入生产第一线，帮助农户发展科技型农业，做到技术人员到户、良种良法到田、技术要领到人。

3. 农业科技园区模式

农业科技园区是以市场为导向、以科技为支撑的农业发展的新型模式，是农业技术组装集成的载体，是市场与农户连接的纽带，是现代农业科技的辐射源，是人才培养和技术培训的基地，对周边地区农业产业升级和农村经济发展具有示范与推动作用，能够迅速促进地区农业增效、农民增收、产品竞争力增强。在园区内，可以根据园区规划目标，按照专业化分工的原则，遵循进入园区科研院校、公司企业和农户的意愿，采取灵活多样便于操作的发展模式。

农业科技园区在创新科技型农业发展模式的一条重要经验，即“政府引导制，投资业主制、运行公司制、科技承包制、带动农户合同制”。政府引导制就是由政府组织规划，规划报批和制定政策，完善基础设施和配套服务，积极引导和组织科研单位、科技人员、公司和农户进入园区；投资业主制就是园区建设按照市场规律运作，所有建设项目面向园区内外有关单位和企业实行公开招标，项目承担单位严格按照项目建设要求组织实施，直至有关部门通过验收；运行公司制就是建立公司规模化生产，实行公司制法人治理结构；科技承包制就是在园区内组织科研单位和农业科技人员个人或集体承包开发项目，由发包方根据承包效益，支付报酬和收益分成；联结农户合同制就是通过公司与周围农户签订合同，提供必须的配套技术服务，明确双方的权利与义务，规定利益与风险责任。而其中最为关键的是运行公司制，依托各类科技型农业公司，形成了具有专业化、标准化、规模化的园区农业生产新格局。

4. 科技部门推动型模式

“科技部门+科研院所+专家+农协+农户”“科技部门+科研院所+专家+农协+基地+农户”运作模式。这是以科研院所、专家为主体，为农协提供全面的技术培训、技术咨询和指导，通过农协的组织和骨干农户的示范带动作用，推动农村主导产业的形成和农产品规模化经营，从而实现农户的小生产与大市场的有效联动和对接。例如，独山县现代农业科技园区，运行的就是“科技部门+科研院所+专家+农协+基地+农户”发展模式。以贵州省农业科学院园艺研究所为技术依托单位，独山现代农业科技示范园区的建设，重点围绕“七个现代化”来开展，即在核心区要实施水利灌溉网络化，农田耕作机械化，蔬菜种植标准化，科研生产一体化，种植品种优质先导化，生产及营销网络化，服务工作全程化。园区的优质蔬菜种苗扩繁中心以县科技局作为项目责任单位；以县农办、农业局、水利局、基长镇作为协作单位。

5. 龙头企业带动模式

“龙头企业+科研人员+农户”“龙头企业+科研人员+协会+农户”“龙

头企业 + 科研人员 + 协会 + 基地 + 农户”等模式，是由龙头企业或公司提供资金、设备和场地，科技专家提供高新技术成果和技术服务，共同组成服务公司，形成比较紧密的产、加、销一体化的经济实体。

这种模式的关键是要结合本地优势，精心挑选主导产业和主导产品。围绕主导产业和产品，大力兴办农副产品生产、加工、贮藏、购销服务的龙头企业。龙头企业可运用市场机制，采取收购、兼并、控股等方式，迅速扩大规模，壮大实力。要鼓励龙头企业与科研院所、农产品生产基地和农户签订技术服务和产销合同，规定各方权利和义务，形成密切的产、供、销一体化体系。加大企业和科研院所对基地和农户的扶持力度，为其提供全程技术咨询、培训指导、提供技术装备等服务。

6. 合作经济组织带动模式

“合作社 + 农户”“专业合作社 + 科研所 + 专家 + 农户”“专业合作社 + 科研所 + 基地 + 农户和“专业合作社 + 科研专家 + 基地 + 农户”等模式。这一模式是通过产业或产品的导向，在政府的正确引导和帮助下，把分散专业大户和广大农户积极组织起来，组建专业合作社，组建专业合作经济，一方面，可以把一家一户分散的农民组织起来，形成“利益共享，风险共担”的利益共同体；另一方面，通过专业合作经济组织的运作，积极为农户提供从技术到生产到销售的全方位服务，形成一种集聚规模效应。各市、县乡镇的粮食、供销等国有流通企业要充分利用商业网点多的优势，适应市场经济发展的要求，通过积极改革，转换经营机制，也可承担起专业合作组织的职能。市、县乡镇机关，要加政府快职能转换，弱化行政职能，强化为民服务功能。同时，加强农业合作组织的发展，使农民在市场竞争中有了组织依靠，便于指导生产。加强企业与农民组织的联系，使企业与农民的增收机制更加完善。

这一产业发展模式是国内外采用最为普遍、最为成功、最有成效的模式，具有其他组织形式无法比拟的优势和条件，而且组织方便，容易实施，成功案例比比皆是，可以在科技型农业发展实践中积极推行。

7. 资产经营型模式：资产（资源、资本）+ 项目 + 科研所（园区）+ 专家 + 公司

目前，贵州省边远贫困落后地区及少数民族地区大都靠国家和省级财政补贴，科技型农业发展最缺的是资金和人才。而最富有的是山林、荒山、荒坡和原始的生态环境等一些特有的山地资源，这是一笔很大的财富或资产，这笔自然资产不很好地利用，就会成为无用资产。发展科技型农业一定要在用活这些

自然资产上大做文章。可以采用抵押、出租、出让、承包、折价入股等方式进行融资，这样既盘活了资产，又筹集到了发展资金，还为科技型农业发展创造了一个可充分利用的载体。

这一发展模式较为适用于自然资源独特且经营资金十分匮乏的地区。虽然，在贵州省没有成功的案例和经验，但是，可以借鉴其他地区的成功做法，进行积极探索。政府需要建立土地资源流转机制，为规模化和专业化生产创造条件和政策环境。

案 例 篇

强化精准扶贫与助推农村同步小康思考

——丹寨县扶贫开发的实践及启示

魏 霞*

摘 要

丹寨县围绕“小康丹寨”的工作目标，整合资源，不断创新帮扶工作思路，以“两步走、六到户”为抓手，深化拓展“帮联驻”“手挽手一帮一”及推进“美丽乡村”“一村一品”“小康创建”等工作，变“大水漫灌”式扶贫为针对性的“滴灌”精准扶贫，加快了农村脱贫致富的步伐，改善了贫困对象的生产生活条件，对国家级贫困县和新阶段扶贫开发工作重点县扶贫开发工作具有一定的借鉴意义。

关键词

丹寨县 精准扶贫 启示

丹寨县位于贵州省东南部、黔东南苗族侗族自治州西部，是国家级贫困县、新阶段扶贫开发工作重点县和国家生态建设重点县，全县国土面积 940 平方公里，辖 3 镇 4 乡 1 个省级经济开发区，总人口 17.2 万人，农村贫困人口 6.44 万人，农村贫困发生率 42.3%❶。

党中央、国务院高度重视扶贫开发工作，党的十八大以来，习近平总书记就扶贫开发提出一系列新要求，2013 年 12 月，中共中央办公厅、国务院办公厅又印发了《关于创新机制扎实推进农村扶贫开发工作的意见》。丹寨县认真贯彻落实党中央、国务院和贵州省委、省政府关于扶贫开发工作的决策部署，围绕“小康丹寨”的工作目标，整合资源，不断创新帮扶工作思路，变“大

---

* 魏霞，贵州省社会科学院区域经济研究所副研究员，研究方向：区域经济。

❶ 资料来源：2013 年贵州省统计年鉴。

水漫灌”式扶贫为针对性的“滴灌”精准扶贫，做到扶贫对象更精准、扶贫需求更明确、扶贫内容更具体、扶贫措施更具针对性，切实帮助群众找准贫穷的“根源”，全心全力拔掉“穷根”，有力地加快了农村脱贫致富步伐，改善了贫困对象的生产生活条件。2013年地区生产总值完成18亿元，同比增长18.1%；农民人均纯收入5134元，增长17.8%。在2013年贵州省88个县（市、区）经济社会发展增比进位综合测评中，丹寨县综合排名全省第22位、黔东南州第2位，有5项指标排名进入全省前10位，其中：农民人均纯收入增速排第1位、地区生产总值增速排第3位、人民满意度测评排第6位、税收收入增长排全省第7位，获得了“全国县域经济科学发展特色县”的荣誉称号。[1]

一、做　法

1.“三精两准”，构建新型“滴灌”式扶贫模式

为实现2014年减贫人口1.7万人，2015年减贫人口2万人、实现整县脱贫摘帽，2016年全县农民人均纯收入达6000元以上，2017年全县人均年纯收入达7000元以上，全面实现小康的目标，丹寨县在扶贫开发工作中，坚持“三精两准”，构建新型“滴灌”式扶贫模式，取得了一定的成绩。

“三精”是指：一是精心配强班子。加强组织领导，精心配强班子，层层落实责任。从县到各部门及乡镇，都成立了由单位“一把手”任组长的精准扶贫工作领导小组。严格实行部门、乡镇“一把手”负总责，实行县委常委包乡镇、部门包村、干部包户的工作机制。二是精心选派干部。选派了127名驻村干部到全县91个村（居）帮助理清发展思路，协助村（居）开展各项工作；三是精心制定规划。按照“先脱贫、后小康”的扶贫工作要求，把全县6个乡镇、91个村（居）、166个片区分两个批次进行扶贫攻坚，精心制定扶贫规划，制定详细的脱贫时间表和完善的脱贫措施，将“授之以鱼”和“授之以渔”结合，一村一品，一户一方。对无劳动能力的老弱病残人员，通过社保兜底脱贫的方式进行扶贫；对具备一定产业基础和有发展条件的贫困群众，进行产业扶贫脱贫；对居住环境恶劣的贫困人口，通过扶贫生态移民工程脱

---

[1] 《丹寨县2013年政府工作报告》，云上丹寨：http：//www. qdndz. gov. cn。

贫。对具备一定产业基础和有发展条件的贫困群众，扶贫办牵头，农业、林业、水利、教育等部门协同配合，通过帮资金、帮项目、帮信息，帮助联系1家以上企业或1个专业合作社与农户签订订单合同，以企业或合作社牵头带动农户发展产业，通过产业扶贫脱贫。

“两准”是指：一是帮扶人员准。丹寨县为杜绝该帮的不帮，不该帮的反而帮的情况出现，由乡镇党委政府牵头，包村单位和驻村干部配合，定村定户定人，进村入户与群众面对面交谈，通过录入贫困对象的基本资料，建立贫困户信息网络系统，做到户有卡、村有册、乡（镇）有簿、县有档，[1] 增强了扶贫开发的精准性和实效性。与此同时，通过对扶贫对象动态管理，实现有进有出、确保扶贫信息的真实、可靠。二是帮扶措施准。丹寨县因户施策，做到结对帮扶到村到户、产业扶持到村到户、教育培训到村到户、农村危房改造到村到户、扶贫生态移民到村到户、基础设施到村到户的“六个到村到户”，把“大水漫灌”式的扶贫变成有针对性的“滴灌”式扶贫：通过实行“部门（乡镇、企业）包村、干部包户”，采取正处级干部每年帮扶4户贫困户、副处级干部每年帮扶3户贫困户、科级干部每年帮扶2户贫困户、一般干部每年帮扶1户贫困户的“4321”帮扶模式，将帮扶任务明确到单位和干部个人，全县近3000余名干部同4000余户贫困户开展结对子、打老根活动，力争用2~3年时间将全县6.44万贫困人口扶过贫困线，推向小康路。同时，丹寨县还通过教育培训，采取“走出去”联合办班或“请进来”现场指导等多种培训方式提高农村人口素质，提升农民致富技能；通过“一村一品”工程，将项目资金、技术指导、发展信贷、销售流通等综合进行产业扶持；通过农村小康屋建设进行规划布局，加强村容寨貌整治，确保村民新建房面积人均30平方米以上；通过加强基础设施建设，围绕路、电、水等“美丽乡村”建设，以小康路、小康水、小康电、小康迅、小康屋、小康乐、小康产业、小康环境、小康组织、小康贷“十大小康工程”为载体，健全社会保障、创新社会管理，建设好各行政村基础设施，改善贫困对象的生产生活条件。通过扶贫生态移民，将适合搬迁的贫困农户向金钟经济开发区、县城规划区、特色小城镇和旅游区进行移民，通过产城互动，创造岗位，提高贫困户收入。近年来，丹寨县整合统筹农村道路、水利、电力、通信、危房改造等基础设施项目，共同建设村寨基

---

[1] 刘文兴：《一切以服务群众为宗旨，丹寨县全面实施“精准扶贫”工作》，云上丹寨：http://www.qdndz.gov.cn，2014年3月13日。

础设施，让一个个小山村改头换面。同时，推广“五户联保”模式，5户以上村民自由组合，形成利益联盟，在治安、产业、计划生育、环境治理、卫生等方面相互帮助、监督，自觉遵守村规民约，共同建设美丽村寨。目前，丹寨县91个村变得干干净净，昔日“脏乱差”的村寨变成了“走路不湿鞋，吃水不用抬，煮饭不烧柴”的美丽乡村。❶

2. “两明确、一充实、一精算”，强化精准扶贫路径

为强化精准扶贫路径，丹寨县以驻村干部为主力，进村入户对困难户进行摸底调查，为全县人均年收入在2300元以下的困难群众建立了涵盖困难户家庭情况、脱贫路径、帮扶责任单位、责任人等信息的“一户一档”小康工作台账，并依据“台账”，结合各村自然情况、区位、资源、产业等优势，由“小康支书”带领村民理清思路，做到明确帮扶群体、明确帮扶路径、充实基层力量、精算帮扶效益“两明确、一充实、一精算”。同时，丹寨县还以第九届村级班子换届为契机，打破身份、行业、地域的限制，创新村干部选拔机制，选拔163名机关年轻干部、乡土人才、致富能人、返乡创业能手等任村支书，充实基层力量，带领广大群众脱贫致富，为精准扶贫夯实“基座”。此外，丹寨县还开展了“3个15万”❷、“5个100工程”❸、“6个20工程”❹、“一村一品”建设等，采取“合作社+基地+农户”“公司+党支部+党员”等发展模式，通过帮资金、帮技术、帮信息、帮项目等，精算帮扶效益，使全

---

❶ 胡丽华、杨小友：《丹寨县探索“精准扶贫”新路》，西部开发报扶贫开发周刊，2014年4月2日。

❷ 2012年，贵州省出台《关于大力扶持微型企业发展的意见》，采取“3个15万元”的扶持政策，力助微型企业发展：一是财政补助政策：扶持对象实缴货币投资达到10万元后，政府给予5万元微型企业财政补助，补助资金由省、市、县按照7:1:2的比例分担；二是税收奖励政策：扶持对象创办的微型企业除享受国家和贵州省对微型企业及特定行业、区域的税收优惠之外，其实际缴付的所有税收中地方存留部分实行全额奖励，奖励总额为15万元；三是融资与担保：扶持对象创办的微型企业有贷款需求的，可以以自有财产抵押、税收奖励为质押，到指定银行或担保机构申请15万元以下的银行贷款或担保支持。

❸ 5个100工程：贵州将围绕“四化”同步，坚持规划引领、有序推进、滚动发展，做到定路线图、定工作量、定时间表、定责任人，集中人力物力财力，大力推进“100个产业园区、100个示范小城镇、100个城市综合体、100个旅游景区和100个现代高效农业示范园区”重点发展平台建设，为全省发展集聚更多要素、积蓄更多能量。百度百科 http://baike.baidu.com。

❹ 为全面落实省委省政府制定的“5个100工程”战略，黔东南州结合自身实际，细化目标，制定了“6个20工程”，即集中打造20个工业园区、建设20个城市综合体、打造20个特色小城镇、建设20个现代高效农业示范园、打造20个旅游景区、推进20个美丽乡村建设。全力构建经济社会发展大平台—黔东南州精心打造“6个20工程”记事：金黔在线－贵州日报2013年4月23日，http://qdn.gog.com.cn。

县村级产业发展步伐明显加快，力争2014年底，建成5万头黑毛猪基地、1万亩仙草中药材基地、1万亩蓝莓基地、100万只生态蛋鸡基地，带动1万农民就近就业创业。

3. “四项”措施，力保“精准扶贫”更精准

为确保扶贫对象更精准、扶贫需求更明确、扶贫内容更具体、扶贫措施更具针对性，丹寨县委、县政府针对第一轮调查摸底存在的问题，重新启动“精准扶贫”贫困户排查，对“六个到村到户”进行再次摸底，通过强化领导、组织培训、增派力量、帮联推进等“四项”措施，力保“精准扶贫”更精准。为此，丹寨县实行了“精准扶贫”一把手工程，制定扶贫开发考核办法，由乡镇党委书记、乡镇长负总责、亲自抓，组织全体干部深入村寨进行排查摸底；对各乡镇分管领导、扶贫站负责人、“精准扶贫”办公室负责人进行培训并严格按照培训要求和时限进行调查；在第一轮调查摸底的基础上进行排查，明确帮联单位共同推进，由乡镇组织全体干部、驻村干部、村三大员进村入户开展调查，力求做到非贫困户一户不留、贫困农户一户不漏，准确掌握农村发展需求，为减贫摘帽、创建小康提供精确贫困户资料；重新明确行政村帮联单位，一个单位帮扶一个村，对大村和散村再增加一个帮联单位。每个村明确1~3名驻村干部，并将扶贫开发作为驻村干部的首要职责，将“精准扶贫”工作考核结果作为单位表彰、干部考核、选拔任用的依据，确保了全县精准扶贫的稳步推进。

4. “两步走、六到户”，抓精准扶贫实现“四个百”目标

为确保扶贫工作取得实效，实现乡镇“减贫摘帽”实现100%、产业扶持和基础设施建设覆盖到村实现100%、村级有实体化集体经济实现100%、全县创建小康实现100%的“四个百”目标，丹寨县以“两步走、六到户”为抓手，创新帮扶工作思路，整合资源，变“大水漫灌”式扶贫为针对性的“滴灌”式精准扶贫，深化拓展“帮联驻”、“手挽手、一帮一”和推进“美丽乡村”“一村一品”“小康创建”和农村金融改革等工作，加快了农村脱贫致富步伐。围绕2017年全面建成小康社会的总体目标，县、乡、村三级全面建立精准扶贫工作台账，对贫困乡镇、贫困村、贫困户分类施策，着力实施“十大小康工程”，通过干部帮扶、项目帮扶、资金帮扶，不断改善农村生产生活条件。“两步走”的第一步是指：2014年排调镇、扬武镇长青片区实现“减贫摘帽”，6个乡镇实现减贫人口1.7万人；2015年全县减贫人口2万人，基本实现整县脱贫摘帽。第二步是指：2016年继续巩固扶贫攻坚成效，全县农民

人均纯收入达6000元以上；2017年全县人均年纯收入达7000元以上，基本实现全县小康目标。与此同时，建立健全精准扶贫“六到村到户”工作机制，采取产业化扶贫、生态移民、社保兜底等解困措施，创新金融扶贫方式，推进“政银企农”合作模式，大胆探索龙头企业、合作组织、能人大户在扶贫开发中与贫困户的利益联结机制，不断增强贫困户、贫困村自我发展能力。

二、启　示

1. 提高认识是丹寨县“精准扶贫”取得实效的前提

精准扶贫的理念是中央立足新形势、适应新任务提出的新要求。为全面推进实施“精准扶贫”，丹寨县县委、县政府及相关部门定期或不定期召开“精准扶贫”工作会，认真学习党的十八大、十八届三中全会精神以及习近平总书记在湘西土家族苗族自治州考察时提出的“扶贫要实事求是、因地制宜，要精准扶贫，切忌喊口号，也不要定好高骛远的目标”的指示精神，认真学习《关于开展新一轮“联乡驻村”全面推进实施“精准扶贫”工作的通知》《关于加快推进五户联保基层社会管理工作的意见》《关于进一步加强帮村工作全面实施“精准扶贫”同步小康社会创建工作的实施意见》等文件精神，坚持从群众中来，到群众中去，始终把服务群众作为一切工作的出发点和落脚点，把全面实施“精准扶贫”同步小康社会创建工作作为重要任务，通过“三精两准”，构建新型“滴灌”式扶贫模式，积极行动，认真谋划，狠抓落实。要求丹寨县的扶贫工作要深入贯彻落实好中央、贵州省、黔东南州等文件精神，全县干部要端正态度，团结一心，按照县委、县政府要求，高质量、高效率完成“精准扶贫”工作。

2. 领导重视是丹寨县“精准扶贫”取得实效的关键

丹寨县县委、县政府高度重视扶贫开发工作，精心配强班子，加强组织领导，层层落实责任。要求各级各部门要找准“精准扶贫”的着力点和突破口，不断开创全县扶贫开发工作新局面。将“精准扶贫”工作纳入全县各单位、各乡镇和领导干部帮扶工作考核范围，建立奖惩机制，实行单项考核，单项奖惩，把“精准扶贫”奖励资金纳入县级财政预算，对开展帮扶工作积极、成效明显的单位和个人，由县委、县政府进行表彰奖励；对工作消极应付、群众满意度低的单位和干部，取消年度评先选优资格，并约谈乡镇或单位主要领导；对工作严重滞后的乡镇及单位领导，县委视情况采取调离岗位、责令辞职、免职等组织处理。改进考核方式，把党政干部精力集中到扶贫开发上来。加强组织管理方式，改进扶贫项目实施方式，确保扶贫项目到户到人，充分调动群众的积极性。

3. 真帮实扶是丹寨县“精准扶贫”取得实效的根本

丹寨县在开展“精准扶贫”工作中，严格实行部门、乡镇“一把手”负总责，明确党政班子成员联系村、干部职工联组帮户，其中：乡镇承担60%、帮（联）村部门负责人及分管领导承担20%、驻村干部和村干各承担10%，认真开展帮村工作，努力做到联系帮扶职责到人，真帮实扶，形成了分管领导具体抓、驻村干部蹲点抓、单位职工入户抓、村干亲自抓的“精准扶贫”工作格局，通过实行“部门（乡镇、企业）包村、干部包户”，采取“4321”帮扶模式，做到“六个到村到户”，将帮扶任务明确到单位、干部个人等帮扶措施，因户施策，把“大水漫灌”式的扶贫变成有针对性的“滴灌”式扶贫，使精准扶贫取得了实效。目前，丹寨县88个单位、56家非公企业、18所学校3600余名干部职工与3549户贫困户结成“手挽手、一对一”对子，不脱贫不脱钩。2013年，经过“手挽手、一帮一”帮扶措施，丹寨县帮助解决就业2937人，完成生态移民1596户，帮扶产业329个，扶持创业241人。[1]为确保精准扶贫工作扎实有效的开展，丹寨县以“领导＋驻村干部＋村干＋组长＋党员”的模式，以自然村寨为单位，分组分片区进行入户调查，精准识别，为每个贫困户建立档案，分析致贫原因，逐户制定措施，做到真帮实扶，对于调查的结果，实行五层签名认可，并将选出的困难户以红纸公示的方式，让群众进行开会讨论和表决。

4. 驻村干部是丹寨县“精准扶贫”的中坚力量

在丹寨县开展的“精准扶贫”工作中，驻村干部成为中坚力量。丹寨县精心选派127名政治素质好、责任心强、会干事、不出事的驻村干部下到全县91个村（居），对每户进行细致调查，通过对收集的信息进行汇总，统计出精确数据，确保做到“非贫困户一户不留、贫困农户一户不漏”。同时，驻村干部还结合国家扶持政策和丹寨县以及各个村（居）的实际情况，制定出符合实际的扶贫发展规划，宜工则工、宜农则农、宜商则商、宜游则游，帮助村（居）理清发展思路，协助村（居）开展各项工作，为丹寨县“精准扶贫”工

---

[1] 胡丽华、杨小友：《丹寨县探索“精准扶贫”新路》，《西部开发报扶贫开发周刊》，2014年4月2日。

作奠定了坚实的基础。

5. 坚持督察是丹寨县"精准扶贫"的有力保障

为确保丹寨县"精准扶贫"工作取得实效，丹寨县成立了由县委督察室、县政府督察室牵头，组织人事、纪检、扶贫、统计、国家调查队等部门参与的督察组，督察组主要以询问乡镇干部和随机抽查的方式、采取定期或不定期的方式对扶贫工作开展督察，同时严格实行一月一通报、一季一小结、半年一评估的工作制度，做到督察有记录，通报有台账，杜绝了领导干部不作为、村干部优亲厚友等现象的发生，确保了精准扶贫工作不跑偏、不走形。

6. 达到小康是丹寨县"精准扶贫"的目的

扶贫开发是一项系统工程，帮扶的目的不是脱贫，而是要达到小康。丹寨县是国家新阶段扶贫开发工作的重点县之一，县财政薄弱，资金投入相对不足，贫困面大、贫困程度深，农民贫困主要体现在基础设施滞后，教育落后。为此，丹寨县积极探索财政扶贫资金有偿使用的项目滚动发展模式，整合全县涉农资金，综合投入，发挥资金的集聚效应，集中攻克难关，把资金与企业、农户捆绑作为一个联合体，构建政府、企业和贫困农户"三位一体"发展模式，企业有偿使用资金，直接带动老百姓增收的产业和项目。截至2014年4月，丹寨县7家龙头企业获得6109万元财政扶贫资金用于滚动发展，建立了贫困农户利益联结机制，形成了"公司+合作社+基地+农户""合作社+基地+农户"等模式，带动2600多户9700余人，成立专业合作社98个，发展社员6165户，打造了中药材种植、蔬菜基地、黑毛猪养殖、手工艺加工等优势产业，"一村一品"的产业格局初步形成。[1] 同时，丹寨县深入贯彻落实国家扶贫主题，遵循中央精准扶贫准则，不打折扣地切实推动发展、改善民生。创新贫困瞄准机制，全力推进减贫摘帽。坚持分类推进、增强扶贫开发针对性。围绕农村困难群众、低收入家庭实现快速脱贫，切实开展好生态移民工程，在"搬得出、留得住、有保障"的基础上，侧重考虑农村经济困难家庭"搬得起、可持续"，综合利用扶持政策、产业发展、就业就学等项目资金和配套基础设施，深入推进扶贫工程开发加速脱贫，其目的就是实现与全国同步建成小康的宏伟目标。

---

[1] 胡丽华、杨小友：《丹寨县探索"精准扶贫"新路》，《西部开发报扶贫开发周刊》，2014年4月2日。

主要参考文献

[1] 张有金，王绍先，许邵庭．小康台账定准心"小康支书"齐发力［N］．贵州日报，2014－1－8.

[2] 杨朝英，杜军玲．扶真贫，真扶贫［N］．人民政协报，2014－3－17.

[3] 王晶晶．民建人士议国是［N］．中国经济时报，2014－3－12.

[4] 胡丽华，杨小友．丹寨县探索"精准扶贫"新路［N］．西部开发报扶贫开发周刊，2014－4－2.

贵州省罗甸县创新“扶贫攻坚”的做法及启示

罗以洪*

摘　要

缓解和消除贫困、实现共同富裕是社会主义的本质要求。本文以对比分析论证的方式，对“滇黔桂石漠化治理区和麻山重点扶贫区”腹地贵州省罗甸县“精益式扶贫模式”予以研究，发现在贫困地区特别是老、少、边、穷地区农村扶贫攻坚中最重要的不是争取到了多少资金，扶贫的项目有多大，引进了多少人才，而是扶贫项目是否精心管理和使效益最大化，是否谋求了长远的发展，是否解决了最根本和最迫切的问题，是否实现了扶贫攻坚的可持续发展。

关键词

贵州省罗甸县　贫困地区　扶贫模式　精益式扶贫　农村

缓解和消除贫困，实现最终共同富裕，是社会主义的本质要求。在实施《国家八七扶贫攻坚计划》以来，我国农村贫困程度明显降低，农村贫困人口大幅度减少。按照扶贫标准2300元的标准计算，2012年中国农村贫困人口数为9899万人，农村贫困发生率为10.2%，已基本解决了全国农村贫困人口的温饱问题，基本实现了《国家八七扶贫攻坚计划》的战略目标。由于贫困地区绝大部分都是少数民族地区，自然条件、历史文化等原因使这些地区的脱贫速度非常缓慢，返贫现象严重，研究和探索老、少、边、穷地区扶贫开发模式

* 罗以洪，贵州省社会科学院区域经济研究所副研究员，博士，研究方向：技术创新管理，产业集群，区域经济及生态文明。

刻不容缓。我国的扶贫模式也由于扶贫主体角度的不同经历了由单纯救济式扶贫逐步转变成群众参与式、开发式扶贫等，各地根据不同的实际总结了如区域扶贫、直接到户扶贫、群体扶贫、财税补贴优惠、生态扶贫、移民搬迁扶贫等模式。

隶属黔南布依族、苗族自治州的罗甸县地处贵州南缘的红水河畔，贵州省重点扶贫开发的“滇黔桂石漠化治理区和麻山重点扶贫区”腹地，也是黔南州实施扶贫开发的重点区域，辖 7 镇 19 乡 273 个村居和社区（截至 2013 年），总人口 34. 5 万，其中农业人口 31. 32 万。2013 年底，罗甸县拆乡并镇后，全县共有 8 镇 1 乡 177 个村。境内以山地为主，海拔在 242 ~ 1400 米，国土总面积 3015. 8 平方公里，耕地面积 54. 46 万亩，是一个典型的农业大县。2013 年全国贫困发生率为 10. 2%，贵州省为 22. 2%，黔南州为 29. 47%，而罗甸县贫困人口 117766 人，贫困发生率 37. 60%。按照 2013 年底新的行政体制计算，有贫困村 100 个，其中一类村 56 个，二类村 24 个，三类村 20 个，其贫困发生率 37. 60%，高出黔南州 8. 13%，高出全省 15. 4%，高出全国 27. 4%。

罗甸县 1986 年被列为国家重点扶持贫困县，1994 年被列为实施“八七”扶贫攻坚计划的重点扶持贫困县，2001 年被列为新阶段扶贫开发重点县。继“八七扶贫攻坚计划”，特别是 2001 年被列为新阶段国家扶贫开发重点县以来，罗甸县委、县人民政府按照大扶贫的理念，走扶贫产业化和整村推进相结合的路子，把发展蔬菜、水干果和中药材作为产业化扶贫的重点，把解决人饮、通村问题摆在首位，举全县之力予以推进，实现了扶贫工作与主导产业的互促共赢。罗甸县通过围绕产业抓扶贫、与发达地区对接对口帮扶扶贫、乡村特色旅游产业发展扶贫、提升劳动力素质的智力式扶贫等方式，创新扶贫攻坚工作方法。经过全县干部群众多年艰苦卓绝的奋斗，因地制宜，不断创新农村扶贫工作，逐步形成了罗甸“精益扶贫模式”（Lean 模式），扶贫开发工作进入了新阶段并取得显著成效，全县近万贫困人口摆脱了贫困。

一、存在的主要困难和问题

罗甸县是传统的农业大县，综合经济基础薄弱，没有支柱产业，科技力量薄弱，贫困基数大，增比进位形势严峻，全面建成小康社会的压力巨大，与贵州省其他县域经济发展横向比较来看，罗甸县发展速度相对缓慢，2012 年在全省增比进位排名 87 名，成为影响全省经济发展的后进县，影响了与全省 2020

年同步实现小康的统一进程，包括扶贫攻坚在内的经济社会发展面临着前所未有的困难和挑战。

整体上看，罗甸县是一个农业大县、工业小县、财政弱县，与全省经济强县相比，发展步伐相对滞后，这些问题制约了罗甸县经济发展的步伐，致使罗甸县经济发展增速较慢，扶贫攻坚难度大。主要表现为：

（1）自然条件较差。罗甸是黔南唯一一个没有“坝子”的县，地形以山地为主，位于滇桂黔石漠化片区腹地，自然条件恶劣。贫困人口大多数居住深山区、石山区，环境条件差，脱贫难度大；

（2）交通、水利等基础设施落后。罗甸是省内未通高速的少数县之一，地处黔南州边缘，与州府和省府相隔较远，道路狭窄曲折。通村路晴通雨阻，出门困难。由于贫困程度太深，虽然经过十多年的扶持，公共设施有所改善，但很多村组公路是泥坑路面，塌方现象普遍，依旧是晴通雨阻，货车难行。还有少数农户仍然住在破旧的老房屋中，难遮风雨，随时都有垮塌的危险，如平岩乡油粪有3户。个别村还有饮用露天水的情况，完全没有健康保障，如董王乡的打窖村、打改村。多数村有卫生室，却没有任何医生，需要加大危房改造的投入和人饮工程的投入，解决群众生活困难。

（3）教育、社会事业落后。罗甸县农村教育大多数处于初中阶段，还有很多人只受过小学教育。由于自然条件艰苦，很多小学难以招到教师，师资力量极度缺乏。医疗设施更加落后，只有镇上才有卫生设施。

（4）产业不发达，新型工业化、农业现代化、城镇化水平比较低。县内产业结构单一，农民收入渠道狭窄，贫困面仍然很大；城镇经济实力弱，城镇化水平低，城镇对农村经济带动能力不强；农业经济结构调整不快，农业产业化进程缓慢，农民缺乏持续增收的途径。

二、主要做法

罗甸的扶贫主要采取了“精益扶贫模式”的做法。本文“精益扶贫模式”思想源自于日本丰田公司生产方式中“精益生产”（Lean Production）的理论。精益生产简称精良生产，“精”表示精良、精确、精美；“益”表示利益、效益、效率等。精就是少而精，不投入多余的生产要素，只在适当时间生产必要数量的市场需要产品即可，对不必要的产品坚决不予以生产；益就是所有经营活动都需要有益有效，能够产生较好的经济效益是最终目标。精益生产要求及时制造，消灭或最大限度减少故障，消除一切浪费，向零缺陷、零库存进军，实现 JIT（Just in time）准时生产体制。

罗甸“精益扶贫模式”强调的是投入和产出的效益，强调的是扶贫投入和扶贫结果的关联，在政府引导、精心布局、社会参与、良性互动下，实现扶贫方式的全方位一体化发展，根据不同扶贫对象制定不同的扶贫策略，做到投入精、产出高、效益好，实现扶贫者满意、扶贫对象满意、社会满意、政府满意。

罗甸县通过弘扬“自力更生，艰苦奋斗，坚韧不拔，苦干实干”的精神，提升全县干部群众扶贫攻坚的内在动力，充分发挥基层党组织的作用，让党员和有志青年成为脱贫致富的重要力量源泉。

“精益扶贫模式”采取的措施主要表现在以下几个方面。

（一）政府引导，精心布局

扶贫既是政府的一项民生事业，也是一项社会公益事业，是人类社会不断进步和发展的标志。从中央到地方，我国政府一直致力于贫困特别是农村地区贫困人口的减少工作。通过政府加大对扶贫进程中投入大收益慢的基础设施建设等投入和管理，引导和推进了各类企事业单位协助贫困地区逐步融入到市场经济中，经济效益和社会效益显著提高，扶贫攻坚工程这项艰巨的工作得以逐步完成。

为保证各项工作的顺利推进，罗甸县在贯彻落实好中央、省委、州委加强作风转变的规定下，加大干部选拔任用力度和干部作风的建设力度，不断提升领导干部干事创业的积极性和拼搏精神。通过对领导干部严格的工作督查调度机制、工作倒逼机制、问责机制等落实，强化了全县上下的工作责任感和使命感，扎实开展“四帮四促”活动、开展了“万名干部下基层、扎扎实实帮群众”等活动，全县上下的工作动力和创造活力得以充分激活，各级党员干部立足在岗位上，起到了模范带头作用，各项工作快速推进，呈现出创先争优、比效率、比质量、比服务、比群众满意的大好局面。

根据罗甸县经济社会发展的科学定位，罗甸县构筑了“一核四心两带多点”的“1 +4 +2 + N”跨越式发展的总体空间布局，形成“一核集聚、四心驱动、两带辐射、多点支撑”的县域经济发展结构，打破了城乡二元结构，形成了从农村社区—场镇—县域重要经济中心—县城的城镇化集群，聚集和辐射作用逐渐增强，空间形态由离散随意向集中集约有机过渡，形成“以园区承载工业、工业带动农业、城市带动农村、城乡一体共繁荣”的发展路径，加快推进罗甸县3年内实现增比进位的步伐，加快实施扶贫攻坚步伐，确保2018年全面建成小康社会目标，全面构建罗甸成为宜居、宜业、宜游的三宜生态美丽城市。

其中“一核”是指县城龙坪镇作为政治、经济、文化、金融和商业中心核心区域，以县城龙坪镇所在地为核心，构建龙坪新型城镇化建设示范区，新型工业化示范区和现代服务业示范区；“四心”是指在新的行政区划条件下，除龙坪镇外的另外四大县域经济发展中心，形成的镇域经济发展区域中心包括边阳经济中心、红水河经济中心、沫阳经济中心、逢亭经济中心；“两带”是指高速公路沿线经济带和红水河流域经济带；“多点”主要是以目前建制的七大镇龙坪镇、边阳镇、沫阳镇、逢亭镇、红水河镇、茂井镇、罗悃镇为“美丽罗甸”的城市腹地，是罗甸县城乡一体化发展的主体，以这些镇为引领，构建新型城乡一体化的现代形态乡镇，以各自的发展基础及自然资源优势实现区域协作、优势互补，联动木引镇、风亭镇及周边县市形成的跨区域协同发展机制，发展现代农业、新型工业、现代商贸、物流、旅游等新兴产业，构建多元化发展的美丽城镇。

（二）农田水利，基础夯实

加快农田建设保温饱，夯实水利设施护良田。罗甸独特的喀斯特地貌使得农村人均基本农田占有量稀少，人均不到0.5亩。基于此，在不影响生态环境的前提下，县乡坚持以大搞坡改地、地变田、配套水利建设的行动，增加了人均基本农田占有量，保证了农田的有效利用和稳产，提高了农田利用率和粮食产量，基本解决了农民的吃饭问题。

（三）因地制宜，产业推动

产业扶贫是我国新的历史时期农村开发式扶贫的主要扶贫模式之一。产业扶贫以市场经济发展为导向，以科技发展为支撑，以农产品的原料供应、生产、加工或销售企业为龙头，通过培育具有地方特色的支柱产业以及拳头产品来带动农业基地建设，通过农业基地建设使千家万户农民得以相互联系，从整体上解决了贫困农户的温饱问题。产业扶贫，一是实现了政府、企业和农户之间的共赢；二是产业扶贫使具有区域优势的特色产业可以迅速发展，使贫困农户的收入可以显著增加。

1. 工业产业推动

为了以工业带动农业、城市带动农村、城乡一体共繁荣，实现农村与城镇的经济总体实现快速发展，在短期内实现快速突破“增比进位”瓶颈和扶贫攻坚目标，在新型工业化推动方面主要采取如下策略：（1）稳步发展工业产业园区，提高产业聚集能力；（2）强力推进招商引资，吸引大企业和大项目入园；（3）转变经济发展方式，依托本地丰富的资源优势，走新型工业化道路，生产高附加值产品，优化产业结构，延长产业链；（4）有序承接产业转移，加强招商引资力度，有选择地进行产业招商。

一是大力发展水电产业。罗甸县充分发挥其丰富的水能资源优势，2013年大力发展水电产业。水电产业逐渐成为罗甸又一个创税亿元的支柱型产业，相继建成了总投资达17亿元的贵州蒙江流域“梯级电站”，冗各、灰洞、上尖坡三级水电站。二是信邦三期技改。正在实施的贵州信邦制药公司第三期工程改造完成后，其税收将突破亿元。三是董架乡大理石开发。董架乡米黄色大理石开发正逐步形成罗甸县又一新兴工业带。四是逢亭硅系循环工业园建设。将在2015年底全面建成并投入使用的逢亭硅系循环工业园，将成为贵州省重要的矿电冶一体化工业基地。目前罗甸县在建项目中有工业项目24个，总投资超过40亿元，工业产值在五年内将达到50亿元。

2. 农业产业推动

罗甸是农业大县，又是山区农业县，发展现代农业和山地高效农业是提高收入、脱贫致富的有效途径。罗甸县改变传统农业模式，发展生产水平更高的产业化经营，提高农业科技力量，引导农业向市场化、集约化管理发展。围绕产业抓扶贫，先后实施了生态畜牧、蔬菜、核桃、油茶、艾纳香、脐橙、杨梅、火龙果等多个产业化扶贫项目，共扶持实施养殖黑山羊3.3万只，建设蔬菜产业基地13500亩，核桃产业基地94000余亩，油茶产业基地14774亩，艾纳香产业基地17000亩，脐橙产业基地18700亩，杨梅产业基地400亩，火龙果产业基地690亩，以短养长配套养鸡35万羽，形成了集中投入资金办大事和区域化、规模化、规范化、标准化、基地化、产业化建设的扶贫开发新格局，切实增强了贫困群众的自我“造血”功能。产业扶贫给当地百姓带来了产业化发展的理念。

3. 乡村旅游产业推动

罗甸县旅游潜力巨大，应充分利用罗甸旅游资源优势，积极发展乡村旅游服务业，减少贫困人口数量，寻求罗甸新的经济增长点。自2011年开始，共投入财政专项扶贫发展资金250万元，实施了红水河镇乡村旅游扶贫项目。完成包装改建、修复30户农户布依民族风格建筑，30户农家住房的门窗装饰，培训乡村旅游人才300人次，建垃圾池3个，购果皮箱10个，建水上漂钓鱼台10个，购置高速客船1艘。2013年计划建设羊里村乡村旅游布依特色食品商品一条街，建农家餐馆8个，农家布依民族商店7个，建总面积640平方米的垂钓超市5个，购置垃圾清运车1辆，移动垃圾箱12个。项目建成后将提高“罗甸高原千岛湖”的旅游知名度，规范旅游接待服务，提升接待能力和档次。

（四）教育培训，智力扶贫

智力扶贫主要是针对贫困地区综合教育发展水平落后，贫困人口的基本生产技能、外出务工技能较低等状况而采取的帮扶模式，智力扶贫根据不同区域现有教育条件和综合经济基础，因地制宜地制定相应的帮扶对策，实现分层次、分步骤地改变贫困地区的教育面貌和贫困人员的综合素质，是开发式扶贫的基础性和开创性的综合举措。

针对罗甸县农村贫困地区人民对有效掌握致富技能、尽快实现脱贫致富的强烈愿望，全县以劳务输出增收为主要目标，不断加大贫困人口劳动力综合技能的培训教育力度，协调教育机构与培训机构等在农村贫困地区举办各种脱贫致富技能培训班，提高综合素质，实现智力帮扶，标本兼治。

加大培训转移劳动力、提高劳动者素质力度，开展助学圆梦行动，确保学生顺利完成学业。2011年以来，全县共投入财政专项扶贫发展资金684.2万元。其中用于“雨露计划”资金640.4万元，用于干部培训资金43.8万元。累计完成“雨露计划·圆梦行动”191人，初级技工培训2958人，“三位一体”培训2200人，助学工程790人，农业产业化技能培训7450人，干部培训438人，有效地提高了农村劳动力的整体素质，为推动产业化扶贫项目的实施和加快农业产业结构的调整提供了强有力的技术保障。

抓好培训和推广，提高农业科技保障水平。罗甸县信息、文化、交通滞后，地形条件极差，耕地稀少，加上长期以来农业科技管理水平不高，农业十分落后，农产品的附加值低。为了挖掘生产潜力，根据扶贫攻坚项目实际，有针对性地狠抓农民实用技术培训工作，多年来共培训农村农技人员12000人次，印发各类技术资料2万余份，并配套实施良种推广及畜禽品种改良、科学饲养等，农民科学种植养殖水平有了大幅度提高，农民收入得到显著增加，返贫农民比例减少，农民主动依靠科技及培训发展生产及提高生活水平的积极性更高。

（五）劳务输出，回乡创业

大力开展劳务输出，加快麻山地区农村脱贫致富步伐，鼓励返乡农民回乡创业，成为农村劳动脱贫致富的带头人。劳务输出是立足培养人才和增加收入的两个基点，采取政府组织和引导相结合的办法，多层次、多渠道、有计划、有组织地向浙江、广东、深圳、上海等沿海经济发达地区进行劳务输出，县委县政府把劳务输出作为培训农村基层干部的主要途径之一。多年来，共累计输出劳务人员 7 万人次，他们不但学到了技术和管理方法，又提高了自身的素质，增加了收入，更重要的是拓宽了视野，更新了观念，部分外出务工人员还成为农村村级后备干部，返乡创业的农民工成为了农村脱贫致富的带头人。

（六）社会力量，对口帮扶

对口帮扶是国家针对贫困地区的一项重要扶贫开发政策。1996 年 10 月，中央召开全国扶贫开发工作会议，在《关于尽快解决农村贫困人口温饱问题的决定》中明确确定了针对贫困地区的对口帮扶政策，要求经济发达的东部发达地区城市，北京市、上海市、广东省和深圳市等 9 个东部沿海省市以及 4 个计划单列市对口帮扶位于西部的内蒙古自治区、云南省、广西壮族自治区和贵州省等 10 个贫困省区，对口地区之间本着“优势互补、互惠互利、长期合作、共同发展”的帮扶原则，在扶贫援助、人才交流和经济技术合作等方面展开全方位、多层次的扶贫协作。对口帮扶实施的主体主要是发达地区的政府和非政府组织，帮扶方式多种多样，可以采取如资金技术支持、经济合作、人才培训等各种有效方式。

罗甸县充分利用与发达地区对口扶贫的契机，在资金、技术、人才、项目、社会交流、文化推广等方面全方位合作。加强对接了深圳市的对口帮扶单位和国家帮扶投资公司进入新阶段扶贫开发。进入新阶段扶贫开发以来，深圳对口帮扶单位和国投公司加大了对罗甸县的扶持力度，累计投入帮扶资金 2164.2 万元，促进了罗甸县重民生、保稳定政策的实施，以改善群众生活条件为目标，累计建成黑山羊优质种羊选育场 1 个，发展黑山羊养殖户 118 户；向帮扶公司申请贷款 300 万元支持贵州省信邦制药股份公司，建成了抗生素生产、口服液和滴剂三条生产线；建设了占地面积 3785 平方米，建筑面积为 6428 平方米的多功能青少年活动中心 1 座；帮扶建设了水利项目 9 个，修建人畜饮水池 1141 口 37220 立方米，安装自来水管道 64.68 千米，修建灌溉水渠8.97千米；硬化2.8米宽0.2米厚通村主干道3.896公里10909平方米水泥路，新建1.2米宽0.12米厚进户道路0.569公里683平方米；完成脐橙种植1621.6亩。

三、取得的主要成效

2013年以打造省“5个100工程”、州“5个20工程”为中心，找准“四个着力点”，努力克服诸多困难，以“三化同步”战略不断壮大和夯实经济实力；不断改善经济社会发展的环境条件，努力突破交通、水利、人才三大瓶颈，提高行政效率，加快发展县域文化教育、就业社保、医疗卫生民生工程，加大扶贫攻坚力度，提升百姓幸福指数，2013年全省经济社会发展增比进位综合排名上升了47名，由2012年的87位跃升到第47位。贫困面缩小，贫困人口生活水平得到了较大提高，生产和生活条件得到了极大改善。

1. 贫困面缩小，贫困人口减少

多年来，罗甸县在本县干部群众的艰苦奋斗和各级机构、团体、人员的努力帮扶下，历经“八七”扶贫攻坚和扶贫开发新阶段，基本解决了全县的温饱问题，云干、罗苏、栗木顺利减贫摘帽，全县贫困人口大量减少，2013年全县贫困人口降至117766人，累计减少贫困人口4.46万人，贫困发生率由“八七”攻坚后的44.9%减少到2013年的37.6%。

2. 贫困人口生活水平得到较大提高

2013年全县农村人均纯收入达到6166元，较2010年的1778元增加了4388元，农民人均收入在3年翻了一倍多，收入增长246.79%。

3. 生产和生活条件得到极大改善

扶贫项目中人饮工程的实施，有效地解决了14000人饮水问题，水利项目的实施，实现新增灌面3000亩，项目区人均保灌面积增加0.12亩，达到0.19亩。实现了农村交通条件的改善，通过道路硬化，改善交通条件，解决贫困村出行难问题。通过生态移民、危房改造等措施彻底改变了贫困户的居住条件。各乡已户户通电，广播电视覆盖率达到90%以上，电话普及率80%以上。

四、新问题及解决建议

多年来，罗甸县扶贫项目实施在总体上看是成功的，项目区群众得到了实实在在的实惠，群众的满意率显著提高，多数群众对党和政府深怀感激之情，干群关系融洽、社会安定和谐。虽然取得了一定的成绩，但通过项目的实施还存在一些新的问题和困难。

1. 项目管理缺乏弹性机制

产业化扶贫项目规划和实施方案是由省扶贫办牵头组织省相关行业部门审查批复后执行，在项目实施过程中，如果市场价格出现一定波动，各种生产生活物资价格将出现一定上涨，项目建设单价大大超出预算，造成了部门项目资金的拖欠，导致项目实施进度及实施效果大打折扣。建议上级部门在项目规划设计及项目管理中，考虑弹性机制，在项目资金上根据市场的波动实施追加资金投入机制，确保项目能够圆满实施。建议加强项目的管理及考核，确保扶贫项目及资金的有效实施。

2. 相关职能部门间的协调性有待增强

由于涉及扶贫项目的一些部门均有各自的投入及硬性工作目标要求，导致项目的整合难度较大，除下级部门积极主动协调有关部门做好资金的整合外，建议政府主管部门出台整合有关涉农资金用于扶贫开发的刚性政策规定，为扶贫开发工作提供良好的政策实施环境。

3. 实现扶贫项目可持续性发展

由于地理条件、群众意愿等原因，虽然在项目建设的总量上各地均全面、超额完成了规划任务，但由于各村发展不平衡，导致某些项目上一些村发展得比较好，另一些项目又相对要差一些，从而使一些村在项目实施结束后很快又返贫。建议研究并构建一定的机制，不断加大对各村滞后项目的续建工作，减少返贫率和减少“半拉子工程”的数量。

4. 基础设施薄弱、生活条件差

由于贫困程度太深，即使经过十多年的扶持，公共设施有所改善，但很多基础设施仍然较差，农民生活条件艰苦。在各村组公路上泥坑路面、塌方现象普遍，晴通雨阻，货车难行。还有少数农户仍然住在破旧的老房屋中，难遮风雨，如平岩乡油龚就有 3 户，随时都有垮塌危险。个别村还有饮用露天水的情况，完全没有健康保障，如董土乡的打窖村、打改村。多数村有卫生室，却没有任何医生。建议加大危房改造和人饮工程的投入力度，解决这些群众的生活困难问题。

5. 人口素质不高，教育事业发展缓慢

山高水深，自然条件差，行路难，很多村没有自己的学校，或有简单的学校却没有老师。罗甸县目前的村小教师除了待遇差，每月 500 元，除带 2 个年级的全部课程外，还要给学生做饭。加上这里人们的思想本就比较落后，很多学生都在小学止步，尤其是女生。学生上学的路程远，上学路上所用时间比上课时间还多，这就是罗甸县教育事业在扶贫攻坚发展即使取得一定成绩后存在的现状。因此建议在扶贫中加强对基础教育特别是学校建设、村小（代课）教师工资提高、教学寄宿制推广、师资力量配备等方面的建设和投入力度。

五、启　示

通过罗甸县“精益扶贫模式”的研究与应用，得到如下启示：

（1）扶贫项目求精不求大。对扶贫项目从规划、申请、管理实施整个过程，不要追求项目的面积、覆盖率和投入金额的多少、片面强调完成了多少事情，最重要的是评价扶贫攻坚项目实施过程和结果究竟如何，对项目需要更加精心管理，需要追求效益最大化。

（2）重教育和科技的投入，谋求长远的发展。科学技术是第一生产力，而专业人才是关键。在扶贫开发中需要重视并增加教学的投入，不断改善学校环境、提高教学质量，要提高人口素质，引进大学教育，培养本地人才，引进高层次人才，建立智力扶贫的机制和体制，为罗甸扶贫攻坚的可持续发展打下基础。

（3）加强农田水利等基础设施建设。通常贫困地区是属于自然条件比较差的地区，农业条件差、交通不发达，无法使用机械作业，多数农田无水可用，靠天吃饭。只有完善基础设施建设，才能不断增加农田产量，吸引农业产业化的外来投资。

（4）建立或引进农产品加工龙头企业。单纯出口原料，无法增加县财政收入和增加就业，而通过龙头企业等加工成成品、半成品再销往市场，这样既增加效益，又解决就业，也有效地促进了农业生产力水平的提高。

思南县互助资金试点扶贫模式

思南县扶贫开发办公室

摘　要

思南县作为国家首批互助资金试点县之一，将财政扶贫互助资金主要用于发展种植业、养殖业、农产品加工业、农特产品运输业等，通过实施互助资金试点，贫困户人均纯收入明显增加。扶贫开发互助资金试点工作积累了一些有益的经验，也得出了今后更一进步加强互助资金管理的体会。

关键词

互助资金　扶贫　产业扶贫

作为国家新阶段扶贫开发重点县之一，思南县委、县人民政府始终将扶贫开发作为“第一民生工程”来抓，积极推进专项扶贫、社会扶贫、行业扶贫的“三位一体”进程，动员一切力量向贫困发起总攻。在深入推进新阶段扶贫攻坚过程中，借助《中国农村扶贫开发纲要（2011—2020 年）》、国发 2 号文件以及《武陵山片区区域发展与扶贫攻坚规划（2011—2020 年）》等一系列政策发展东风，以互助资金试点扶贫模式为典型，切实加快推进贫困农民脱贫增收奔小康的发展步伐。

思南县位于贵州省铜仁市西部，地处武陵山腹地，乌江流域的中心地带，全县辖 13 个镇、14 个民族乡，地域面积 2230. 5 平方公里，杂居着 18 个民族，总人口 68 万。全县辖 13 个镇、14 个民族乡、526 个行政村，是个典型的老、少、边、穷山区农业大县。按照扶贫新标准 2300 元口径统计，全县现有贫困人口 24. 9201 万人，有 21 个重点乡（镇）335 个重点村。

作为国家首批互助资金试点县之一，2006 年，思南县在 3 个乡（镇）发展互助资金试点村 3 个；到 2011 年，全县已 14 个乡镇发展互助资金试点村 18

个，县扶贫办拨入村财政扶贫互助资金280万元，主要用于发展种植业、养殖业、农产品加工业、农特产品运输业等。通过实施互助资金试点，贫困户人均纯收入从扶持前的832元增加到1054元，净增222元，直接扶持贫困户571户；2012年，全县又新增互助资金试点村10个，财政扶贫资金160万元，累计到位财政扶贫（奖励）资金共计535万元。

扶贫工作取得的成效。一是增强了发展动力。通过贫困村互助资金试点项目的实施，极大地提高了农民群众脱贫致富的自信心，也激发了农民民主参与、民主管理的意识，增加了村级班子的凝聚力、向心力，密切了党群、干群关系，促进了全县农业产业结构调整，加快了思南县贫困人口脱贫致富进程。二是优化产业结构。借助互助资金试点项目，新发展中药材（金银花）2020亩，烤烟2970亩，大棚蔬菜1530亩，经果林3188亩，茶叶500亩，棕榈2000亩等产业。产业结构逐步优化，基本形成了贫困户发展产业、产业带动贫困村、贫困户脱贫致富的良好态势。三是培育合作组织。亭子坝乡龙门椏村依托扶贫互助资金成立了龙门椏机耕队，拥有农机具30台套，专业队员30人。全乡烤烟面积3050亩，其中机耕作业达1800亩，机耕服务创收14万元，龙门椏村自身依托机耕队发展烤烟950亩，当年户均增收2500元。四是扶持种养大户。板桥乡水洞村刘衍福一家4口人通过互助资金购买6头种母猪发展生猪养殖，当年仔猪出栏51头，经济收入达2.6万元，2008年出栏仔猪及商品猪，经济收入5.4万元，利用富余资金新建了108立方米小水池，送两个孩子读书，2009年在继续喜获养殖丰收的同时，还在天旱之际，利用自家修建了小水池，解决了附近村民18户的人畜饮水问题，让自家3亩稻田增产增收。兴隆乡涟江村宋家组屈安翠借互助资金5000元发展畜牧养殖，2010年出栏商品猪32头、仔猪21头，收入达3万元，成为该村有名的女强人。五是加快减贫进展。通过实施能人带动、产业推动、互助社互动，2011年减少贫困人口1.63万人，如期完成了上级下达给全县的目标任务。

扶贫工作的主要做法。一是增强发展意识，强化组织领导。思南县把开展“互助资金”试点作为探索新时期扶贫开发工作的思路和方法，作为有效缓解贫困农户发展资金短缺状况、引导发展支柱产业、培育农民新型合作社和新型农民、增强贫困地区基层组织凝聚力和战斗力、推进基层民主化建设和政府工作方式转变、解决“三农问题”的有效措施。为使试点工作有序开展，成立了由县长任组长，县人大、县政府、县政协分管联系领导为副组长，县扶贫办、县财政局、县监察局、县审计局、县民政局、信用联社等部门及试点乡

（镇）为成员的工作领导小组，着力抓好落实，抓出成效；乡镇、村也相继成立了贫困村互助资金试点工作（实施）领导小组；县扶贫办党组包片、干部包村到全县 18 个村进行督促指导；各村通过民主选举产生互助社管理机构和人员，并且贫困农户入社率超过 50%，且入社农户总数达到 50 户以上组建互助社。让社员自己选择资金管理人员，调动了村民主动参与、民主管理的积极性。为增强村级发展互助资金的针对性和有效性，各村组织专门工作组，深入全村调研，在全面掌握村情的基础上，讨论制定了村级发展互助资金试点实施方案，明确了村级发展互助资金试点工作思路、范围以及试点工作的方法步骤及原则，为村级发展互助资金试点工作深入开展打下了坚实的基础。二是强化政策宣传，提高认识水平。思南县把互助资金定位为以全体村民为服务对象，以贫困农民为重点群体，以扶持村民自我发展为主要方向，力争把互助资金办成农民自我理财、自我发展、自我受益的平台，办成建设和谐农村的主要载体。为让广大群众掌握互助资金的有关政策，印发宣传资料 5000 多份、召开群众大会 84 次、举办宣传培训班 42 期。向农民详细讲解建立互助资金的重要意义和好处，说明资金来源、管理、使用等关键问题，明确参与农民的权利和义务等。通过政策宣传，消除了部分村民的疑虑，使互助资金政策家喻户晓，调动了广大农户参与的积极性；三是建章立制，规范运作。按照要求，各试点村建立了互助社管理机构工作制度，《村扶贫互助社章程》《互助资金理事会、监事会职责》《互助资金投放及回收管理办法》和《会计出纳职责》，相关制度在该村办公场所上墙公开。严格执行申请审批制，对社员申请借款金额和用途必须进行公示。为规范财务管理，统一采购了专用的社员证、借款证、借款约据、记账凭证、明细分类账、总分类账等相关资料，并补助每个村 1000 元作为规范运作经费。

扶贫工作的运作模式。为实现互助资金的安全可靠，滚动发展，使有限资本要素可持续发展，各村在工作中都把用好管好互助资金作为关键环节来抓。一是到民政登记注册，到质量技术监督局开设机构代码证，到农村信用社开设专用的银行账户，严把资金流向。资金的提取严格按照规定执行，会计负责日常账务登记与银行账户的管理，出纳保管互助资金专用章，预留现金不超过 500 元。二是规范借款程序，严把资金使用关。社员借款必须说明借款事由，并填写申请审批表，每一笔借款均要有申请审批表、借款合同、借据、收据等财务凭证，有借款人、担保人、理事会成员的签章，各项借款责任明确，账目清楚。

出台了互助资金各试点村在互助社组建、运作中必须坚持的六项原则：一是以行政村为单位组建互助社原则，互助社只能在本行政村设立，吸收本村村民为互助社社员，不得跨村设立；二是以贫困户优先原则，村民入社自愿，各村必须以贫困户入社为主，“两项制度衔接”已经确认的贫困户，在入社社员中要占50%～80%的比例。在借款限额、还款期限、占用费率等制度设计上，要处理好支持一般户与贫困户的关系，始终坚持贫困户优先、突出贫困户的利益，通过规则和制度来保护贫困群众；三是社员交纳入社金原则，社员交纳入社金是获得社员资格和享受社员权利必需的前提条件，申请加入互助社的村民，必须交纳互助金方能取得社员资格并享受社员权利；四是不吸储、不垒大户、不从事未经许可的金融和经营活动原则；五是入社自愿、退社自由原则。六是不营利、不分红原则，互助社在民政部门是以“民办非企业”注册，属非营利性组织，只能从事互助金的借款发放、回收业务。收取占用费仅限于覆盖互助社运转，留取一定比例的公积金、公益金用于社员风险防范及公益事业的发展。对农户借款明确规定，最高上限为5000元，使用周期为每户借款半年或一年，不能超过一年，期满如需再借，必须先还款，然后按审批程序申请再借。严格互助资金的使用和谁放谁收的原则，确保资金的使用效果和安全，规定借款户所贷资金必须用于发展生产，增加收入，如发现改变资金用途，资金将立即收回，对造成资金流失难以收回的，由放款人承担连带责任。

扶贫工作的经验体会。在实施互助资金试点工作以来，中央、省、市相关部门及领导多次到思南进行调研指导，为扶贫开发互助资金试点工作“把脉问诊”，县四套班子多次深入基层，到试点村积极协调解决存在的问题。在实施过程中，通过边完善、边探索、边总结，积累了一些有益的经验，也得出了一些今后更一进步加强互助资金管理的体会。一，思想观念转变是前提。转变扶贫观念，变“输血”为“造血”，是解决扶贫工作思路、创新扶贫机制的核心。扶贫互助资金，不但能解决贫困农户生产、滚动发展的问题，最终实现脱贫致富，是真正的“输血”，而且解决了农村贫困家庭缺乏脱贫项目启动资金，又无抵押物在银行贷款的农村融资瓶颈，是财政扶贫资金与农民生产经营相结合的扶贫有效方式，放大了财政扶贫资金使用效益；二，提升农民素质是关键。消除贫困人口最终要靠贫困农民自己来解决。文化程度低、没有掌握科技知识和市场经营知识的贫困农民，是难以在日益竞争的发展环境中寻求自身脱贫。因此，智力扶贫是扶贫开发的血脉。如何建立培训农民的长效机制，使农民的科技文化素质跟上时代发展的需要，不至于落伍或返贫，这是我们今后实践探索的方向；三，民主管理是生命。民主管理是贫困村互助社的“民有、民用、民管、民受益”性质所决定的。实践证明，哪里的民主管理搞得好，哪里的互助社就兴旺发达。因此，贫困村的全体村民要充分行使互助社《章程》所赋予权利，对互助资金发放和回收进行民主监督；四，贫困群众参与是前提。互助资金工作是一项事关群众切身利益的大事，必须得到群众的充分认可和广泛参与，才能引导农民纷纷想办法、谋出路，挖掘潜力发展生产，营造“创业光荣、发展有责”的积极氛围，才能激发群众广泛参与扶贫开发的积极性；五，加强资金监管是保障。互助资金正处在探索和尝试阶段，既要考虑到贫困村互助资金的基础性问题，又要考虑规范运作，确保财政互助资金和农户入社资金的安全合理和有效利用，做到借得出，收得回，有效益。要确保资金安全、有效运作，除了对互助社人员进行业务培训规范运作程序外，还要加强互助资金使用情况的日常监督，相关部门对互助社切实履行监督职责，定期对互助资金运作进行检查，发现问题及时纠正；六，落实帮扶责任是动力。要打好新阶段全县扶贫攻坚战，最关键在于党员干部。确立帮扶目标，细化帮扶任务，明确帮扶责任，严格追究责任过错 ，是增添干部抓扶贫开发的重要抓手。

集团帮扶的“三都模式”

黔南州扶贫开发局　三都县扶贫开发办公室

摘　要

三都县交梨乡被列为全省实施“集团帮扶、整乡推进”的乡镇之一，按照“县为单位、整合资源、整乡推进、连片开发、脱贫致富”的总体思路，整合资源，着力构建大扶贫格局，凝聚集团帮扶合力，积极探索在环境恶劣的山区中走出一条“既要金山银山，又要绿水青山，实现减贫摘帽”的可持续发展路子。

关键词

集团帮扶　三都县　整乡推进

三都是全国唯一的水族自治县，是贵州50个扶贫开发工作的重点县之一。2010年，三都县交梨乡被列为全省实施“集团帮扶、整乡推进”乡镇之一。交梨乡是三都最贫困的乡镇之一，全乡15个村4592户20967人，其中一类贫困村9个、二类贫困村2个。为切实抢抓“集团帮扶、整乡推进”的机遇，进一步加快全县脱贫致富的步伐，主要采取了以下措施。

一、选好产业，科学制定扶贫开发规划

三都作为一个贫困程度较深的县，长期以来，县委、县政府始终把扶贫开发工作摆在重中之重的位置，常抓不懈，在省、州有关部门的长期关心、支持和帮助下，取得了明显成效。但从多年的实践中，我们深切地感到，一个地方没有好的产业作为支撑，即使扶贫的短期效益明显，长期效果也不会好，而且很容易返贫，扶贫的成果难以巩固。总结吸取多年的经验教训，我们在谋划交梨乡“集团帮扶、整乡推进”工作伊始，便注重在选好产业上狠下功夫。县

委、县政府坚持以科学发展观为引领，按照“县为单位、整合资源、整乡推进、连片开发、脱贫致富”的总体思路，积极探索在环境恶劣的山区中走出一条“既要金山银山，又要绿水青山，实现减贫摘帽”的可持续发展路子。交梨乡群众种植水晶葡萄有一定的基础，在2008年开始实施“185工程”时，县、乡便将水晶葡萄种植列为该乡“185”上山的重点工程，并明确提出了打造“一乡一品一产业、一人一亩万元山”的目标。2010年，交梨乡被列为全省“集团帮扶、整乡推进”乡镇之一后，我们抢抓机遇，乘势而上，通过深入调查研究、广泛征求群众意见，拟定了以发展水晶葡萄为主导产业，以杨梅种植、林下种植和养鸡等为辅助产业，形成“一业主打、多业助推、长短结合、助民增收”的帮扶思路。主导产业确定后，我们坚持以产业为引领，定目标、做规划同步推进，集聚力量，提速发展。第一，明确集团帮扶目标。按照“发展产业、农民增收、脱贫致富”的主导思想和“一定三年不变、三年减贫摘帽”的要求，吹响“攻克贫困、共同富裕”的集结号，全力推进“产业扶贫工程”上山，通过三年集团帮扶，到2012年，全乡农民人均纯收入达到6000元以上，到2015年，突破1万元。第二，科学制定扶贫开发规划。科学编制了产业发展、交通、水利、教育、卫生、农网改造等6个专项规划，结合各专项规划编制了《交梨乡“集团帮扶、整乡推进”扶贫项目规划（2010—2012年）》《交梨乡“集团帮扶、整乡推进”扶贫项目实施方案（2010—2012年）》。坚持规划先行、产业引领，以此规避随意式、散打式的老做法，确保集团帮扶工作有的放矢、有序推进。第三，产业发展广覆盖普受益。由于产业选得好，适宜当地条件、符合群众意愿、适合市场需求，交梨乡葡萄产业发展迅猛，规模从2009年的8119亩扩大到2012年的2.6万亩，增加了两倍多（2012年，全县葡萄产业已发展到4.5万亩），其中挂果的葡萄山一般亩均产量3000斤，示范基地可达4000斤，按2010年收购均价2元计，亩均产值可达6000~8000元以上，加上葡萄架下的套种收入和养鸡收入，亩均产值可达1万元以上，原来的坡山坡地成了群众增收的金山银地，葡萄产业真正成为了交梨乡的特色支柱产业和富民产业，交梨乡成为了名副其实的葡萄之乡。2013年，交梨乡挂果的8500亩葡萄山实现产值4630万元，农民人均纯收入4550元，其中2100元来自葡萄种植，占农民人均纯收入的46.2%。目前，全乡参与实施集团帮扶产业项目达2049户7547人，覆盖了全乡70%的人口，贫困人口覆盖率达93.7%，扶贫项目资金向贫困群体倾斜的瞄准机制得到了很好的落实，实现了“覆盖面大、带动力强、受益面广”的目标，成功探索出了一条山地农业扶贫开发的好路子。

二、整合资源，着力构建大扶贫格局

“集团帮扶、整乡推进”是省委、省政府扶贫思路的重大调整，由分散式扶贫转变为集中式扶贫，是一种新的探索和尝试。为确保交梨乡“集团帮扶、整乡推进”取得明显成效，我们在坚持党委、政府主导的前提下，注重从四个方面整合资源，着力构建“党委政府主导、部门社会参与、资源强力整合、资金多元投入”的大扶贫格局，促进扶贫开发的有效推进。一是整合人力资源。由县委、县政府牵头协调，将省直、州直、县直党建扶贫工作队组织起来，充分发挥村党支部的战斗堡垒作用和共产党员的先锋模范带头作用，围绕交梨乡的脱贫致富，在主攻目标上合心，在谋划思路上合计，在争取项目上合力，在抓项目落实上合推，形成步调一致、齐心协力的团队，共同加快贫困乡村减贫摘帽、脱贫致富的步伐。二是整合资金投入。根据交梨乡贫困程度深、财政扶贫资金有限的实际，我们注重聚沙成塔、集腋成裘，集中力量办大事、办成事，以“集团帮扶”为平台，采取“渠道不乱、用途不变、统筹安排、各负其责、各计其功”的方式，以1000万元财政扶贫资金为基础，省委办公厅、省有色地勘局、瓮福集团、黔南职院等省直党建扶贫工作队发挥资源多、信息广的优势，在力所能及解决部分项目资金的同时，积极协调省直有关部门落实项目资金，同时，县委、县政府强力整合相关项目资金，共整合了农业、建设、教育、卫生、水利、交通、企业等项目55个、5186万元，共计6186万元（占三年计划总投资的59.2%）投入产业发展、基础设施建设，实现了专项扶贫资金、行业扶贫资金和社会扶贫资金的有效整合，有限的资金收到了明显的成效。三是整合政策资源。在认真抓好国家、省、州扶贫政策落实的同时，统筹做好国家涉农、惠农、富民等政策与推进扶贫开发相结合的文章，结合实际，力求执行各项政策向“集团帮扶、整乡推进”倾斜。比如，县委、县政府在交梨乡贯彻落实好各项政策的同时，从影响该乡产业发展的瓶颈问题破题，进一步出台了《种养业贷款贴息暂行办法》《龙头企业扶持奖励暂行办法》等相关优惠政策，对助推产业项目的有效实施起到了很好的推进作用。四是整合群众力量。交梨乡的群众和其他贫困地区一样，独户单干的现象和“等、靠、要”思想仍比较严重，为改变以前扶贫推着不走、牵着慢走的现状，我们采取单元组合的方式将群众力量组织起来。在发展葡萄、杨梅等产业上，由五户以上农户按照“自愿组合、诚实守信、风险共担、相互监督”的原则组成小单元，向乡政府书面承诺并在实施地点和数量上做出连带责任保证，确保种植任务全面完成。另一方面，积极扶持发展专业合作组织，按照“合作社+农户+基地+市场”的运作模式，形成种植、管理、销售全程跟踪服务，实现了种植农户与市场的有效对接，大大提高了葡萄种植户的经济收益。

通过集团帮扶、整乡推进，交梨乡在葡萄产业迅速发展成为脱贫致富主导产业的同时，各项配套基础设施建设速度快、质量高，效果好，项目惠及全乡。“集团帮扶好，荒山变成宝；青山依旧在，坡地钱成串”观念已深入人心。

三、完善机制，凝聚集团帮扶合力

针对帮扶单位多、帮扶项目多、工作头绪多的“三多”实际，我们注重在建立机制上狠下功夫，通过建立健全四个机制，集聚力量、形成合力，确保帮扶思路、帮扶规划、帮扶措施、帮扶项目落实到位，有效推进。一是建立领导责任机制。县委、县政府按照“党政领导、部门负责、群众主体、社会参与”的思路，成立了省直党建扶贫工作队队长任顾问，县委书记为组长，县长为常务副组长，县四套班子分管联系领导为副组长的交梨乡“集团帮扶、整乡推进”工作领导小组，下设综合协调、项目规划、项目实施、宣传发动等工作小组，各组明确目标、落实责任、任务到人，按时限要求，倒排工期确保任务完成。二是建立群众工作机制。推进“集团帮扶、整乡推进”工作，群众是主体，只有充分调动群众参与项目实施的积极性，才能确保集团帮扶工作顺利推进。我们采取多种形式广泛宣传集团帮扶的重大意义，使集团帮扶工作家喻户晓，为推进集团帮扶工作营造良好的氛围。同时，在项目选择上，严格按照“四议两公开”的基层民主议事规则，确定产业发展项目和基础设施项目，充分尊重群众的知情权、参与权、选择权和监督权，极大地调动了群众的积极性，充分发挥了群众在扶贫开发中的主体作用。三是建立协调沟通机制。“集团帮扶、整乡推进”是一项综合的系统工程，实施的工作量大、难度大，为确保顺利有效推进工作，我们采取主动沟通情况、及时交流信息、认真搞好服务和不定期举行专题会、恳谈会、工作会等多种形式，协调搞好集团帮扶成员单位之间、扶贫队与县乡之间、县直部门与部门之间的密切配合，做到彼此之间工作开展情况随时了解、项目建设进度心中有数、遇到困难问题共同想办法解决。四是建立督查促动机制。省委办公厅等省党建扶贫工作队的领导和全体队员工作作风非常务实，经常深入基层调研和开展实地督察指导，有力地指导推进了集团帮扶工作的有效开展。县“集团帮扶、整乡推进”工作领导小组坚持实行一月一调度、一季度一督察、半年一总结的集团帮扶工作推进机制，县委、县政府主要领导每个月听取一次集团帮扶工作情况汇报，每季度带队到实地进行调研和督察，及时解决工作中存在的困难和问题。同时，根据工作进展情况，县委、政府督察室随时进行重点督察，实行一周一督察一通报的跟踪问效督察机制。为使督察工作常态化，我们还将全乡分为6个片区，在交梨乡成立了由省直党建扶贫工作队员、乡领导班子成员、乡干部组成的专项督查组，对集团帮扶工作进行经常性的一线督察指导，有效地推进了“集团帮扶、整乡推进”工作顺利开展。

实施“集团帮扶、整乡推进”一年多来，交梨乡扶贫开发工作取得了可喜的成绩。一是群众思想观念明显转变。“等、靠、要”思想淡化，致富意识、市场意识明显增强，主动性、自觉性、参与性明显提升，贫困群众实现了从“要我脱贫”到“我要脱贫”的转变。二是生产生活条件明显改善。目前，全乡共投入5000多万元修建了产业发展公路、断头公路22.8公里，修建了4座通村公路桥，解决了群众出行难的问题；修建了三个村级小学教学楼，解决了6个村孩子上学难的问题；由瓮福集团出资112万元修建的58口垃圾池和一个休闲活动中心，起到了很好的示范带动作用，极大地改善了群众的生产生活环境，提升了村民发展生产的观念。三是农民的生活水平明显提高。2010年，全乡农民人均纯收入达到4550元，同比增长52.53%，较全县平均水平高1072元。农民收入增加后，家电进家、摩托车入户、手机到人现象随处可见。群众都高兴地说：“扶贫产业上山，农民收入翻几番。”四是基层组织建设明显加强。按照“围绕扶贫抓党建，抓好党建促脱贫”的思路，我们把基层组织建设列为帮扶的重要任务，着力加强村级党组织的建设，整顿涣散的村级班子，结合村级“两委”班子换届，将一大批致富能手选进了村级班子，在“集团帮扶、整乡推进”工作中充分发挥了村级“两委”班子的作用，极大地增强了村级“两委”班子的活力和带领群众脱贫致富的能力。五是示范带动作用明显增强。交梨乡“集团帮扶、整乡推进”扶贫开发取得的明显成效对全县其他乡镇的扶贫开发工作起到了极大的示范带动作用，积累的经验对进一步扎实有效开展好全县的扶贫开发工作起到了积极的推动作用。

总之，在各级党委、政府的关心下，在省直党建扶贫工作队的直接指导和各级有关部门的关心、帮助下，我们在推进“集团帮扶、整乡推进”工作中，虽然做了一些有益的探索，取得了较好的成效，但与省委、省政府和州委、州政府的要求相比还有不小的差距，我们要认真学习借鉴兄弟县（市）的好经验、好做法，围绕省委“两加一推”主基调和州委“951”经济社会发展格局，加快推进“三化”同步，进一步扎实做好全县的“集团帮扶、整乡推进”工作，加快减贫摘帽步伐，推进全县经济社会又好又快、更好更快地发展。

产业化扶贫构建和谐新火花

——紫云县火花乡产业化扶贫攻坚典型材料

安顺市扶贫开发办公室

摘　要

紫云县火花乡把产业化扶贫工作作为全乡工作的重中之重认真抓好抓实，积极探索“市场＋农户＋基地”三位一体的产业扶贫开发模式，着力在实施整村推进工程、开展产业化扶贫、在产业发展上取得突破，将扶贫开发与提高贫困人口素质相结合，走出了一条“以大户带动发展”的产业化扶贫开发新路。

关键词

产业化扶贫　火花乡　整村推进

产业化扶贫是新阶段扶贫开发的重要内容，是贫困山区农民脱贫致富的重要途径。近年来，紫云县火花乡扶贫开发工作在县委、县人民政府的领导下，在各级各部门的关心支持下，把产业化扶贫工作作为全乡工作的重中之重认真抓好抓实，坚持以扶贫开发统揽农村工作全局，因地制宜，科学谋划，以流转土地为抓手，以市场需求为纽带，以基地建设为基础，一手抓扶贫攻坚，一手抓产业推动，积极探索“市场＋农户＋基地”三位一体的产业扶贫开发模式。把扶贫开发的重点放在产业培育上，走出了一条“以大户带动发展”的产业化扶贫开发新路。经过不懈努力，有效地推进了火花乡的扶贫开发工作进程，取得了显著的成效。

一、立足乡情，明确发展方向

火花乡位于紫云自治县西南面，乡政府驻地距县城 21 公里，地理优势明显。一是地处低热河谷地带，最高海拔850米，最低海拔650米，地形呈一狭长河谷地带，热量丰富，年均气温17.9摄氏度，年照时数1400小时，年降雨量1300毫米，全年无霜期320天以上，有“天然温室”之美称；二是水资源丰富，有纳容河、洗鸭河流经境内，全乡92.6公里的排洪沟和72.8公里的灌溉沟渠，纵横交错，能确保农作物生长需要；三是土地宽广肥沃。火花乡田多地少，16493亩耕地面积中，田15801亩，地692亩，地块平整，主要以潮泥土、黄壤土、沙壤土为主，土壤养分含量较高，熟化程度好，耕层厚，保水保肥能力强；四是交通状况较好，四大寨至红关、紫云至达帮柏油路从火花境内通过，蔬菜规划区有12个村，10个处于两条柏油路边上。

通过翔实的调研，在上级农业、扶贫部门的支持和帮助下，火花乡制定了《火花乡蔬菜产业规划》和《冰脆李产业规划》，并以此确立了火花乡“山山冰脆李，田田蔬菜园”的农业产业发展思路。

二、把握重点，寻求工作突破

一是以点带面，在实施整村推进工程上求突破。近年来，火花乡充分把握整村推进工程实施的大好机遇，慎重选取了基础条件较好的纳容村、江纳村、甲西村、破关村、弄河村、火烘村、懂桑村率先实施。工作中，首先做到勤汇报问计策。主动向联系的县领导和帮扶单位汇报贫困村发展状况和存在问题，寻求他们的关心、帮助，探寻切合村情的发展路子，解决工作中出现的问题；其次是抓重点见实效。对照整村推进标准，突出“基础设施和民生工程”重点要求，整合各类项目资源和帮扶资金，累计修建通村水泥路8条6.8公里，组级砂石化道路1条2公里；村级卫生室16所，危房改造1204户；贫困村基础设施明显改善、群众收入明显提高、村容村貌明显改观，既融洽了干群关系，又对全乡的面上扶贫起到了“以点带面、示范带动”的重要作用。

二是以扶促养，在开展产业化扶贫道路上求突破。变以“养”为主的输血式扶贫为以“扶”为主的造血式方法。确立冰脆李、蔬菜两大产业为重点的产业化扶贫主攻方向。

三是固点扩面，在产业发展上取得突破。积极产业化扶贫这一新时期“参与式扶贫到户”的新模式，大力在甲西村、弄河村、火烘村和懂桑村推动土地流转1200亩，投资300万元，农户自筹4万元，农户以劳折资150万元，共计454万元，建成火花乡千亩蔬菜示范种植基地，带动全乡10000亩蔬菜种植。项目涉及火花乡4个村547户2200人，初步预算，每亩净收益在8000元以上。

按照《火花乡万亩冰脆李项目规划》，火花乡适宜栽种冰脆李的面积达5万余亩，从2011年至2020年，火花乡每年将新增冰脆李种植5000亩，目前，火花乡已在甲西村、火烘村、破关村、弄河村、懂桑村顺利实施完成首期6000亩。2012年底将种植14000亩。

工作中，火花乡党委政府班子成员全部进村入户，向农户宣传土地流转的相关政策。土地参与流转后，从土地上解放出来后的农民有的充分发挥各自的潜能和技能结伴外出务工，而有的则就近务工，加入到公司的日常劳作中，这样，农户不但获得了土地的流转资金，还获得了务工收入，公司获得了劳动力，这形成了一个“公司+农户”双赢的局面。2012年，火花乡共流转土地2200亩，建成蔬菜示范种植基地1个，核桃苗育苗基地2个，冰脆李育苗基地1个，共投资1250万元。

此外，火花乡还积极为有发展能力的贫困户提供小额贴息贷款扶持，累计发放贴息贷款143.8万元，贴息7.19万元。同时，为鼓励农村妇女创业，火花乡对符合条件的妇女发放国家全额贴息的妇女贷款59万元。2010年，火花乡人均纯收入3340元，2011年达3940元，到2012年底已达到5200元。

三、统筹发展，全面提升水平

一是抓好培训，提高贫困人口素质。治“穷”先治“愚”，扎实做好年度“雨露计划”、“阳光工程”等各种技能培训的组织实施，两年来，共培训贫困劳力5000多人次。

二是搞好衔接，强化扶贫工作手段。统筹安排，做好民政、财政、金融等涉农部门间的工作衔接，多渠道、全方位做好贫困人口的生活救助和发展扶持。

三是举乡而为，营造扶贫工作氛围。建立健全乡村干部、乡直单位结对帮扶制度，做到每个村至少有一名班子成员联系，每个贫困户至少有一名乡干部帮扶，为贫困村贫困户谋发展找项目、落实技术服务，并保证“不脱贫不脱钩”，全乡上下形成了关心、支持、奉献扶贫工作的浓厚氛围。

四、火花乡弄河村产业化扶贫案例

紫云县火花乡弄河村位于火花乡中部，面积5.5平方公里全村耕地面积935亩，其中稻田面积达796亩，现有林地面积2550亩，森林覆盖率达31%。4个村民小组有203户，总人口952人。

近年来，在各级党委政府和有关部门关心支持下，弄河村产业化扶贫开发工作坚持以富民强村为目标，立足本村实际，加大扶贫开发工作力度，积极争取资金，培育发展特色经济，加快基础设施建设步伐，改善生产生活条件，社会各项事业均取得明显成效。人均收入由2010年底的3310元增加到现在的4680多元。

（一）切实加大基础设施建设，改善村居环境

为了改善村民的生产生活条件，弄河村村支两委抓住青岛对口帮扶项目实施机遇，充分利用45万元项目资金，修建弄河村通组路2公里，沙子寨通组路1.5公里，弄河村弄河组庭院硬化1000平方米、连户路硬化1500平方米、景观整治28户、垃圾池3口。通过该项目的实施，美化了弄河村村容村貌，村居环境得到明显的改善，彻底改变了弄河村原来的脏、乱、差现象。

（二）以两大产业为主导，积极发展农村经济

2011年以来，弄河村村支两委紧紧围绕乡党委政府提出的“山山冰脆李，田田蔬菜园”的发展思路，根据乡党委、政府的《火花乡万亩错季节蔬菜发展规划》和《火花乡万亩冰脆李种植发展规划》，一是成立了以村支部书记为组长，村主任为副组长的产业发展工作小组，积极动员发动群众，鼓励群众参与到协调、鼓励农户将土地通过转包、转让、出租、入股、联营和互换等方式向有技术和经营实力的菜农、专业大户、龙头企业合理流转；二是弄河村村支两委采取党员带头致富的思想，由村干部率先带头示范，使农户从最初的不支持、不理解、不配合的状况，到最终的支持、配合、主动报名参与；三是大力宣传产业发展的蓝图，宣传本村村民可优先学取技术、优先聘用到蔬菜基地务工。截至目前弄河村共推进实施冰脆李种植1200亩，其中400亩由村支两委组织村民具体组织，800亩采取挂果“交钥匙”工程方式组织实施。同时，积极发展蔬菜产业，2012年，弄河村流转土地300亩，用于火花乡千亩蔬菜示范种植基地建设。目前，已在弄河村投资30万元建蔬菜育苗大棚20个，安装

杀虫灯50个，实施西红柿示范种植400亩。该项目的实施，除每亩土地以650元的租金进行流转外，每亩需投入人工40个，按每个工60元/天计算，每亩需投入人工工资2400元，折合每亩投入3050元，切实有效地促进了农民增收。

（三）存在的问题和困难

弄河村产业开始步入正轨，但是仍存在一些困难和问题，主要表现在以下几个方面：一是在产业结构调整过程中，少部分群众观念还是比较落后，习惯了耕种玉米和水稻，商品意识不强；二是基础设施落后，跟不上发展需要，蔬菜贮藏、加工和包装等仍然处于粗放模式；三是在家的农民由于年龄偏大，自主创业意愿不高；四是本村掌握技术的人员极少，精品化管理难度大。

（四）下步工作打算

一是加大两大产业实用技术培训力度，使每户均有一名技术能手，确保两大产业优质高产；二是争取上级部门政策扶持，改善基础设施；三是加大招商引资力度，采取公司+农户或农民专业合作社等方式，形成产、供、销一体化产业链，多渠道、多方向促进产品销售；四是进一步完善村容村貌建设，多渠道整合资金，加大村庄整治力度。

五、存在的不足和努力的方向

经过坚持不懈的努力，火花乡产业化扶贫取得了长足的发展，但从总体上看，尚处在起步阶段，随着市场经济体制的逐步建立和完善，火花乡产业化扶贫还面临着一些困难和问题，主要表现在以下几个方面。

（一）农产品加工企业带动力弱

火花乡所建基地经济实力弱，科技含量不高，产品结构单一，品牌意识不强，辐射农户面狭窄，产品加工转化率较低，生产、加工、销售等环节衔接不紧，“公司+基地+农户”的格局未完全建立。

（二）产业发展技术含量有待提高

农民科技文化素质普遍较低，农业科技推广不深入，农民习惯于传统种植，把握市场信息和驾驭市场经济能力较差，盲目、被动地应对市场，很容易出现生产环节快速发展，产品销售环节短缺的现象，使农民增产难以增收。

（三）基础条件需要进一步改善

全乡有9个贫困村，占行政村总数的53%，部分贫困村土地资源贫脊，自然条件较差，目前还有4个组不通公路，直接影响农产品外运，农产品卖不出去，大大挫伤了农民产业结构调整的积极性。水利设施落后、损毁严重，有效灌溉不足，缺乏农田机耕道，“有机无路”的矛盾日益突出，农业现代化推进缓慢。

（四）投入不足导致产业发展难

火花乡产业化扶贫资金投入不足是当前最突出的制约因素。一是财政投入不足。由于贫困村大多分布在偏远地区，自然条件极差，基础设施落后，脱贫致富成本大，财政扶贫安排的基础设施多，投入产业发展少，覆盖面太窄，目前只有甲西村和弄河村等4个村实施，导致贫困村产业发展难以改观。二是社会投入不够。由于农业相比其他产业而言，属高投入、低产出、见效慢的产业，社会资金往往选择投入成本相对低、产出利润相对高，见效比较快的行业，导致社会资金对农业产业的投入较少。

（五）农产品营销体系不够畅通

全乡农产品销售网络仍不健全，已建立的农产品市场规模较小，中介组织主要依靠大户，与千家万户联系不紧，没有与农户形成真正的利益共同体。

下一步，我们将以国发［2012］2号和黔党发［2012］15号文件精神为契机，继续迎难而上，扎实工作，不断开创全乡扶贫工作新局面，为火花乡早日实现“山山冰脆李，田田蔬菜园”这个构想，真正成为紫云、安顺乃至于省内外的菜篮子和果蓝子而努力！

大 事 记

2013年贵州扶贫开发大事记

王　曼*

2013年

一月

截至2012年底，贵州的民生投入就逾660亿元，全面完成“十六件民生实事”年度任务。城镇新增就业42万人，其中扶持设立微型企业2万户，带动就业11.9万人。农村劳动力转移就业63万人。投入18亿元启动扶贫生态移民工程，建设城镇保障性住房10万套，改造农村危房43万户。实施农村义务教育阶段学生营养改善计划，惠及405万学生。城镇居民人均可支配收入和农民人均纯收入分别增长13.4%和14.7%。

贵阳市95220户、268032名农村扶贫开发对象已全部越过年人均收入2300元的国家扶贫开发标准线实现脱贫；25417户、51955人的“低保户”和“五保户”已经实现“应保尽保”；花溪区马铃乡等18个省级扶贫开发重点乡（镇）农民年人均纯收入均超过4300元，贫困发生率下降幅度均超过4.3%，全部达到贵州省贫困乡镇“减贫摘帽”的标准，在全省率先实现了“整市脱贫”的目标。

贵州省减少贫困人口130万人，为历年来减贫人数最多的一年；50个重点县农民年人均纯收入增幅高于全省农民人均纯收入2%；扶贫系统完成扶贫生态移民3万人以上；5个重点县128个乡镇可实现“减贫摘帽”。

省委、省政府做出重要部署，集中建设“5个100工程”，包括100个产业园区、100个现代高效农业示范园区、100个示范小城镇、100个城市综合

* 王曼，贵州省图书馆。

体、100个旅游景区在内的“5个100工程”，以此作为贵州后发赶超、同步小康的战略支撑点和发展增长点。

贵州省明确提出，要筑牢“发放基本保障金、增发特殊补助金、发放救助粮”三道防线，切实维护困难群众的基本生活权益。

贵州明确削减省、市（州）、县三级行政开支的5%，在全省实施“9+3”义务教育及三年免费中等职业教育计划。2013年在三大片区70个贫困县中，安排47万名贫困家庭学生免费接受重点职业教育。

本月起，城市低保月平均保障标准提高到342元以上，农村低保年平均保障标准提高到1799元以上。

1月12日

省委、省政府出台《关于以县为单位开展同步小康创建活动的实施意见》。从2013年起至2020年，贵州省将对88个县进行监测考评，每年发布各县全面建设小康社会实现程度的监测报告。

二月

2月5日

国务院办公厅印发了《关于开展对口帮扶贵州工作的指导意见》，明确由辽宁、上海、江苏、浙江、山东、广东等6个省（直辖市）的8个城市，“一对一”对口帮扶贵州省8个市（州）。对口帮扶工作期限初步确定为2013—2020年。帮扶城市每年在财政预算内安排一定数额的帮扶资金。2013年各地帮扶资金原则上不低于3000万元。

对口帮扶结对分别为上海市对遵义市，大连市对六盘水市，苏州市对铜仁市，杭州市对黔东南州，宁波市对黔西南州，青岛市对安顺市，广州市对黔南州，深圳市对毕节市。

2月7日

国务院以国办函［2013］35号文件，批准了《深入推进毕节试验区改革发展规划》。

2月18日

截至今日，2013年累计完成高速公路建设投资68亿元，同比增长58.8%，项目总体推进良好。2013年，全省将新增8个县通高速公路，建成高速公路650公里，在建高速公路2279公里。

2月27日

民建“思源·救护”项目救护车捐赠仪式在民建省委机关举行。

“思源·救护”项目是由中华思源工程扶贫基金会于2011年发起的一项医疗卫生救助项目，旨在为贫困地区县乡镇医院提供救护车和基本的医疗设备支持以及培训医护人员，提高医疗技术水平，提升当地急救和人民群众健康水平。

三月

3月1日

《贵州省扶贫开发条例》施行。

3月2日

贵州省在京召开面向全国优强民营企业招商项目推介会暨签约仪式。

3月5日

由省扶贫办、贵州财经大学联合举办的中国减贫与发展研究院签约暨揭牌仪式在贵阳举行。

四月

春晖使者杨文学荣获第八届中华慈善奖“最具爱心慈善楷模”。

省发改委公布数据显示，全省新农合参合人数达到3214万人，参合率达到98.72%。新农合政策范围内住院费用报销比例达到75%以上。

4月1日

今日起，再次取消行政事业性收费33项，转为经营服务性收费1项。以上取消和优惠项目，每年减轻企业和社会负担约1.1亿元。年初，省财政厅会同省物价局再次对全省43个部门的行政事业性收费项目进行了全面清理。

4月27日

国家开发银行贵州省分行被中华全国总工会授予全国五一劳动奖状。

4月28日

近日，《贵州省林业推进生态文明建设规划》正式出台。从2013年起，贵州省将按照“西治、中保、东用”策略，构建乌蒙山—苗岭、大娄山—武陵山生态屏障，乌江、南北盘江及红水河、赤水河及綦江、沅江、都柳江等生态保护带为骨架的“两屏五带”生态安全格局。

4月30日

国家社科基金特别委托项目“社会主义核心价值体系建设的大众行为化模式研究——基于贵州‘春晖行动’的实践探索”预评审会议在贵州毕节

召开。

五月

国家社科基金委托项目"《社会主义核心价值体系建设的大众行为化模式研究》——基于贵州'春晖行动'的实践探索"项目完成，标志着春晖行动"为中国梦的实现注入强大精神动力"从而被肯定。

5月2日

近日，务川自治县与西南大学签订"千人培训项目"合作协议，西南大学将为务川培训教师、专业技术人才（含农业、林业、畜牧业、水利）、农村基层管理人员等各级各类人才1000人次以上。

5月7日

国务院确定的8个经济发达城市对贵州除贵阳以外的8个市（州）"一对一"对口帮扶工作启动会在贵阳举行。

5月9日

苏州市和铜仁市签订《对口帮扶合作框架协议》，双方将在能源、矿产资源及农产品加工、装备制造、旅游文化、科教卫生、金融产业、人才培训等领域加大合作。

5月14日

由国务院扶贫办、国家开发银行联合举行的"全国开发性金融扶贫经验交流会"在铜仁召开。截至目前，国开行贵州分行已为武陵山区等3个连片特困地区的20个县提供国开行小额农贷授信达37.4亿元，发放贷款6.88亿元，支持了茶叶、中药材、乡村旅游等10个扶贫产业发展。

5月20日

贵州省首款拥有自主知识产权的多晶硅太阳能发电热水器宣布研发成功，研发方贵州通盈贸易有限公司分别与黔东南、黔南、铜仁、遵义、毕节等地的农技推广部门签约。

5月23日

第十五届中国科协年会"三位一体"综合规划实施与扶贫攻坚论坛在兴义开幕。

5月30日

省扶贫办组织召开"省级重点扶贫产业园区建设规划实施方案评审会"，会上，确定了15个省级重点扶贫产业园区。省扶贫办首期将安排2.54亿元财政扶贫资金对15个扶贫产业园区按1000万~1亿元不等进行扶持，每个园区连续扶持2年到3年。

截至5月底，11个集中连片片区专项规划的干线公路项目28%已开工、30%已完成初设、36%已完成工程可行性研究报告。其中，重庆和安徽已完成规划内普通国省道的前期工作，陕西、山西、湖南等在2013年底前完成所有干线公路项目的前期工作。

六月

6月7日

贵州省乌蒙山片区扶贫开发2013年项目推进会在贵阳召开。乌蒙山片区是国家新一轮扶贫开发攻坚主战场之一，涉及贵州省毕节和遵义2市10县。

6月8日

省政协召开武陵山区、乌蒙山区、滇桂黔石漠化片区三个集中连片贫困地区扶贫开发工作专题调研汇报会。

6月9日

贵阳市出台《关于“全力助推计划生育家庭圆梦小康行动计划”的实施方案》，确保到2015年全市计划生育家庭与全市人民同步实现小康。

2013年，全市将投入人口计生利益导向资金9129万元，到2015年，全市将投入人口计生利益导向资金11042万元。另据测算，独女户家庭一生中将领取奖励扶助金43.38万元，独子户家庭一生中将领取奖励扶助金41.1万元，双女绝育户家庭一生中将领取奖励扶助金41.64万元。

6月18日

从江县从2009年至今，该县已累计投入财政扶贫资金3280万元，实施油茶产业化扶贫项目83361亩，其中新建优质油茶基地33408亩，低产改造49953亩。

从江是贵州省重点油茶主产区之一，是全省油茶产业规划的重点县和新阶段扶贫开发的重点县。根据规划，至2015年，该县将实现新建优质高效生态油茶基地5万亩，年产值1000万元以上。

6月20日

根据国务院扶贫办相关文件规定，贵州省2013年继续实施贫困地区定向招生专项计划，在去年的基础上，2013年贫困地区定向招生专项计划有较大增长，实施范围扩大到71个县（市、区、特区）。

2013年教育部下达贵州省的贫困地区定向招生计划共计1791人，较去年同期的1098人增加693人，增长率为63.11%。其中，理工类1584人，较去年同期的1013人增加571人，增长率为56.37%；文史类207人，较去年同期的85人增加122人，增长率为143.53%。第一批本科院校1492人，较去年同期的912人增加580人，增长率为63.6%；第二批本科院校199人，较去年同期的86人增加113人，增长率为131.4%；专科（提前批次）院校100人，与去年持平。

截至今日，全省扶贫生态移民累计完成投资36.45亿元。2012年度的176个安置点已完成175个，完成房屋21893套，搬迁入住7790户34454人；2013年计划安排的126个安置点，已全部开工建设。2013年初，贵州出台《关于进一步加强和改进最低生活保障工作的实施意见》，2013年上半年，贵州完成城镇保障性住房投资98.1亿元，竣工5.31万套。贵州保障房建设进度不断加快，新开工建设任务已在一季度全部开工并完成三通一平，比国家要求的开工时限提前了9个月。

七月

7月4日

集中连片特困地区交通扶贫工作推进会在贵阳召开。

7月31日

青岛市政府与安顺市政府在青岛签订对口帮扶与经济合作协议，青岛市每年安排3000万元的对口帮扶资金，专项用于支持安顺市开展各项扶贫开发，双方区（市）县确定结对帮扶关系，进行“一对一”挂帮。

八月

8月2日

近日，中央财政下拨财政专项扶贫资金101.46亿元，支持农村贫困地区扶贫开发。截至目前，中央财政已下拨地方专项扶贫资金371亿元，达年初预算数的94.8%。

财政部农业司有关负责人介绍，2013年，中央财政预算安排专项扶贫资金地方专款390.43亿元，比上年增长18.86%，主要包括：发展资金290.13亿元，少数民族发展资金36.9亿元，以工代赈资金41亿元，“三西”资金3亿元，国有贫困林场扶贫资金3.5亿元，国有贫困农场扶贫资金2.3亿元，扶贫贷款贴息资金5.6亿元。

8月12日

省人大帮扶兴仁县百德镇扶贫工作座谈会在贵阳举行。

九月

9 月 2 日

自国开行总行去年确定贵州省道真、务川、正安 3 个县作为 2012 年至 2020 年定点扶贫县后，该行积极探索捐赠扶贫资金与融资支持发展相结合的工作机制，将扶贫开发与新型城镇化、农业现代化和新型工业化建设相结合，与各级地方政府一起，把“输血”式扶贫变为“造血”式扶贫，截至目前已为 3 个县落实各类资金近 5 亿元。

从 2012 年至 2020 年，国开行总行将每年投入定点扶贫资金，对道真、务川、正安 3 县定点扶贫。去年，该行为 3 个县分别落实帮扶资金 168 万元、160 万元、160 万元。

9 月 9 日至 10 日

中共中央政治局委员、国务院副总理汪洋在贵州考察扶贫开发工作。

十月

10 月 17 日

黔东南州制定了《中共黔东南州委黔东南州人民政府关于加快民族乡经济社会发展的意见》，大力推进民族乡的发展。

同日，上海市对口帮扶遵义市工作座谈会在遵义召开。中共中央政治局委员、上海市委书记韩正，省委书记、省人大常委会主任赵克志在会上讲话。

十一月

11 月 21 日

国家林业局林业扶贫工作专题调研组在都匀召开林业扶贫工作座谈会，对下一步林业扶贫工作进行总结和部署，来自广西、云南、贵州的林业挂职干部分别就近期林业扶贫工作进行沟通和交流。仅 1996 年至 2012 年，国家林业局对口帮扶黔南州 26 年，投入黔南州的林业资金达 31 亿元。

十二月

12 月 9 日

省扶贫办、省民委召开 2013 年武陵山片区重大事项推进工作会，会议旨在督促和调度武陵山片区 2013 年重大事项目标任务完成情况，就工作开展情况及工作中存在的困难和问题进行总结交流。

12 月 11 日

全省扶贫生态移民工程现场会在毕节召开。省委常委、常务副省长谌贻琴出席会议并讲话。

12月30日

省长陈敏尔主持召开省第十二届人民政府第21次常务会议，研究贵州省“三农”工作和扶贫开发等问题，强调要抓紧抓牢三农工作，扎实推进精准扶贫。